Spong

Was sich im Christentum ändern muss

John Shelby Spong

Was sich im Christentum ändern muss

Ein Bischof nimmt Stellung

Aus dem Englischen
übersetzt von Gerhard Klein

Patmos

Für Brian Yancy Barney und Rachel Elizabeth Barney,
deren Mutter neue Freude in mein Leben brachte
und mir die Aufgaben des Stiefvaters
zu einem Vorrecht und Vergnügen machte.

Titel der Originalausgabe: Why Christianity Must Change or Die.
A Bishop Speaks to Believers in Exile

Published by arrangement with HarperSanFrancisco, an imprint of
HarperCollins Publishers, Inc.

Bibliografische Information der Deutschen Bibliothek

Die Deutsche Bibliothek verzeichnet diese Publikation in der
Deutschen Nationalbibliografie; detaillierte bibliografische Daten
sind im Internet über http://dnb.ddb.de abrufbar.

Umschlaggestaltung: Groothuis, Lohfert, Consorten / glcons.de
Printed in Germany
ISBN 3-491-72481-3
www.patmos.de

Inhalt

Vorwort

Dieses Buch entstand im Verlauf von mehr als zwanzig Jahren. Es ist das Ergebnis einer Arbeit aus Glauben und Überzeugung. Ich lege darin Zeugnis ab als ein Mensch, der sich danach sehnt, als Bürger der modernen Welt Gottesdienst zu feiern, ohne dabei das Denken aufzugeben. Ich schreibe als eine Person, der die christliche Kirche Ehre, Rang und das Vorrecht, das Bischofsamt wahrzunehmen, verliehen hat. Was ich hier niederlege, geht hervor aus dem Leben eines Bischofs, der bei seiner Weihe gelobte, den Glauben zu verteidigen und über die Einheit der Kirche zu wachen. Die Berufung dazu, genau das war in einer sich rasch ändernden Welt für ein Vierteljahrhundert mein Vorrecht.

Als Autor dieser Zeilen bin ich mir dessen bewusst, dass ich in der öffentlichen Presse kaum erwähnt werde, ohne dass das Eigenschaftswort »kontrovers« meinem Namen zugefügt wird. Dieses Wort wurde nahezu ein Teil meiner Identität.

Die erste Gelegenheit, bei der ich mich diesem Ruf stellen musste, kam 1974, als ich Priester in Richmond, Virginia, USA, war und die Freude hatte, mit Dr. Jack Daniel Spiro, dem Rabbiner des Reformtempels Beth Ahaba in Richmond, einen öffentlichen Dialog zu führen.

Zu diesem Dialog kam es, weil ich 1974 ein Buch mit dem Titel »This Hebrew Lord«[1] veröffentlicht hatte. Der Rabbiner, den dieser Titel herausgefordert hatte, las das Buch und lud mich ein, seinen Inhalt an drei aufeinander folgenden Sabbattagen in der Synagoge mit ihm zu diskutieren. Als wir bei der Vorbereitung miteinander sprachen, erweiterte sich der Rahmen um drei Sonntagvormittagsbegegnungen in der episkopalen[2] St. Pauls Kirche, wo ich im Stadtzentrum von Richmond meinen Dienst versah. Der Dialog begeisterte die Öffentlichkeit, und sowohl die Synagoge als auch die Kirche war bei jeder Runde überfüllt. Er erweckte auch das Interesse der Zeitungen, des Radios und Fernsehens im Bereich von Richmond und gewann eine ausführliche Berichterstattung.

In diesem Dialog bat mich der Rabbiner, seinen jüdischen Zuhörern zu erklären, wie denn von Gott, dem »Heiligen Anderen«, gesagt werden könne, er sei in der Person des Jesus von Nazaret in besonderer Weise und konkret erschienen, wie es nach seiner Auffassung Christen in Anspruch nahmen.

In meiner Antwort versuchte ich Vorstellungen populärer christlicher Theologie zu vermeiden, die an die Häresie der Monophysiten[3] grenzen, und die Person Christi in den vertrauten jüdischen Vorstellungen von »Wort« und »Willen« darzustellen, die aus den hebräischen Schriften abgeleitet sind. Zum jüdischen Glauben gehört, dass zu bestimmten Zeiten und an bestimmten Orten in der menschlichen Geschichte das Wort Gottes ergangen ist und sein Wille gelebt wurde. Gelänge es, die Person Jesu in diesen biblischen Kategorien darzustellen, könnte die jüdische Zuhörerschaft einen Zugang gewinnen, der sich von dem unterschied, was sie üblicherweise für die Auffassungen der Christen von Jesus hielten. Quer durch alle jüdischen Quellen, besonders in den nachexilischen Texten, erscheint die Vorstellung des Messias. Das hebräische Wort für Messias ist *maschiach*. Mit dem Wort *christos* ins Griechische übersetzt, wird es im Deutschen (wie im Lateinischen) mit dem Wort *Christus* wiedergegeben. »Du bist der Christus«, lautet das Bekenntnis des Petrus in Cäsarea Philippi (Markus 8,29). Aber *maschiach* drückte keinen abstrakten Glauben über das Wesen Jesu aus, sondern vielmehr den Glauben, dass Jesus das Leben war, durch das Wort Gottes sprach und der Wille Gottes gelebt wurde, ein Leben, in dem die Wirklichkeit Gottes als in der Geschichte gegenwärtig erfahren wurde. In einer treffenden Weise hatten die Juden ihre Vorstellung vom Messias so ausgeweitet, dass sogar der persische König Kyros II. im Jesajabuch (Jesaja 45,1) *maschiach*[4] genannt wurde, weil die Juden erkannt hatten, dass der Wille Gottes in der Geschichte durch das Leben dieses Mannes erfüllt wurde, der weder die Tora noch den Namen Jahwes kannte.

In meiner Antwort auf die Frage des Rabbiners versicherte ich, dass »die Bibel nie in einer simplifizierten Weise sagt, dass Jesus Gott sei. Nach den Evangelien betet Jesus zu Gott. Er redete nicht mit sich selbst. Jesus starb am Kreuz. Es hat keinen Sinn zu sagen, dass der heilige Gott starb. Die Bibel sagt nur, dass Gott auch das ist, was Jesus ist; dass Gott in Jesus gefunden wird; dass, wer Jesus sieht, in gewisser Weise auch Gott sieht.« Ich war sowohl mit meiner Antwort und der Reaktion der jüdischen Zuhörer zufrieden. Für die säkulare Presse war die theologische Unterscheidung allerdings viel zu kompliziert.

»Pfarrer behauptet: Jesus ist nicht Gott«, mit dieser Überschrift grüßte die *Richmond Times Dispatch* am nächsten Tag ihre Leser und löste so die Debatte aus. Leserbriefe fluteten wenigstens sechs Wochen lang herein, die die Göttlichkeit Jesu gegen diesen häretischen Priester verteidigten. Die konservative kirchliche Presse nahm die Herausforderung an.

Dies ereignete sich während einer Zeit großer Umwälzung in der Anglikanischen Kirche, als Frauen Zugang zur Ordination forderten. Im Protest gegen die Langsamkeit der Entscheidungsfindung wurden 1947 in Philadelphia und 1975 in Washington Frauen vorschriftswidrig ordiniert. Gegen diese Veränderungen gingen konservative Kreise vor, die die Kirche von denjenigen reinigen wollten, die mit »dem historischen Glauben und seiner Praxis« einer rein männlichen, christlichen Priesterschaft brachen. Der Bischof der Diözese von Virginia, Robert B. Hall, war für seine Sympathie für die Ordination von Frauen bekannt. Als eine der ordinierten Frauen zusammen mit Bischof Hall Gottesdienst feierte, reagierte er auf seine Kritiker mit der Bemerkung, seine Augen seien während des Gebetes geschlossen gewesen, so dass er die Gegenwart der Anstoß erregenden Frau nicht wahrgenommen habe. Die Konservativen waren darüber alles andere als erfreut. Die Verbindung dieses liberalen Bischofs, der den Bann der Kirche gegen Frauen nicht beachtete, mit diesem liberalen Priester, der mit jüdischen Menschen einen Dialog führte, brachte die rechtsgerichtete religiöse Presse dazu, das konservative Virginia als »ein Unheilsgebiet« anzusehen. Niemals zuvor wurde die Diözese von Virginia so deutlich geehrt.

Diese Debatte begann gerade abzukühlen, als ich am 6. März 1976 zum Bischof von Newark gewählt wurde. Jetzt war der Pfarrer, der »leugnete, dass Jesus Gott war«, einer der amtierenden Bischöfe der Kirche. Konservative Kräfte starteten eine nationale Kampagne, um die Bestätigung meiner Wahl zu verhindern, was aber nicht gelang. Mein Ruf als kontrovers, häretisch, gar als ungläubig stammt aus jener Zeit und ist nie aus den Köpfen meiner Kritiker verschwunden.

In den späten achtziger Jahren, als die Frage der kirchlichen Diskriminierung von Homosexuellen und Lesben einen Höhepunkt erreichte, belebte sich die Kontroverse erneut. Im Jahr 1987 war die Diözese von Newark die erste in der anglikanischen Kirche, die die Kirche offiziell dazu aufrief, diese Menschen verachtenden Praktiken aufzugeben und im Blick auf die Ordination von Homosexuellen und Lesben ins Priesteramt ehrlich zu sein. Diese Diözese bat die Kirche ebenso, alle Schritte zu unternehmen, die nötig sind, um ihren Priestern die Freiheit zu geben, öffentlich die heiligen Verpflichtungen homosexueller und lesbischer Paare zu segnen. 1988 veröffentlichte ich ein Buch, das darauf ausgerichtet war, die Kirche zu einem neuen Bewusstsein im Blick auf diese sexuellen Fragen aufzurufen. Sein Titel war: *Living in Sin?: A Bishop Rethinks Human Sexuality* (Leben in Sünde? Ein Bischof überdenkt die menschliche Sexualität). Im Einklang mit meinen eigenen Studien und Empfehlungen an die entscheidenden Organe ordinierte ich am 16. Dezember 1989 einen Mann zum Priester, der seit etwa fünf Jahren in einer öffentlich anerkannten, verbindlichen Partnerschaft mit seinem männlichen Partner lebte. Er hatte seine Studien abgeschlossen und besaß die begeisterte Unterstützung seiner theologischen Lehrer. Die Frage war nicht länger theoretisch.

Wieder einmal erhob sich der Zorn der religiösen Rechten. Der Auslöser war die Ordination des homosexuellen Theologen. In dem Versuch, mich auf jede mögliche Weise zu diskreditieren, wurden die alten theologischen Streitfragen wiederum aufgegriffen. Die Folgerung war, dass eine solche Handlung von jemandem erwartet werden könne, der theologisch verdächtig ist. Von diesem Tag an bis zum heutigen nahm die Flut feindlicher Veröffentlichungen von Konservativen, fundamentalistischen und evangelikalen[5] Kreisen nicht ab und wurde mein tägliches Brot. Der Höhepunkt war erreicht, als der assistierende Bischof der Diözese Newark und somit mein Partner im Bischofsamt, der Right Reverend Walter Righter 1996 offiziell der Häresie bezichtigt wurde. Sein Vergehen war, dass er 1990 in meinem Auftrag Reverend Barry Stopfel ins Diakonat ordinierte, einen Homosexuellen, der mit seinem Partner, Reverend Will Leckie zusammen lebte. Ich habe diesen Mann ein Jahr nach seiner Diakonenweihe in einer öffentlichen Feier zum Priester ordiniert. Aber als der Vorwurf der Häresie erhoben wurde, traf er meinen Partner und nicht mich. Vielleicht war man der Meinung, dass er ein leichteres Ziel sei oder man wollte mir einfach kein großes öffentliches Forum geben.

Während der Jahre zwischen der ersten homosexuellen Ordination und dem Häresieverfahren gegen Bischof Righter führte ich meine schriftstellerische Tätigkeit weiter und kämpfte an gegen theologische Grenzen im traditionellen Verständnis des Christentums. 1990 veröffentlichte ich *Rescuing the Bible from Fundamentalism* (Rettung der Bibel vor dem Fundamentalismus). Darin gehe ich neben anderen wichtigen Argumenten darauf ein, dass der »Dorn im Fleisch«, der Paulus quälte, eine Macht zu sein schien, die sein Körper bejahte, aber sein Geist ablehnte. Dieser Dorn im Fleisch – so meine Vermutung – ist dahingehend zu verstehen, dass ihn eine innerlich abgelehnte Homosexualität tief bedrückte. 1992 veröffentlichte ich *Born of a Woman* (Von einer Frau geboren). Darin wies ich auf die Möglichkeit hin, dass die Geburtsgeschichten Jesu bei Matthäus und Lukas dem Zwecke dienten, dem Vorwurf seiner unehelichen Geburt entgegenzutreten, der von Kritikern der Christenheit im ersten Jahrhundert erhoben wurde. Es gibt Hinweise auf diesen Vorwurf, die wie nicht explodierte Landminen in den Evangelientexten verstreut liegen, wenn man diese Texte zu lesen versteht. Ich spekulierte auch mit der Möglichkeit, dass Jesus mit Maria Magdalena verheiratet war. Eine beachtliche Anzahl von Stellen im Neuen Testament stützen diese Theorie. Der schärfste Widerstand gegen solche Überlegungen kam von denen, deren Frauenbild deutlich negativ besetzt ist. Sie konnten sich nicht vorstellen, dass ein göttlicher Christus sich je mit einer Frau einlassen konnte, die ihn unrein machte. Meine Spekulation war so eine Übung zur Bewusstseinsbildung.

Als 1994 mein Buch *Resurrection: Myth or Reality* (Auferstehung: Mythos oder Realität) erschien, vertrat ich die Auffassung, dass sich die Vorstellung der Auferstehung Jesu als einer leibhaftigen Auferweckung als Tradition in der frühen Christenheit erst spät entwickelte. Ich versuchte aufzuzeigen, dass in der frühchristlichen Überlieferung, wie sie Paulus und Markus und, wie ich meine, auch Matthäus[6] vertraten, solche Behauptungen nicht erhoben wurden und der ursprüngliche Ausbruch des Lebens, der mit der Geburt der Christenheit verbunden ist, nicht von dieser »orthodoxen« Theorie abhängig ist.

In meinem 1996 erschienenen Buch *Liberating the Gospel* (Befreiung des Evangeliums) bestritt ich, dass die synoptischen Evangelisten Matthäus, Markus und Lukas Augenzeugen waren, und die Evangelien vorwiegend auf den Erinnerungen von Augenzeugen beruhten. Diese Evangelien sind auf dem Hintergrund des jüdischen liturgischen Jahres konzipiert worden. Deshalb müssen sie nicht wörtlich genommen werden, vielmehr muss ihre Bedeutung vor dem Hintergrund dieses jüdischen Zusammenhangs erschlossen werden.

Die Veröffentlichung eines jeden dieser Bücher erweckte die theologische Debatte erneut. Zeitungsjournalisten kehrten zu den allgemein zugänglichen Informationen zurück und polierten die alten Geschichten aus den früheren Kontroversen mit neuen Wendungen auf. Auf diese Weise wurde meine Vermutung, dass Paulus homosexuell gewesen sein könnte, seine Veranlagung jedoch nicht auslebte, zur dogmatischen Behauptung. Meine Frage nach dem Ursprung der Aussagen in den Geburtsgeschichten, verwandelte sich zur Feststellung, dass Maria vergewaltigt wurde. Mein Versuch, den Ursprung der Auferstehungsgeschichten herauszufinden, brachte mir die Anschuldigung ein, ich leugne die Wahrheit der Auferstehung. Meine Analyse des Organisationsprinzips hinter der synoptischen Tradition wurde zur Anschuldigung, ich glaubte überhaupt nicht an die Bibel. Diese Art von Journalismus kulminierte im Jahr 1997, als die in Schottland erscheinende Zeitung *Edinburgh Evening Newspaper* mich in einem ausführlichen Artikel »den radikalsten Bischof der Welt« nannte.

Jedes dieser Bücher fand jedoch eine enthusiastische Leserschaft unter suchenden Laien, die bereit waren, ihr Urteil nicht von knappen Schlagworten abhängig zu machen. Einladungen, über die genannten Themen zu sprechen, kamen aus allen Teilen der USA und aus aller Welt. Die Aufnahme, die ich fand, machte mich zu einem der bekanntesten religiösen Autoren in der englischsprachigen Welt. Aber ich traf auch in zunehmendem Maße auf eine unnachgiebige Feindschaft bei bestimmten Gruppen ordinierter Menschen und deren Gefolgsleuten unter den Laien in konservativen, evangelikalen und fundamentalistischen Kreisen.

Als Bücher mit Angriffen gegen mich veröffentlicht wurden, die in entlarvender Weise feindselig und ohne überzeugende, akademische Argumente waren, festigte sich mein Ruf als umstrittener Theologe. Ich versuche, diesen nicht länger zu leugnen.

Eigentlich bin ich jedem meiner Kritiker dankbar. Unabsichtlich identifizierten sie mich als Quelle für religiös Suchende in unserer Welt, die sich danach sehnen, an Gott zu glauben, aber die abgestoßen werden von einem vormodernen Buchstabenglauben, der sich so oft als christlich maskiert. Ich versuchte, jeden ihrer Briefe zu beantworten, und so entstand ein Kreis, der mit mir auf dem Weg ist in der Suche danach, wie man in unserer Zeit ein ehrlicher und tief verpflichteter Christ sein kann. Für diesen Kreis von Menschen schreibe ich dieses Buch. Zusammen mit mir sind sie Gläubige im Exil.

Wenn ich innehalte, um diejenigen zu würdigen, denen ich am meisten zu danken habe, denke ich besonders an drei meiner Mentoren und Lehrer zurück. Der erste war John Elbridge Hines, der Vorsitzende Bischof der Episkopalen Kirche in den Vereinigten Staaten von 1964 bis 1973. Er vertrat seine Überzeugungen mutig und besaß die Güte und Integrität, Herabsetzungen zu ertragen, ohne in negativer Weise zu antworten. John Hines war ein Mann der Institution, ein brillanter Kopf, der jedoch nicht die Zeit hatte, biblischen und theologischen Fragen vertieft nachzugehen. Er hat jedoch mehr als jede andere Person, die ich kenne, die Kirche zu einem wirklichen Dialog mit der realen Welt gedrängt.

Der zweite war John A.T. Robinson, der englische Bischof der sechziger und siebziger Jahre, der Verfasser des überraschenden Bestsellers *Honest to God* (Aufrichtig vor Gott). Dieser Mann beschritt wie ich den seltenen Weg, seine Laufbahn als Bischof mit der Tätigkeit als Lehrer und Schriftsteller zu verbinden. Er hat mich auch durch unsere persönliche Beziehung dazu inspiriert, seinem Vorbild zu folgen.

Ich bin dankbar, dass meine Frau Christine und ich mit Ruth, John Robinsons Witwe, und auch seinem Bruder Edward jahrelang in Verbindung bleiben konnten. Als Chris und ich Ruths Gäste in Robinsons Haus waren, saß ich sogar an John Robinsons Schreibtisch in Arncliff in Nord Yorkshire, als ich das Kapitel über das Gebet in diesem Buch ausarbeitete. Diese Erfahrung brachte mir die neue Empfindung dafür, wie viel ich Robinson wirklich verdanke, wenn ich seinen ehrlichen Kampf weiterführe, den authentischen, christlichen Glauben mit dem Wissen und dem Bewusstsein unserer Zeit zu versöhnen.

Zum Schluss muss ich meinen Mentor Michael D. Goulder erwähnen, den Professor im Ruhestand der Universität Birmingham in Großbritannien. Er ist der einzige Neutestamentler, den ich kenne, der jetzt beansprucht, Atheist zu sein und der sowohl sein Priesteramt als auch seine Mitgliedschaft in der Kirche aufgab, als er fühlte, dass er nicht länger Teil einer Glaubensgemeinschaft sein konnte, deren Gott ihm zu klein erschien, um für ihn und die Welt Gott zu sein. Michael Goulder steht als ein Symbol für die Leute, für die die Kirche ihre Grenzen nie weit genug ausdehnen kann, damit sie mit einbezogen werden können. Er hat mir, mehr als er vielleicht selbst begriff, die Fenster für eine neue Sicht Gottes geöffnet.

Ich stelle fest, dass ich aus meiner Verpflichtung im Glauben und als ein Christ schreibe und nicht in der Absicht, Kontroversen zu schaffen. Wenn dieser Glaube zu biblizistischen Positionsbestimmungen verkommen ist, habe ich dies aufgedeckt und kritisiert. Ich bin zu der Einsicht gekommen, die Kontroverse nicht als negativ oder gar zerstörerisch für die Kirche zu begreifen. Ich betrachte sie eher als ein positives Zeichen der Gesundheit und Vitalität. Sie repräsentiert eine Glaubenstradition in der Gärung, die zugleich stirbt und auferweckt wird. Sie offenbart den Willen, die göttliche Wahrheit zu erforschen, ohne zu versuchen, Gott vor der Unruhe neuer Einsichten zu schützen. Sie kommt aus der Empfindung, dass Gott mit dem Geist und mit dem Herzen verehrt werden muss. Sie legt auch offen, dass jeder Gott, für den eine neue Wahrheit aus welcher Quelle auch immer bedrohlich ist, bereits längst tot ist. Solch ein gestorbener Gott ist bedrohten Gläubigen wegzunehmen, so dass die Furcht vor »einem Gottesvakuum« im Herzen so manchen Lebens sie entweder als Gläubige oder Ungläubige zu Ehrlichkeit und Integrität treibt. Es gibt keine Hoffnung für die Wiedererweckung des Gottesdienstes, solange ein Idol ungestört an der Stelle steht, die für den lebendigen Gott allein reserviert ist.

Clifford L. Stanley, einer meiner Theologieprofessoren vor fast fünfundvierzig Jahren, konnte sagen: »Jeder Gott, der getötet werden kann, sollte getötet werden.« Das theologische Seminar, in dem ich ausgebildet wurde, hatte als Motto: »Sucht die Wahrheit, woher sie auch stammen mag, koste es, was es wolle.«[7] Ich habe versucht, den beiden Worten meines Lehrers und meines

Seminars möglichst genau zu folgen. So spreche ich heute zu meinen Zuhörern unter Forschern und Suchenden, zu denen, die entweder Mitglieder der kirchlichen Bildungseinrichtungen sind oder so gerade noch an ihrer christlichen Identität hängen. Ich rede auch zu den Laien, deren Gefühl für Ehrlichkeit verlangt, ihren Geist für das meiste zu verschließen, das sie am Sonntagmorgen in der Kirche hören.

Ich spreche zu denen, die man lehrte, dass ihr Engagement im Glauben von ihnen verlange, nie Fragen zu stellen. Dies sind die Begleiter auf meiner Reise, mit denen ich den Dialog suche. Für sie spreche ich die biblische Einladung aus: »Kommt her, wir wollen sehen, wer von uns Recht hat, spricht der Herr« (Jesaja 1, 18). Sie sind es, die zu verstehen scheinen, dass das Christentum sich ändern muss oder sterben wird.

Ich bin vielen dankbar, die mir bei der Erstellung dieses Manuskriptes geholfen haben. Zuerst spreche ich der Pfarrerschaft und den Menschen der Diözese Newark meinen Dank aus, die meine schriftstellerische Arbeit im Zusammenhang mit meiner dreiundzwanzigjährigen Tätigkeit als Bischof begleitet, ermutigt und unterstützt haben. Der Inhalt dieses Buches wurde zuerst in einer Serie von Vorlesungen in meinem Bistum, und zwar an der Christ Church, Ridgwood, New Jersey, veröffentlicht.

Ein Großteil der endgültigen Fassung dieses Buches wurde während eines Sabbaturlaubs geschrieben, der ein großes Geschenk meines wundervollen Bistums war. Ich verbrachte einen Teil dieses Urlaubs in der Bücherei der Universität von Edinburgh in Schottland und wurde dort bei meiner Unternehmung großzügig unterstützt vom Personal der Bibliothek, wie auch vom Primas der Episkopalen Kirche in Schottland, dem Most Reverend Richard Holloway, seiner Assistentin Frau Pat McBryde, und einem seiner Geistlichen, dem Reverend James Wynn-Evans.

Den anderen Teil dieses Sabbaturlaubs verbrachte ich als Gastgelehrter an der Oxforder Universität, wo mir die Bodleian Bibliothek zugänglich gemacht wurde, und auch dort lernte ich die großzügige Unterstützung des Personals sehr zu schätzen. Dieser Aufenthalt in Oxford wurde durch Keith und Marian Ward von der Christ Church in Oxford ermöglicht. Keith ist Regius Professor of Divinity (Dekan der theologischen Fakultät) in Oxford und war besonders hilfreich beim Auffinden der Originalquellen. Ein Gespräch mit Keith ist wie eine Begegnung mit einer Enzyklopädie des Wissens. Auch Marias akademische Erfolge sind beeindruckend.

Zwei anderen Personen bin ich sehr zu Dank verpflichtet: zuerst Christine Mary Spong, die weit mehr als nur eine ganz besondere Ehefrau ist. Sie ist auch eine außerordentliche Herausgeberin. Sie reiste mit mir überall hin, wohin ich ging. Bei den Vorlesungen, die ich zu halten die Ehre hatte, hörte sie, wie meine Gedanken geboren wurden und war dann Zeugin davon, wie sie reiften und zu einem ständigen Teil meiner selbst wurden. Sie hörte auf die Reaktionen meiner verschiedenen Zuhörer und half mir, mein Konzept zu klären. Sie gibt monatlich eine Zeitungsspalte heraus. Wenn meine Vorlesungen auf Videoband aufgenommen wurden, war sie die Hauptherausgeberin und Produzentin dieser Videos.[8] Besser als jemand anderes weiß sie, wann mein Material »singt« und wann nicht. Sie hat auch eine besondere Gabe für den Umgang mit den Worten und ein Gefühl dafür, wie ein Satz vom gewöhnlichen zum erregenden ungestaltet werden kann. Christine versucht das geschriebene Wort in eine annähernde Entsprechung zum gesprochenen Wort zu bringen, so dass die Begeisterung in der Rede auch aus der geschriebenen Seite hervorklingt. Ich liebe sie über alle Maßen und ich bewundere sie enorm als Mitarbeiterin und als Partnerin im Dienst. Ich grüße sie mit Dankbarkeit.

Die zweite Person ist meine Sekretärin Lyn Conrad, die bezüglich der Textverarbeitung Wunder vollbrachte, während das Buch Gestalt gewann. Dies ist das zweite Buch an dem Lyn mit mir zusammenarbeitete, und ihre Geduld mit endlosen Veränderungen, ihre Fähigkeit, Details zu prüfen und ihre Ermunterung erleichterte die weitere Arbeit. Ich bin auch ihrem Ehemann

David dankbar, der sie an manchem Abend erschöpft empfangen musste.

Dankbar verbunden bin ich auch Mitarbeitern unserer Diözese, meinen Kollegen und Freunden, die während der Schreibphase Arbeiten übernahmen.

Schließlich bin ich meiner Familie dankbar. Neben meiner Frau Christine sind das unsere verheirateten Kinder: Ellen Spong und ihr Ehemann Gus Epps; Katharine Spong und ihr Ehemann Jack Catlett; Jaquelin Spong und ihr Ehemann Todd Hylton; sowie unsere vier wunderbaren Enkelkinder, die sie uns schenkten: Shelby Catlett und John (Jay) Catlett, John Lanier Hylton und Lydia Ann Hylton. Dann auch unser unverheirateter Sohn und unsere Tochter, Brian und Rachel Barney, denen dieses Buch gewidmet ist. Brian bereitet sich auf das Medizinstudium vor, und Rachel ist Offizier und Pilot im United States Marine Corps. Alle diese Glieder unserer Familie trugen dazu bei, unser Leben sehr gesegnet und glücklich zu machen. Ganz zum Schluss grüße ich unsere Mütter, Doolie Boyce Griffith Spong, und Ina Chase Bridger. Manchmal wundere ich mich darüber, wie viel Liebe mein Leben umgibt. Sein Zentrum liegt in dieser unglaublichen Familie.

John Shelby Spong

1 Wie man das Glaubensbekenntnis aufrichtig sprechen kann

»Wir glauben an Gott ...«

Mit diesen Worten findet der gemeinsame Glauben der christlichen Kirche seinen Ausdruck in dem, was wir das Apostolische Glaubensbekenntnis nennen. Das »wir« derjenigen, die »an Gott glauben«, setzt sich aus vielen Individuen zusammen. Ich bin eines davon.

Vor allem anderen verstehe ich mich als einen, der glaubt. In der Tat glaube ich leidenschaftlich. Gott ist die letztgültige Realität in meinem Leben. Ich lebe in einem ständigen, fast mystischen Bewusstsein der göttlichen Gegenwart. Manchmal betrachte ich mich selbst als einen, der geradezu die Luft Gottes atmet oder, indem ich ein Bild aus dem Osten aufgreife, als einer, der in der unendlichen Tiefe des Meeres Gottes schwimmt. Wie der Psalmist der Vergangenheit habe ich das Gefühl, dass wir Gott nicht entfliehen können.[9] Ich würde mich einen geradezu von Gott eingenommenen Menschen nennen.

Doch wenn ich versuche mein Verständnis von diesem Gott in Worte zu fassen, dann verschwindet meine Sicherheit nahezu. Menschliche Worte schränken mein Gottesbewusstsein ein und vermindern es. Sie erweitern es nie.

Der Gott, den ich kenne, ist nicht konkret oder spezifisch. Dieser Gott ist eher eingehüllt in Mysterien, Wunder und Scheu. Je tiefer ich in die göttliche Gegenwart vorzudringen wage, desto weniger scheint wörtlichen Formulierungen Bedeutung zuzukommen. Das gilt auch für die Sätze des christlichen Glaubensbekenntnisses. Auf den Gott, den ich kenne, kann man nur hinweisen; dieser Gott kann nie in ausformulierten Positionsbestimmungen eingefangen werden.

Die Worte des Apostolischen Glaubensbekenntnisses und seine spätere Erweiterung im Nizänischen Glaubensbekenntnis wurden in einer Weltanschauung formuliert, die es nicht mehr gibt. Sie ist der Welt, in der ich lebe, völlig fremd. Als man die christlichen Glaubensbekenntnisse verfasste, sah man die Wirklichkeit in einer Weise, die heute aufgrund der Ausdehnung unseres Wissens überholt ist. Diese Tatsache ist so selbstverständlich, dass man darüber kaum sprechen muss. Wenn der Gott, den ich anbete, mit den altertümlichen Worten des Glaubensbekenntnisses wörtlich identifiziert werden müsste, würde Gott für mich nicht nur unglaubwürdig werden, sondern taugte geradezu nicht mehr dazu, Gegenstand meiner Verehrung zu sein. Mit dieser Schlussfolgerung stehe ich nicht allein. Tatsächlich bin ich einer in der zahllosen Schar moderner Männer und Frauen, für die die traditionellen religiösen Vorstellungen ihre ursprüngliche Kraft verloren haben. Wir sind diese schweigende Mehrheit gläubiger Menschen, für die es in zunehmendem Maße schwer ist, gleichzeitig Glieder der Kirche zu bleiben und denkende Menschen zu sein. Die Kirche ermutigt uns in dieser Aufgabe nicht. Diese Institution erscheint zunehmend als spröde. Deshalb bemüht sie sich auch nicht darum, ihre Glaubensbekenntnisse als eine Sammlung von Symbolen zu verstehen, die aufgebrochen werden müssen, damit das Gottesbild von neuen Vorstellungen umfangen werden kann. Das institutionalisierte Christentum scheint sich vor Untersuchungen zu fürchten, es fürchtet sich vor der Freiheit, vor dem Wissen – in der Tat vor allem Möglichen, außer seiner eigenen, sich ständig wiederholenden Propaganda, die in einer Welt angesiedelt ist, in der keiner von uns lebt. Die Kirche konnte in ihrer Geschichte ihre kreativsten Denker an den Rand drängen oder gar ausschließen. Die Liste reicht von Origenes über Erasmus bis zu Hans Küng. Diese Institution scheint viel eifriger dabei zu sein, ihre Energie zur Verteidigung ihrer begrenzten Wahrheit einzusetzen, als die heiligen Worte als das anzusehen, was sie sind, nämlich Hinweise auf eine Wirklichkeit, die durch begrenzte Worte immer verzerrt und nie voll erfasst wird. Diese einfache Schlussfolgerung wird unausweichlich, sobald wir damit beginnen, die Glaubensbekenntnisse zu entziffern, und dabei Fragen in uns aufschreien, die gehört werden wollen.

Der Eröffnungssatz des Apostolischen Glaubensbekenntnisses spricht zuerst von Gott als dem »Allmächtigen Vater«. Beide Worte ärgern mich zutiefst. Hier beginnt das Geheimnis Gottes, das ich bei Gott schätze, mit eingeschränkten kulturellen Definitionen gefüllt zu werden. Das Wort Vater ist ein menschliches Wort – so männlich, so zeitbedingt.[10] Es beschwört das traditionelle Gottesbild des alten Mannes, der im Himmel thront, geradezu herauf. Es betont unüberhörbar die Männlichkeit der Gottheit, eine Vorstellung, die über Jahrtausende dazu benutzt wurde, um die Unterdrückung der Frauen durch religiöse Einrichtungen zu rechtfertigen. Diese Geschichte und diese Praxis stoßen mich heute ab. Die christliche Kirche ging zeitweise so weit, zu diskutieren, ob Frauen wirklich eine Seele hätten und ob weibliche Säuglinge getauft werden sollten. Bis in die letzten Jahre des zwanzigsten Jahrhunderts verbannte die Kirche Frauen im Allgemeinen in klar definierte, zweitrangige Rollen, bis die sexistischen Vorurteile sich aufzulösen begannen. Sogar der jüngste kirchliche Durchbruch in einigen Glaubensgemeinschaften, der erlaubt, Frauen als Pastoren, Priester und Bischöfe zuzulassen, wird nur von einer kleinen Minorität der Christen in der Welt begrüßt. Diese Kirche, die sich dem widmete, einen Gott anzubeten, der »Vater« genannt wurde, hat beständig ihre zügellose Diskriminierung der Frauen als den Willen eben dieser patriarchalischen Gottheit gerechtfertigt. Mindestens hat sie ihre Auffassung in götzendienerischer Weise als die »unveränderliche, heilige Tradition der Kirche« bezeichnet. Mir liegt nichts daran, einem Gott zu dienen, der durch Männlichkeit definiert ist. Ich bin nicht länger bereit, feierliche Zusammenkünfte zu ertragen, in denen alle Teilnehmer Männer sind, die dort angetan mit ihren geistlichen Gewändern so tun, als könnten sie allein bestimmen, was eine Frau in moralischer Hinsicht mit ihrem Körper machen darf. Ich habe kein Interesse, Teil einer Institution zu sein, die tief gegen die Frau voreingenommen ist und es so bleiben will.

Das Wort *allmächtig* bereitet ebensolche Mühe. Allmacht und damit in der Tradition meist einhergehend Allwissenheit begründen einen provozierenden und verwirrenden Anspruch. Indem wir Gott allmächtig nennen, ordnen wir der Gottheit die Kraft zu, alles Übel zu heilen und jedes Unglück zu verhindern. Doch Übel und Unheil bleiben ein Teil des Lebens. Seit Beginn der Zeit »kreisten« religiöse Denker um diese Vorstellungen. Die traditionellen Argumente über den freien Willen und die Tugenden, die durch Leiden entstehen, sind heute schwach und verbleiben ohne Überzeugungskraft. Wenn wir Gott in unserer Welt unbegrenzte Allmacht zuschreiben, folgt daraus konsequent die Schlussfolgerung, dass der Gott, der diese Macht besitzt, entschlossen ist, sie nicht zu gebrauchen. Die einzig zutreffende Alternative zu diesem Schluss liegt in der Behauptung, dass Gott Grenzen hat, dass er nicht mitfühlt, bösartig ist oder es ihn nicht gibt. Keine dieser Alternativen ist zufrieden stellend. Der Schriftsteller Archibald MacLeish sagte: »Wenn Gott Gott ist, ist er nicht gut. Wenn Gott gut ist, ist er nicht Gott.«[11] Das Problem des Übels in der Welt kann nicht einfach mit den alten, frommen Ansprüchen gelöst werden. Aber Menschen benutzen diese Sprache des Glaubensbekenntnisses weiter und nennen Gott »allmächtig«. Vielleicht stellen sie sich diese unabweisbaren aber schweren Fragen nicht.

Definieren wir Gottes allmächtige Natur auch als Allwissenheit, ergeben sich weitere, ebenso schwierige Fragen. Die Bibel, das heilige Buch der Kirche, stellt den Gott des Altertums als einen dar, dessen Handeln heute unser Wissen und Empfinden verletzt. Wenn ein allwissender Gott sich tatsächlich entsprechend den biblischen Behauptungen verhalten hätte, dann würde dieser Gott uns als hoffnungslos ignorant erscheinen. Denn viele der biblischen Behauptungen werden heute als ganz einfach falsch abgetan. Krankheit zum Beispiel ereilt uns nicht als Strafe für Sünden. Auch Heilung ist nicht auf unsere Gebete um das Eingreifen Gottes zurückzuführen oder auf die Vorstellung, wir hätten uns genügend gegeißelt, so dass unsere Krankheit als Strafe aufhört. In der Medizin geht es heute um Viren, Bakterien, Leukämie[12] und Tumore. Gott, der im Glaubensbekenntnis allmächtig genannt wird, scheint in unserer Zeit wenig oder nichts mit Krankheiten und auch ihrer Heilung zu tun zu haben. In unserer Generation bekämpfen wir Viren, Keime, Leukämie und Tumore nicht mit der Anrufung des allmächtigen Gottes, sondern mit Medikamenten, Chemotherapie, Chirurgie. In der Welt, in der wir leben, würde es naiv erscheinen, sich angesichts einer dieser menschlichen Krisen nur an die Allmacht unseres Gottes zu wenden. Das ist nur eine der ungeheueren Veränderungen in der Wahrnehmung der Realität, die unsere Welt von der Welt trennt, in der die Glaubensbekenntnisse geschrieben wurden.

Epilepsie und Geisteskrankheiten werden nicht mehr als das Ergebnis dämonischer Besessenheit verstanden, obwohl Jesus in der Bibel so dargestellt wird, als glaube er, dass dies so sei (Markus 5,8; 9,25). Noch einmal erfordert unsere Aufrichtigkeit, dass wir dem eingeschränkten Verständnis der Wahrheit in der Bibel entgegentreten. Kein Arzt würde heute ein epileptisches Kind behandeln, indem er einem Dämonen im Namen Gottes befiehlt, aus ihm oder ihr auszufahren. Religiöse Menschen verteidigen diese Grundsätze gläubiger Orthodoxie, indem sie sagen, dass Gott heute von uns erwartet, unseren Verstand und das uns zugängliche neue Wissen einzusetzen. Aber es war gerade die Neuheit des Wissens, dem die Kirche sich entgegenstellte, gegen die sie kämpfte und die sie durch Jahrhunderte hindurch verdammte. Christliche Führer widerstanden nahezu jedem medizinischen Durchbruch, weil sie glaubten, dass dadurch Gottes Macht eingeschränkt würde, oder sie verstanden ihn als einen Angriff auf die göttliche Fähigkeit, das Leben zu kontrollieren und Sünde mit Krankheit zu bestrafen. Timothy Dwight, ein presbyterianischer Geistlicher und der Präsident der Yale-Universität von 1795 bis 1817, war zu seiner Zeit einer der anerkannten religiösen und intellektuellen Führer in den Vereinigten Staaten. Er predigte leidenschaftlich gegen eine neu entwickelte medizinische Erfindung, nämlich die Impfung. »Wenn Gott vor aller Zeit beschlossen hätte«, versicherte Präsident Dwight, »dass eine bestimmte Person an Pocken sterben sollte, dann wäre es eine schreckliche Sünde, dies zu vermeiden und diese Entscheidung durch den Trick einer Impfung zu verhindern.«[13] Wir wundern uns heute über solche Worte, aber sie erwuchsen aus der gleichen Mentalität, in der auch das Glaubensbekenntnis verfasst wurde. Als man begann, zur Heilung von Krankheiten Medikamente und chirurgische Eingriffe einzusetzen, verloren die Kirche und der Klerus sofort an Einfluss. Kirchenführer oder Kleriker konnten nicht länger vorgeben, dass sie allein die von Gott gegebene Fähigkeit besaßen, jedes Ereignis im Leben als Segen oder Fluch zu deuten. Im Rückblick zeigt sich, dass die Allmacht Gottes, die auch als seine Allwissenheit erscheint, erfolgreich in Frage gestellt wurde. Was bedeutet nun das Wort *allmächtig* im Glaubensbekenntnis? Lässt es sich noch als eine brauchbare Vorstellung auf Gott anwenden?

Was im Blick auf das Gebiet der menschlichen Krankheit zutrifft, ist in gleicher Weise zutreffend für unser Verständnis der Dinge, die man einmal »Acts of God«[14] nannte, die wir jetzt (außer in den Versicherungspolicen) eher »Naturkatastrophen« nennen. Ich beziehe mich auf solche Erscheinungen wie Orkane, Tornados, Erdbeben, Hochwasser und Dürre. Heute sagen wir diese Ereignisse mit erstaunlicher, zeitlicher und örtlicher Genauigkeit voraus, ohne dass wir uns dabei in irgendeiner Weise auf Gott beziehen. Die Allmacht, die wir einst Gott zuordneten, scheint nicht mehr für diese Katastrophen verantwortlich zu sein. Heute wird diese göttliche Macht auch nicht mehr angerufen, das Unheil zu beenden. Wirbelstürme und Erdbeben, Hochwasser und Dürre scheinen natürlichen Abläufen zu folgen, bis ihre Gewalt erschöpft ist. Wenn moderne Menschen nicht mehr annehmen, dass der Allmächtige diese Erscheinungen beenden kann, dann müssen wir einmal mehr fragen, was das Wort *allmächtig* bedeutet, wenn es auf Gott angewandt wird. Hat es eine poetische Bedeutung, die wir nicht mehr verstehen? Ein volkstümlicher Fernsehevangelist forderte einmal Anerkennung dafür, dass kraft seines Gebets ein Orkan, der seiner Fernsehanstalt hätte bedrohlich werden können, einen anderen Weg genommen hätte. Abgesehen von der eigennützigen Natur eines solchen unglaublichen Anspruchs, fragt man sich, wie die Menschen, in deren Richtung der Evangelist den Orkan umleitete, die Wirksamkeit der Gebete dieses Mannes empfanden und welche göttliche Wertschätzung sie für sich damit verbanden. Es hätte mich mehr beeindruckt, wenn er seine Gebete darauf ausgerichtet hätte, den kräftigen Sturm zu stillen. Es hat den Anschein, dass diese Möglichkeit dem evangelikalen Showmaster nicht in den Sinn kam. Es bleibt die Tatsache, dass wir heute vieles, was einmal mit dem Hinweis auf göttliche Macht erklärt wurde, ohne jede Bezugnahme auf Gott erklären. Auf völliges Unverständnis stößt erst recht, wer derartige Phänomene damit in Zusammenhang bringt, dass Menschen diese Widerfahrnisse verdient hätten.

Andere Aspekte der Allmacht Gottes, die in der Bibel begegnen, fehlen auffälligerweise im Erwartungshorizont der Menschen, die in der modernen Welt leben. Der Bibel zufolge hatte der allmächtige Gott die Fähigkeit, sein erwähltes Volk mit Brot, das »Manna« genannt wurde, zu versorgen, um es in der Wüste vor dem Verhungern zu retten (Exodus 16). Für die hungernden Menschen unserer Tage scheint es keine solche göttliche Rettung zu geben, wenigstens werden sie keines himmlischen Brotes teilhaftig. In unserer Generation sterben die hungernden Menschen einfach z. B. in Somalia, Ruanda und in der Sahelzone, es sei denn, dass menschliche Hilfsmaßnahmen durchgeführt werden.

In den heiligen Texten scheint diese »allmächtige« Gottheit politisch und moralisch auch nicht so ganz edel gehandelt zu haben. Der biblische Gott wird so dargestellt, als besäße er die Macht, das Rote Meer zu teilen, damit sein erwähltes Volk auf trockenem Boden hindurchwandern konnte (Exodus 14,1–22) und als könnte er die Sonne am Himmel anhalten, damit das Volk Israel genug Zeit erhält, den militärischen Sieg über die Amoriter zu erzielen (Josua 10,12). Aber im gleichen Text wurde dieses Rote Meer durch Gott wieder gerade so rechtzeitig geschlossen, dass die verhassten Ägypter ertranken (Exodus

14,23–31), und die Sonne durfte schließlich dann untergehen, als das Gemetzel an den verruchten Amoritern vollendet war (Josua 10,13). Was für eine Art von Allmacht ist das? Ist sie wenigstens moralisch? Kann man eine so launische Gottheit anbeten, in der wir die schlimmsten unserer menschlichen, stammesorientierten und politischen Hassgefühle verkörpert sehen?

Was bedeutet es nun, wenn wir im christlichen Glaubensbekenntnis Gott *»allmächtig«* nennen? Glaubt irgendjemand von uns dies wirklich? Kann denn ein Gott, der in dieser Welt nicht mehr in irgendeiner Weise so eingreifen kann, wie man dies nach den traditionellen Vorstellungen erwartete, mehr sein als ein fahler Schatten von dem, was man einmal für Gott hielt? Kann irgendjemand einen Gott anbeten, den man als ohnmächtig verabschiedete?

So beachtlich diese Fragen sind, unsere Probleme mit dem Glaubensbekenntnis hören damit nicht auf. Als nächstes nennt das Glaubensbekenntnis Gott »den Schöpfer des Himmels und der Erde«. Was ist der Himmel? Wo ist der Himmel? Es ist klar, dass in der alten Welt der Himmel, den Gott geschaffen hat, der als Gottes Wohnung angesehen wurde, über dem Firmament lag. Aber wir in unserer Generation wissen, dass der Himmel weder das Dach der Welt, noch die Erde der Boden des Himmels ist. Woran denken wir nun, wenn wir bekennen, dass dieser allmächtige Gott den Himmel schuf? Reden wir von dem fast unendlichen Universum, von dem niemand in biblischen Zeiten irgendetwas ahnte?

Gott die Macht zuzuschreiben, dass er die Welt erschuf, stellt moderne Männer und Frauen vor Schwierigkeiten. Wir können jetzt das Datum der Geburt unseres Planeten und sein Alter mit radioaktiven Messungen bestimmen und mit viereinhalb bis fünf Milliarden Jahren einigermaßen genau angeben. Das biblische Verständnis der Schöpfung legte das Geburtsdatum der Welt auf einen Zeitpunkt vor wenig mehr als sechstausend Jahren fest. Das ergab wenigstens die Berechnung, die Bischof James Ussher von Irland auf Grund der biblischen Daten anstellte. Wir wissen, dass diese biblische Annahme nur einen Teil von 0.00000012 unseres bekannten geologischen Alters darstellt. Wenn die Geschichte dieses Planeten vom Anfang bis zur Gegenwart auf einer Vierundzwanzigstundenuhr angegeben würde, erschiene menschliches Leben nur in den letzten paar Milli- oder Nanosekunden vor Mitternacht. Es gibt auch heute keine wissenschaftlichen Hinweise dafür, dass menschliches Leben entweder der Grund oder das Ziel des schöpferischen Prozesses ist. Die Menschen fühlten sich schwach und zufällig, als diese Einsichten über uns einstürzten. Eine Welt die vor fast fünf Milliarden Jahren entstand und in der das menschliche Leben fast bis gestern nicht erschien, lässt den Schöpfer fern und unerreichbar erscheinen. Was für ein Verständnis von der Schöpfung wir auch haben mögen, so ist unsere Vorstellung mindestens sehr verschieden von den Ideen derjenigen, die das Buch schrieben, das die Christen weiterhin »Gottes Wort« nennen. So ist es selbstverständlich, dass wir die biblischen Zeugnisse nicht für unser Verständnis des Universums heranziehen, zumindest, wenn sie wörtlich genommen werden. In welchem Sinn ist dann Gott der Schöpfer des Himmels und der Erde? Ist das nur einfach metaphorisch zu verstehen? Doch diese Worte stehen im Glaubensbekenntnis. Was bedeuten sie heute für uns, und wie können wir sie noch redlich gebrauchen?

»Wir glauben an Jesus Christus, seinen eingeborenen Sohn, unseren Herrn.«

Ein Gefühl der Erleichterung kommt über unsere fragende Seele, wenn wir zu diesem Teil des Glaubensbekenntnisses kommen. Wenigstens können wir uns Jesus als historischer Gestalt leichter nähern als Gott. Wir können ihn uns vorstellen, ihn umarmen und ihn mit Worten unserer Welt beschreiben. Er ist wirklich. Er lebte an einem bestimmten Ort und zu einer bestimmten Zeit in der Geschichte. Historische Personen wie Herodes und Pontius Pilatus, die auch sonst bezeugt sind, erscheinen in seiner Geschichte. Sein Name war Jesus von Nazaret. Man kann diesen Ort heute noch besuchen. Aber die Erleichterung über die Konkretheit Jesu wird schnell gezügelt, wenn wir beginnen, die weiteren Aussagen des Glaubensbekenntnisses über ihn zu hören. Zuerst wird er Gottes »eingeborener Sohn« genannt. Bedeutet das, dass keiner von uns anderen Gottes Sohn oder Gottes Tochter ist oder sein kann? Dieser ausschließliche Anspruch wurde durch die Jahrhunderte von der christlichen Kirche mit großem Nachdruck erhoben. Er ist Teil unserer religiösen Anschauung, wie eingeschränkt und ungöttlich er Gott auch zu machen scheint. Diese Aussage scheint auch auszudrücken, dass keine der anderen Religionen der Welt ihren Anhängern Verbindungen mit dem Göttlichen bieten kann. Viele Christen haben genau diesen Anspruch erhoben, und seine Wirkung hat über Jahrhunderte einen ganz unheiligen religiösen Imperialismus angeheizt. Diese arrogante Forderung verleugnet auch unsere eigenen modernen Erfahrungen. Ich habe gewiss Heiligkeit bei Juden, Muslimen, Hindus und Buddhisten gefunden, die ich weder verleugnen noch herabstufen will. Was bedeutet dann der Satz »Gottes eingeborener Sohn« für diejenigen von uns, die nicht durch die religiösen Vorurteile der Vergangenheit gebunden sein können oder wollen?

»Er wurde empfangen durch die Kraft des Heiligen Geistes und geboren von der Jungfrau Maria.« Sicher verletzt dieser Satz, wörtlich verstanden, alles, was wir biologisch wissen. Erkennen wir nicht, dass alle Erzählungen von jungfräulichen Geburten – und davon gibt es viele in der Geschichte – Legenden sind? Es sind menschliche Versuche, die darlegen wollen, dass die Menschheit allein nicht fähig war, ein Leben wie das beschriebene zu schaffen. Durch die Entdeckung der weiblichen Eizelle im Jahre 1724 sind alle Geschichten von einer jungfräulichen Geburt, auch die von Jesus, als biologische Tatsachen verstanden völlig in Misskredit geraten. Diese Entdeckung bedeutete, dass Frauen nicht mehr als bloß passive Gefäße zur Aufnahme des männlichen Samens angesehen werden konnten, wie die Überlieferungen dies annehmen. So konnte man auch nicht länger sagen, dass die Gottheit als ein göttliches Geschenk in ihre Nachkommenschaft eintrat, ohne dass sie in ihrer eigenen Menschlichkeit brüskiert wurden. Von diesem Augenblick an musste die Frau als Mitschöpferin angesehen werden, als genetisch gleichwertiger Partner in der Fortpflanzung jeglichen Lebens. Die ursprüngliche Annahme von der jungfräulichen Geburt in der biblischen Geschichte – nämlich, dass Jesu göttliche Natur mit der Schwängerung seiner Mutter durch den Heiligen Geist direkt von Gott auf ihn überging – ist eine hoffnungslos sexistische Vorstellung. Sie entsprang einer völlig patriarchalischen Welt, die den Beitrag der Frau zu jedem Leben ablehnte. Die Geschichte der Geburt Jesu erscheint heute als vollkommen mit Legenden angefüllt. Doch die klassische Theologie hat den Inhalt dieser Legenden in das grundlegende Glaubensbekenntnis eingefügt. Über die Jahrhunderte hat die Kirche diese Aussagen als wörtlich wahr behandelt. In unseren Tagen haben die Fortschritte unseres Wissens diese Sätze als sinnlos erscheinen lassen, wann immer die Behauptung aufgestellt wird, sie beschrieben eine objektive Wahrheit. Wie können wir nun weiterhin diese Worte aufrichtig sprechen? Können wir es überhaupt?

Den Vorstellungen der Verfasser der biblischen Texte zufolge war Jesu Kommen in diese Welt außergewöhnlich. Das Glaubensbekenntnis geht noch weiter und zeigt, dass auch sein Abschied außergewöhnlich war. Wir sagen, dass er zum Himmel auffuhr. So kehrte Jesus in seine ursprünglichen Heimat im Himmel zurück, und der Kreis der göttlichen Rundreise schloss sich wieder. Wie die Geschichten von seiner jungfräulichen Geburt, werden auch die wörtlich genommenen Darstellungen der Himmelfahrt durch die Zunahme unseres Wissens in Misskredit gebracht. Die biblische Darstellung der Rückkehr Jesu in den Himmel beruht auf der altertümlichen Vorstellung, dass der Himmel »oben« der Wohnort Gottes sei. Eine wörtliche Vorstellung der Himmelfahrt gibt keinen Sinn für diejenigen, die in der Zeit nach Kopernikus und Galilei und im Zeitalter der Raumfahrt leben. Tatsächlich passt auch die Vorstellung des Wortes *oben* nicht in unsere Zeit. Wenn Menschen in China und in den Vereinigten Staaten nach oben deuten, dann deuten sie in diametral entgegengesetzte Richtungen. »Oben« ist eine räumliche Vorstellung. Sie spiegelt die Annahme wider, dass die Erde flach und das Zentrum des Universums ist. Das ist für modernes Denken unbegreiflich. Wenn heute jemand von der Erde in einer nach oben gerichteten Bahn auffährt und weit genug kommt, gelangt er nicht in den Himmel, sondern auf eine Umlaufbahn oder, wenn er weit genug fliegt und die Erdanziehung überwindet, in die Weite des Weltalls. Die Vorstellungen von oben und unten sind angesichts der Raumvorstellungen unserer heutigen Welt bedeutungslos. Ein Jesus, der vermittels einer Jungfrauengeburt vom Himmel oben zur Erde nach unten und dann in einer kosmischen Reise wieder zurück in die Gegenwart Gottes reiste, wäre nicht aus dem gleichen Stoff wie du und ich. Wie könnte ein solches Leben ein Leben von jemandem sein, »der in allem wie wir in Versuchung geführt worden ist, aber nicht gesündigt hat«, wie der Hebräerbrief fordert (Hebräer 4,15). Was würde das für eine Versuchung sein? Auf diese Art und Weise würde die menschliche Natur Jesu kompromittiert, auf die die traditionelle Theologie so großen Wert legt. Wörtlich genommen bedeuten diese Texte nicht, dass er der Fleischgewordene wird, »vollkommen der Gottheit und vollkommen der Menschheit nach«, sondern wir es eher mit einer Art himmlischen Besucher von einem anderen Planeten zu tun haben, Superman oder Kapitän Marvel nicht unähnlich!

Wenn wir aber nicht mehr in dieser altertümlichen theologischen Sprache von Jesus reden können, gibt es dann andere Vorstellungen, mit denen wir der Christuserfahrung oder Gott gerecht werden können, den Jesus nach christlicher Auffassung repräsentierte, offenbarte oder manifestierte? Die Abenteuer der Ankunft und des Abschieds Jesu sind von einer Reihe weiterer Wunder begleitet, von denen die biblischen Texte sprechen: am Himmel erscheint ein Stern, durch den Gott den Geburtsort Jesu kennzeichnet (Matthäus 2,1–12), und Engel setzen uns in Kenntnis davon, dass Jesus in derselben Weise zurückkehren wird, wie die Jünger ihn entschwinden sahen (Apostelgeschichte 1,10–11).

Darin etwas zu finden, an das ich glauben kann, ist für mich unmöglich. Ich fürchte, dass es auch anderen Menschen in diesem Jahrhundert so ergeht.

Zwischen den beiden Sätzen des Glaubensbekenntnisses, die beschreiben, wie Jesus auf wundersame Weise in diese Welt kam und wie er sie ebenso wundersam wieder verließ, greift das Glaubensbekenntnis die historische Wirklichkeit auf, denn wir sagen: »gelitten unter Pontius Pilatus, gekreuzigt, gestorben und begraben«. Hier erscheinen objektive, nachprüfbare, wörtlich zu nehmende Daten.

Pontius Pilatus gab es wirklich. Er diente als römischer Gouverneur von 26 bis 36 n. Chr. in Judäa. Das Römische Reich kannte als Todesstrafe auch die Kreuzigung. An dieser Stelle des Glaubensbekenntnisses erscheint Geschichte, und zwar eine recht grausame Geschichte.

Die dramatischen Geschichten in den Evangelien jedoch, die die Darstellung der Kreuzigung Jesu begleiten, erscheinen in keiner Weise als historisch. Diese geschätzten biblischen Geschichten kommen auf einige markante Ereignisse zu sprechen, die den Tod Jesu begleitet haben sollen, so etwa die Finsternis, welche die Erde bedeckte (Markus 15,33; Matthäus 27,45; Lukas 23,44). Die heute möglichen Berechnungen erlauben uns, für die Vergangenheit wie für die Zukunft den Ort der Himmelskörper genau zu bestimmen: Sie schließen aber die Möglichkeit einer Sonnenfinsternis im damaligen Palästina aus. Was war nun diese Finsternis? Die biblische Geschichte sagt auch, dass Erdbeben den Tod Jesu begleiteten (Matthäus 27,51). Als ob das nicht schon unglaubwürdig genug wäre, fahren die Evangelien mit der Behauptung fort, dass in diesem kritischen Augenblick der Erlösungsgeschichte der Vorhang im Tempel von oben an bis unten zerriss (Markus 15,38; Matthäus 27,51; Lukas 23,44), dass sich die Gräber der Toten öffneten und gesehen wurde, wie die Leiber schon lange Verstorbener in Jerusalem herumwandelten (Matthäus 27,52–53). Wir lesen auch von der Beisetzung Jesu in einem neuen Grab, das Josef von Arimathäa, ein angesehenes

Mitglied des Hohen Rates, zur Verfügung stellte (Markus 15,42–47; Matthäus 27,57–61; Lukas 23,50–56; Johannes 19,38–42). Im eroberten Judäa verfuhr man kaum in einer solchen Weise mit dem Leichnam eines Verbrechers.[15] Es ist deutlich, dass die Passionsgeschichte auf recht dramatische und phantasievolle Weise gestaltet und ausgedeutet wurde, und man Mühe hat, herauszufinden, wo die Ereignisebene aufhört und die interpretierenden Erzählungen einsetzen.

Kommen wir zu den biblischen Erzählungen der Auferstehung Jesu, entdecken wir in den Widersprüchen der Evangelientexte eine weitere Serie von Problemen. Nahezu jedem Detail der Auferstehung Jesu, das in einem Evangelium erscheint, wird in einem anderen widersprochen.[16] Doch haben wir es mit der Geburtsstunde des Christentums zu tun, was immer die österliche Erfahrung war. Und wenn in dieser Erfahrung keine letzte Wahrheit auszumachen ist, dann ist, wie Paulus schreibt, unser »Glaube umsonst« (1 Korinther 15,14). Ein solcher Glaube ist wahrscheinlich auch nicht für die Ewigkeit bestimmt.

Aber was war das für eine Erfahrung, die schließlich als Auferstehung bezeichnet wurde? Unterschied sich die Wirklichkeit von den Beschreibungen der Evangelien? Können wir hinter die biblischen Worte zu einem Ort vordringen, an dem wir das ungedeutete Wesen von Ostern ergreifen können? Ist die österliche Wahrheit zeitgebunden oder reicht sie über die Zeit und also auch über die Geschichte hinaus? Weil die Erfahrung der Auferstehung für den Beginn des Christentums absolut wesentlich ist, wird diese Glaubensaussage zur Scheidelinie für den modernen Mann oder die moderne Frau, die sich nach dem Glauben sehnen. Wie jeder von uns zu dieser Frage steht, wird mehr als irgendetwas anderes darüber entscheiden, ob wir uns noch als Christen verstehen können.

Der Text des Glaubensbekenntnisses geht als nächstes zu dem über, was die Kirche traditionellerweise »die Wiederkunft« und »das Jüngste Gericht« nennt. Welche Bedeutung kann der Satz: »Er wird kommen, zu richten die Lebenden und die Toten« am

Beginn des dritten Jahrtausends haben? Das Neue Testament erwartete die Wiederkunft Jesu in diese Welt als nahezu unmittelbar bevorstehend (Johannes 14,3; Matthäus 16,27; Markus 9,1). Aber diese Wiederkunft trat nicht ein. War die Vorwegnahme in den Evangelien ein weiteres Beispiel für die Ungenauigkeiten in den biblischen Darstellungen?

Darüber hinaus müssen wir fragen, was Gottes Gericht angesichts unserer heutigen Lebensvorstellungen bedeutet. Auf welcher Grundlage wird durchgeführt, was die Bibel das Jüngste Gericht nennt? Als die Bibel geschrieben wurde, wussten die Menschen wenig von sozialen und psychologischen Wechselwirkungen. Kann heute irgendjemand einfach als ein Individuum verurteilt werden, das allein dafür verantwortlich ist, was er oder sie ist oder was er oder sie tat? Postmoderne Menschen, die die Tiefen menschlicher Beziehungsgeflechte kennen, die um psychologische Verwundungen und Segnungen wissen, können nicht in der Art und Weise moralisch sein, wie dies von traditionellen Glaubensvorstellungen das Jüngste Gericht betreffend immer gefordert wurde. Wenn wir nun weiterhin diese Sätze des Glaubensbekenntnisses aussprechen und den Anspruch erheben, gläubig zu sein, dann müssen wir danach fragen, was diese Worte eigentlich bedeuten, wenn sie von unseren Lippen kommen. Kann irgendjemand von uns diese Sätze noch aufrichtig wörtlich nehmen? Glauben wir noch, was sie nach der traditionellen Deutung aussagen?

Dieses Glaubensbekenntnis endet mit einem Abschnitt, der dem Heiligen Geist gewidmet ist, der die Kirche an Pfingsten grundgelegt hat und bis heute mit »Gottes Gegenwart« erfüllt. Zuerst müssen wir feststellen, dass alle pfingstlichen Symbole aus demselben Himmel kommen, in den Jesus aufgefahren sein soll. Hinter dieser Geschichte von der Ausgießung des Heiligen Geistes steht die Behauptung, dass die Erde das Zentrum des Universums ist und die himmlischen Gaben Gottes, der über dem Firmament wohnt, von oben herabgegossen werden können. Zweitens behauptet das Glaubensbekenntnis, dass dieser Heilige

Geist in die Gemeinschaft der Heiligen hineinwirkt und die »heilige katholische Kirche« ständig erneuert. Durch die ganze Geschichte hindurch gab es sicherlich Augenblicke, in der sie als eine Gemeinschaft der Heiligen erschien. Das Leben vieler wurde durch ihre Verbindung mit dem christlichen Gottesdienst und der christlichen Gemeinschaft bereichert und verändert.

Aber es gab in der Geschichte der Kirche auch einige eher schreckliche Momente, die durch solche Ereignisse wie »heilige« Kriege, »heilige« Kreuzzüge, Inquisition, unmenschlichen Antisemitismus und offenen, tödlichen Rassismus, Sexismus und von Menschenverachtung gekennzeichnet waren. Von Menschen, die sich für gläubig hielten, wurde in solchen Zeiten unvorstellbare Gewalt ausgeübt, die sich sowohl gegen Gottes Volk als auch gegen Gottes Schöpfung richtete. Diese Schrecken wurden sogar im Namen des Gottes der Liebe zugefügt. Wo war die Gemeinschaft der Heiligen in solchen Zeiten? Wie gehen wir mit dieser bekannten Geschichte um, wenn wir das Glaubensbekenntnis aufsagen?

Weiterhin sprechen wir vom Heiligen Geist, der uns die Vergebung der Sünden, die Auferstehung des Leibes und das ewige Leben schenkt, ein großartiges Crescendo am Schluss des Glaubensbekenntnisses. Gibt es eine göttliche Quelle für die Vergebung unserer Schuld und für die Annahme unserer Unzulänglichkeit? Wenn es sie gibt, wie können wir sie uns aneignen? Und: Wie können wir das heute verstehen und zum Ausdruck bringen? Wenn wir die Geschichte der Kirche prüfen, scheint Schuld, nicht Vergebung der stärkere Hebel der kirchlichen Lenkung gewesen zu sein. Schuld war auch die Quelle eines Großteils kirchlicher Macht. Die Verkündigung der Kirche band den Glauben an das Leben nach dem Tod an die Bedingung, dass die Schuld vergeben und gesühnt oder ewige Bestrafung erfahren würde. Wie passen diese Realitäten in das große Crescendo des Glaubensbekenntnisses hinein?

In unserer Generation können viele gläubige Menschen das christliche Glaubensbekenntnis nicht aufsagen, ohne dass diese

Fragen aufbrechen. Die Sprache des Glaubensbekenntnisses stammt aus einer anderen Zeit, sie ist nicht mehr die unsrige. Es spiegelt Behauptungen wider, denen in dieser Generation niemand mehr zustimmen kann. Wenn wir einfach aufhören könnten, gläubige Menschen zu sein, würden diese Probleme verschwinden. Aber einige von uns können einfach nicht aufhören zu glauben. Gott ist für uns zu wirklich. Wir können uns aber auch nicht aus der modernen Welt zurückziehen oder unser Denken gegenüber ihren Einsichten verschließen. Wir können unsere Vernunft nicht vor der Kirchentür parken, damit wir die Worte für wahr halten, die unseren Glauben in vergangenen Zeiten erläuterten, aber nicht mehr dazu taugen, heute unser Verständnis von Gott zu erhellen.

Viele von uns können nur weiter glauben, wenn sie aufrichtig glauben können. Wir möchten Menschen des Glaubens sein, nicht Menschen, die von der Droge Religion betäubt sind. Wir können die geistige Amputation nicht ertragen, die man denen vorwirft, die als religiöse Zeitgenossen keine Fragen mehr stellen. Wir möchten nicht zu denen gehören, die befürchten, dass dann, wenn wir darüber nachdenken, wie wir von Gott sprechen, sich entweder unser Verstand verweigert oder unser Glaube zerbrechen wird. Die zunehmend auf Verteidigung ausgerichteten religiösen Antworten können unsere Generation nicht mehr überzeugen. Wir möchten auch nicht mehr vortäuschen, dass diese altertümlichen Worte noch Kraft und Bedeutung für uns haben, wenn es nicht mehr so ist. Wir möchten wissen, ob es noch möglich ist, ein gläubiger Mensch und gleichzeitig ein mündiger Bürger unseres Jahrhunderts zu sein.

Bevor wir mit unserer Untersuchung fortfahren, müssen wir uns vielleicht mit der Vorstellung vertraut machen, dass die Glaubensbekenntnisse nicht einfach als vollständiger Text vom Himmel fielen. Die vertrauten liturgischen Worte waren nicht einmal Teil des ursprünglichen christlichen Verständnisses von Gott, das durch Jesus offenbart wurde. Die Formulierung dessen, was wir das Apostolische Glaubensbekenntnis der christlichen Kirche nennen, begann nicht vor den späten Jahren des dritten Jahrhunderts und wurde nicht vor dem vierten Jahrhundert unserer Zeitrechnung angenommen. Der Anspruch, dass es die wörtliche und letzte Wahrheit über Gott sei, wurde relativiert durch die späteren Formulierungen des Nizänischen Glaubensbekenntnisses und noch später durch die des Athanasischen Bekenntnisses. Historisch war das Ziel jedes der geschriebenen Glaubensbekenntnisse nicht, die Wahrheit über Gott zu klären. Sie waren eher dazu bestimmt, Gegenpositionen auszuschließen. Die Annahme und Erweiterung dieser Glaubensbekenntnisse vollzog sich in den kirchlichen Konzilien unter heftigen Debatten und politisch motivierten Kompromissen. Ich habe keinen Grund anzunehmen, dass die Menschen, die vor Zeiten an diesen Konzilien der Kirche teilnahmen, in irgendeiner Weise hervorragender, einsichtiger oder klüger waren als heutige Christen. Ich glaube deshalb nicht, dass die christologische Formel aus dem Jahre 451 n. Chr.[17] für alle Zeiten Gültigkeit hat. Ich glaube, dass wir Christen unausweichlich den Weg nach Chalcedon noch einmal gehen und die harte Arbeit noch einmal leisten müssen, die Christuserfahrungen für unsere Zeit neu zu überdenken und in Worten und Vorstellungen, die in unsere Welt passen, neu zu entfalten. Ich unterstütze sogar die Neueröffnung der Debatte zwischen Arius und Athanasius über die Natur Christi.[18] Ich unterstütze auch die Bemühungen, den trinitarischen Kompromiss zu überprüfen und vielleicht zu überwinden, wenn die jetzt formulierten Worte nicht länger in der Lage sind, uns in die Gotteserfahrungen zu führen, auf die sie ursprünglich hinwiesen. Ich bin in zunehmendem Maße nicht mehr von dem beeindruckt, was Leute »orthodoxes« Christentum nennen. Es ist zu einer Art religiöser Zwangsjacke geworden, in die Christen hineingezwängt werden müssen, falls sie nicht von denen aus der Glaubensgemeinschaft ausgestoßen werden, die sich für die wahrhaft Gläubigen halten. Wenn jemand orthodox genannt wird, bedeutet das nicht, dass seine Ansichten richtig sind. Es bedeutet nur, dass diese Ansicht in der frühkirchlichen Debatte den Sieg davontrug.

Ich bin davon überzeugt, dass die Zukunft des christlichen Glaubens nicht einfach auf der Erklärung der frühkirchlichen Vorstellungen beruht, sondern darauf, dass wir fähig sind, die Symbole neu zu gestalten, durch die unser christlicher Glaube verstanden wird. Dazu gehört, diese Glaubensvorstellungen im Licht des gegenwärtigen Weltverständnisses zu überdenken. Alle Neuformulierungen des christlichen Glaubens können nur das Ergebnis des Nachdenkens zu einem bestimmten Zeitpunkt der menschlichen Geschichte sein. So lässt sich nicht vermeiden, dass sie heute unsere gegenwärtigen Erkenntnisse und auch unsere Vorurteile widerspiegeln. Insofern wird jede Neuformulierung des christlichen Glaubens, die wir heute schaffen mögen, keinen höheren Ewigkeitswert haben, als jene Formulierungen aus dem vierten und fünften Jahrhundert. Und das sollen sie auch nicht.

Ich wünschte jedoch, dass modernen gläubigen Menschen erlaubt wird, ja, dass sie dazu geradezu ermuntert werden sollen zu erkennen, dass die Worte, die in der theologischen Diskussion Verwendung fanden, in der die Glaubensbekenntnisse vor so langer Zeit formuliert wurden, in dieser Generation leer und bedeutungslos geworden sind, weil sich unsere Wahrnehmung der Realität so dramatisch verändert hat. Unsere Aufgabe ist, weder am Buchstaben zu kleben noch die Worte des theologischen Kompromisses von gestern heute gottesdienstlich zu glorifizieren. Sie besteht eher darin, zu der Erfahrung zurückzukehren, die diesen Worten des Glaubensbekenntnisses zu Grunde liegt, und dann danach zu suchen, diese Erfahrung in Worte zu fassen, die wir heute brauchen können, und zwar ohne uns als wahrhaftige und aufrichtige Angehörige unseres Jahrhunderts zu kompromittieren. Als gläubiger Mensch bin ich nicht dazu bereit, die Realität der ursprünglichen, christlichen Erfahrung zu leugnen. Ich erkenne aber, dass das zukünftige Verständnis und die Gestalt des Christentums sich unvermeidbar und grundlegend von allem unterscheiden wird, was uns aus der Vergangenheit überliefert wurde. Ob sich die entstehenden zukünftigen Vorstellungen mit der christlichen Tradition adäquat verbinden lassen oder nicht, das ist für mich die wirkliche Frage.

Wenn ich nun in Anspruch nehme, ein gläubiger Mensch zu sein und mich meiner Bindung an Jesus als den Herrn und Christus vergewissere, so erkenne ich doch auch, dass ich im Blick auf die Voraussetzungen meiner religiösen Vergangenheit in einer Art Exil lebe. Ich bin im Exil im Blick auf das wörtliche Verständnis, in dem das Glaubensbekenntnis ursprünglich formuliert wurde. Ich bin im Exil im Blick auf die Weltsicht, in der das Glaubensbekenntnis Gestalt gewann.

In diesem Augenblick der christlichen Geschichte kann ich nur ins Exil gehen und dort Sorgen und Belastungen ertragen, aber weiterhin ein gläubiger Mensch bleiben. So definiere ich mich jetzt selbst. Ich bin ein gläubiger Mensch, der in zunehmendem Maße im Hinblick auf die traditionellen Wege der christlichen Verkündigung im Exil lebt. »Ein gläubiger Mensch im Exil« ist ein neuer Status in religiösen Kreisen, aber ich bin davon überzeugt, dass zahllose Menschen, die entweder noch in religiösen Institutionen leben oder dies in der Vergangenheit taten, diese Bezeichnung aufnehmen werden.

Ich sehe in diesem Augenblick der christlichen Geschichte eine neue Berufung für mich als einen religiösen Führer und eine neue Berufung für die christliche Kirche in all ihren Erscheinungsformen. Diese Berufung besteht darin, die Fragen, die notwendigen Untersuchungen und den Glauben im Exil anzuerkennen. Ich bin davon überzeugt, dass das Gespräch und der Dialog mit denen eröffnet werden muss, die nicht länger den vormodernen theologischen Konzepten ihre Zustimmung geben können, die das Leben unserer in zunehmendem Maße irrelevanten kirchlichen Institution fortgesetzt bestimmen. Ich denke, es ist an der Zeit, dass die Kirche ihre Mitglieder zu einer erschreckenden Reise in das Geheimnis Gottes einlädt und aufhört zu verkünden, dass die Wahrheit irgendwie doch immer noch an einen Buchstabenglauben gebunden ist. Das gilt im Blick auf die Bibel und auf das Glaubensbekenntnis.

Der Hunger nach Gott ist in unserer Gesellschaft heute tief und durchdringend. Wir müssen anerkennen, dass es kein Hunger auf die Antworten ist, welche die Kirche traditionellerweise gab. Tatsächlich handeln viele Suchenden heute so, als sei die Kirche kein Ort, an dem man Gott mit Aussicht auf Erfolg suchen kann.

Ich hoffe, dass es unter denen, die diese Zeilen lesen oder davon hören, eine wesentliche Gruppe von Menschen gibt, die bereit ist, sich denjenigen von uns anzuschließen, die sich danach sehnen, gläubige Menschen zu sein, die aber im Blick auf die Formen, in denen der Glaube seit Jahrhunderten verkündigt wird, im Exil leben.

2 Was heißt Exil und wie sind wir dahin gekommen?

Wenn wir die Identität eines Gläubigen im Exil annehmen, müssen wir uns bestimmte Fragen stellen. Was bedeutet Exil? Wie kann man es erkennen? Welche Kräfte haben uns in diese Richtung gedrängt? Ist das Exil eine Übergangssituation auf unserer Reise zu Gott oder ist es die aufkeimende Anerkennung dessen, dass es Gott nicht mehr gibt? Es sind keine einfachen Fragen, die sich dem Gläubigen stellen. Sie bereiten Furcht und existenzielle Angst, wie das die Theologen nennen. Aber der Glaube besitzt keine Redlichkeit mehr, kann keine Aufrichtigkeit bewahren, wenn diese konkreten Fragen verdrängt werden.

Ich beginne mit dem Selbstverständlichen. Das Exil ist nie eine freiwillige Erfahrung. Es ist immer etwas, das einer Person oder einem Volk durch Umstände aufgezwungen wird, die außerhalb der Kontrolle der Betroffenen liegen. Man gibt seine Werte, seine Lebensweise oder seinen geprägten Glauben nicht einfach auf.

Als zweites gilt, dass das Exil keine Wildnis ist, durch die man reist, um zu einem gelobten Land zu kommen, das man für die Zukunft ersehnt. Das Exil ist eine aufgezwungene Ortsveränderung. Zu ihr kommt man, ohne dass es eine Hoffnung auf eine Rückkehr in die Vergangenheit oder auf eine Ankunft an einem zukünftigen Ort gibt.

Ich habe ganz ausdrücklich das Bild des Exils gewählt, um den Glaubenszustand in der post-modernen Welt zu beschreiben. Ich tat es, weil uns die Vorstellung vom Exil in der Geschichte der Juden und der Christen vertraut ist. Unsere geistlichen Vorfahren haben das auch schon erlebt. Tatsächlich nannten sie einen besonderen und prägenden Augenblick in ihrer Glaubensreise »das Exil«. Eine Untersuchung dieser kritischen Zeit in unserer religiösen Vergangenheit kann uns helfen, unsere gegenwärtige Situation anzunehmen. So will ich uns dieses Exil vor Augen führen.

Das Exil der Vergangenheit

Um das Jahr 598 v. Chr. erlebte die kleine Nation Juda den Angriff eines machtvollen Gegners. Die babylonische Armee kam unter dem Kommando Nebukadnezzars von Norden, fegte durch das ganze Land hindurch und eroberte alles, was sich ihr in den Weg stellte. Das jüdische Volk zog sich in einem zu seiner Zeit beachtlichen militärischen Manöver nach Jerusalem zurück und gab dabei das Umland auf. Jerusalem war eine nahezu uneinnehmbare Festung. Es war hoch oben auf einem Hügel erbaut. Es war von starken Mauern umgeben, hinter denen die kleine jüdische Armee einen vollkommen überlegenen Feind erfolgreich auf Distanz halten konnte. Jerusalem barg in seinen Mauern eine ausreichend große Quelle, die von außen nicht unterbrochen werden konnte. Die Stadt war zu allen Zeiten gewohnt, innerhalb der Mauern einen angemessenen Vorrat an Nahrungsmitteln zu halten, der es dem Volk ermöglichte, einer feindlichen Belagerung für eine beachtlich lange Zeit zu widerstehen.

In der alten Welt war es schwierig, Belagerungen über lange Zeit aufrecht zu halten. Die angreifende Armee wurde unruhig, wenn die Eroberung nicht in angemessener Zeit möglich war. Die Siegesbeute, die man in einer einzigen Stadt finden konnte, war nicht so groß, dass die feindliche Macht versucht war, sich lange aufzuhalten oder einen hohen Preis zu zahlen, wenn noch andere Gebiete erobert werden konnten. Die normale Belagerung dauerte ein paar Wochen oder auch Monate, bis der Belagerte entweder aufgab oder eine Lösung ausgehandelt wurde. Wenn die Verteidigungsmöglichkeiten beachtlich waren, gab es keine Garantie für eine Verhandlungslösung. Üblicherweise wurde ein Tribut bezahlt, und die besiegte Nation erkannte einen gewissen Vasallenstatus an. Die Eroberer waren damit zufrieden, sich bereichert zu haben, auch wenn sie keinen vollkommenen Sieg errungen hatten. Die Armee zog weiter und ließ ein erobertes, jetzt ärmeres Volk zurück. Es war zwar weniger frei, aber doch noch im Besitz einer gewissen Unabhängigkeit, hatte die

Möglichkeit seine Lebensart und sein Wertesystem intakt zu halten.

Als die babylonische Armee in diesen frühen Jahren des sechsten Jahrhunderts v. Chr. am jüdischen Horizont erschien, war die Stadt Jerusalem seit mehr als vierhundert Jahren nicht von einem äußeren Feind erobert worden. Innerhalb dieser beschützenden Mauern stand der heilige Tempel Jahwes, den Salomo gebaut hatte. Dieser Tempel war die irdische Wohnung des Gottes Israels. Die Hochlage Jerusalems ließ die Stadt die Strahlen der östlichen Sonne einfangen, die die Sandsteinkonstruktion in einen satten Glanz hüllte. Wenn man diese Stadt von Süden her sah, brachte der Anblick die Menschen einfach zu der Vorstellung, dass dies nicht nur eine »goldene Stadt« war, sondern auch genau der Ort, an dem Himmel und Erde zusammenstießen. Genau diese Qualitäten verliehen der Stadt ein Gefühl der Unbesiegbarkeit und ermutigten dazu, den Ort zunehmend zu überhöhen. Jerusalem wurde die Stadt Gottes genannt. Das jüdische Volk glaubte, dass Jerusalem weder zufällig noch auf Grund seiner natürlichen Verteidigungsmöglichkeiten von Eroberungen verschont blieb. Diese Stadt, so glaubten sie, war durch keinen Geringeren geschützt als durch den Heiligen Gott. In Jerusalem erfüllte eine fast Schwindel erregende Zuversicht das Denken ihrer Bewohner. Diese begegnet in den Schriften eines Propheten des achten Jahrhunderts v. Chr. namens Micha. Er warnte das Volk davor, dass solche Vorstellungen leicht zu einer falschen Hoffnung führen könnten (Micha 3,9–12). Dennoch kam der Vorstellung, Jerusalem stünde unter besonderem göttlichen Schutz, unerschütterliche Glaubensgewissheit zu.

Im siebten Jahrhundert v. Chr., ungefähr zwei oder drei Jahrzehnte vor der Ankunft der babylonischen Macht, zentralisierten die deuteronomischen Reformen unter König Joschija den jüdischen Gottesdienst in Jerusalem. Drei große Feste, Passah, Pfingsten und das Laubhüttenfest konnten ausschließlich innerhalb der Mauern der Heiligen Stadt gefeiert werden, die dadurch zum liturgischen Zentrum des jüdischen Lebens wurde. Dies steigerte ihr Ansehen beträchtlich.

Trotz dieser aufgeblasenen Erwartungen verliefen in dieser besonderen Situation die Dinge nicht nach Plan. Die babylonische Armee war gewaltig, sowohl in ihrer Größe als auch in ihrer Ausrüstung. Jojakim, der König von Juda, entschloss sich nach der Prüfung der militärischen Chancen schließlich dazu, eine Einigung auszuhandeln. Er bot an, sich zu ergeben, und hoffte, dadurch günstige Bedingungen zu erreichen. Aber dieser Feind war grausam. Und der Preis der Ergebung bestand darin, dass der König selbst gefangen genommen und nach Babylon gebracht wurde, zusammen mit den Prinzen, angesehenen, mächtigen Männern und einer beachtlichen Zahl von Handwerkern und Künstlern. Die Babylonier ließen niemanden im Land zurück außer denen, die die Bibel die »armen Leute« nannte. Die Babylonier setzten dann einen Vasallenkönig namens Zidkija ein, den Onkel des Jojakim, der an dessen Stelle regieren sollte. Die jüdische Nation hatte sich nur einen minimalen Rest von Freiheit bewahrt. Doch in diesem jämmerlichen, geschwächten Zustand existierte Juda noch.

Ungefähr zehn Jahre später, im Jahre 588 v. Chr., wurde das Volk der Juden dieses Vasallenstatus müde und rebellierte gegen die babylonischen Eroberer und erklärte seine Unabhängigkeit. Die babylonische Armee antwortete, indem sie wieder nach Süden vorrückte und die Belagerung erneut aufnahm. Diesmal hatten die Juden, die sich in die Mauern der Festung Jerusalem zurückzogen, ihre Lektion gelernt und waren entschlossen, ihrem Feind zu trotzen, wie lange die Belagerung auch immer dauern würde. In der jüdischen Geschichte musste sich hier der Überlebenswillen bis zum Äußersten bewähren. So vergingen Wochen und Monate. Das erste Jahr ging zu Ende, und die Zeit verstrich weiter bis zum Ende des zweiten Jahres. Keine Armee des Altertums hielt für einen so geringen Preis so lange aus. Schließlich war der jüdische Nahrungsvorrat aufgebraucht. Die Menschen in Jerusalem hungerten. Kannibalismus drohte zu einer Form des

Überlebens zu werden. Waffen waren knapp. Wenn einmal die Pfeile, Speere, ja auch die Steine auf den Feind außerhalb der Stadtmauern geschleudert worden waren, konnten sie nicht wieder zurückgeholt werden.

Schließlich kam im Jahre 586 v. Chr. das Ende. Die jüdische Armee versuchte mit dem Mut der Verzweiflung aus der eingeschlossenen Stadt auszubrechen, um Nachschub zu beschaffen. Sie wurde jedoch entdeckt, verfolgt, geschlagen und von den Babyloniern gefangen genommen. Die feindlichen Soldaten strömten ohne Gegenwehr in die Stadt Jerusalem hinein. Die wenigen übrig gebliebenen jüdischen Widerstandskämpfer wurden niedergemacht. Die Gebäude der Stadt wurden bis zum Grund niedergerissen, die Häuser niedergebrannt, und, für die Juden am erschreckendsten, der Tempel Salomos, der Wohnsitz Gottes, wurde zerstört. Als nächstes richteten die Babylonier die Söhne des Königs Zidkija vor ihm hin und stachen ihm dann die Augen aus. Die Ermordung seiner Söhne war somit das Letzte, was er im Leben sehen konnte. Die restlichen Bürger Jerusalems und Judäas wurden aufgefordert, sich für den langen Marsch nach Babylon vorzubereiten. Das war ihre zweite und letzte Deportation. Keiner der Juden aus beiden Vertreibungen würde jemals seine Heimat wieder sehen, noch würden sie je in der Heiligen Stadt wieder einen Gottesdienst feiern können. Die jüdische Nation kam an ein Ende (2 Könige 24,25).

Alles, was diese Menschen wertschätzten, alles, was ihr Selbstbewusstsein ausmachte, war dahin. Ihre Nation gab es nicht mehr. Jerusalem, Gottes besondere Stadt, war ein Trümmerhaufen. Der Tempel, Gottes irdische Wohnung, lag wüst. Die Priesterschaft, ihre heiligen Bräuche, ihre Glaubensbekenntnisse, das soziale Gewebe, welches das jüdische Leben ordnete – alles war verloren.

Der Gott, den die Juden anbeteten, war mit dem Land identifiziert worden. Ihre heilige Geschichte hatte verkündet, dass es ihr gottgegebenes Schicksal war, dieses Land in Besitz zu nehmen. Ihr Leben innerhalb Judas war nach den Gesetzen dieses

Gottes geordnet. Ihr Kalender, dem sie Jahr für Jahr folgten, wurde beherrscht durch die großen Feste und Fastenzeiten ihres religiösen Lebens. Diese banden das jüdische Volk an seinen heiligen Boden und gliederten den Lauf der Zeit.

Jetzt war die jüdische Bevölkerung nach Babylon deportiert worden und gemäß dem babylonischen Friedensprogramm wurden in Juda Fremde angesiedelt. Diese Fremden kannten weder Jahwe noch die Tora. Dieses Land würde nicht länger als »das Land der Juden« bekannt sein. Die Nachkommen Abrahams, Isaaks, Jakobs, Judas und Josefs waren wieder Fremde, heimatlose Wanderer im weiten Raum der Erde. Weil die Juden davon überzeugt waren, dass man der Tora in keinem Land außer in Juda Gehorsam leisten noch nach ihr leben könnte, verlor sogar die Tora ihre Bedeutung. Die Feste, die allein in Jerusalem gefeiert werden konnten, konnten nun nicht mehr gefeiert werden. Der gesamte Zusammenhang, aus dem ihr Glaube und ihre religiösen Vollzüge erwuchsen, war jetzt zerstört.

Die angesichts ihrer Bedeutungslosigkeit verzweifelten Juden waren gezwungen, alles, was sie wussten, und alles, was sie wertschätzten, aufzugeben und ihre Reise in die babylonische Gefangenschaft anzutreten. Da gab es keine Hoffnung auf Rückkehr. Das Buch der Psalmen erzählt, wie auf einer dieser Reisen in das Exil babylonische Soldaten die geschlagenen Juden verhöhnten. »Singt uns eines der Lieder von Zion«, drängten ihre Eroberer sie. Aber die Juden konnten nicht singen. Sie konnten weinen und sie konnten sich erinnern, aber sie konnten nicht singen. Der Gott, dem diese Lieder galten, war in Jerusalem. »Wie können wir das Lied des Herrn in einem fremden Land singen?«, war ihre Antwort (Psalm 137,1–4). Da schien es keine Hoffnung mehr auf eine Rückkehr zu geben. Sie waren im Exil.

In dieser letzten Niederlage schien der Gott der Juden geschändet, und das Land war verödet. Vielleicht nahmen diese Juden an, dass ihr Gott wie ihre Nation jetzt auch tot war. Eine Gottheit, die zu schwach war, das Volk zu beschützen, war keine Gottheit, die sie weiterhin anbeten konnten. Sie waren gezwungen in einem anderen Land zu leben, das einer anderen Gottheit gehörte. In ihrer Vorstellung war es völlig unmöglich, außerhalb Judas ein Jude zu sein. Gott, der in Jerusalem wohnte, konnte von denen keine Gebete erhören, die in Babylon im Exil lebten. Sie konnten nicht nach den Geboten des Gesetzes außerhalb der Grenzen ihrer Nation handeln. Die hohe Priesterschaft von Jerusalem konnte das Gesetz nicht mehr erläutern, denn diese Priesterschaft gab es nicht mehr. Das Gesetz hatte ihr religiöses und ihr bürgerliches Leben regiert, nun gab es dieses leitende Prinzip nicht mehr. Sie waren den Sitten und Werten eines fremden Gottes unterworfen, den sie nicht kannten und, vielleicht noch wichtiger, der sie nicht kannte. Der Gott, den sie einmal anbeteten, konnte ihr Schreien nicht mehr hören. Den Glauben, den sie einmal kannten, gab es nicht mehr. In diesem gewalttätigen Krieg, der Niederlage und der Vertreibung war er ausgelöscht worden.

Die Juden hatten einmal geglaubt, dass Gott an ihrer Seite gegen ihre Feinde stritt. Das konnten sie nicht mehr glauben. Sie glaubten zwar, dass Gott sie wegen ihrer Eigensinnigkeit strafen konnte. Aber dass dieser Gott sie zerstören würde, das konnten sie nicht glauben. Sie glaubten einmal, dass sie ein besonderes, erwähltes Volk seien. Das konnten sie nicht mehr glauben. Sie glaubten einmal, dass Gott sie gelehrt habe, wo sie leben und wie sie ihn anbeten sollten. Sie konnten das nun nicht mehr glauben. Sie glaubten einmal, dass Gott in Jerusalem wohnte und über Juda herrschte. Das konnten sie nicht mehr glauben. Sie glaubten einmal, dass Gott ihre Gebete hören könnte. Sie konnten das nicht mehr glauben. Sie glaubten einmal, dass sie eine Bestimmung und eine Zukunft hatten. Sie konnten das nicht länger glauben. Sie glaubten einmal, dass Gott für sie sorgen könnte und würde. Sie konnten das nicht mehr glauben.

Sie konnten das Lied des Herrn nicht mehr singen, denn sie waren im Exil, das sie aufrieb. In diesem Exil hatte der Gott, dem sie einmal dienten, jeden Sinn verloren. Ganz offen gesagt, konnte dieser Gott für sie nicht mehr Gott sein. Es ist schmerzhaft zu beobachten, wie der Gott, der dem Leben Form, Inhalt, und Bedeutung gegeben hatte, aus dem Bewusstsein des Volkes entfernt wurde. Für eine solche verdrängte Gottheit gibt es nur zwei Alternativen: Dieser Gott muss entweder wachsen oder sterben. Das ist alles, worum es in einem geistlichen Exil geht.

Das Exil der Gegenwart

In der post-modernen Welt leben nach meiner Meinung diejenigen, die sich der christlichen Religion noch verbunden fühlen, in einer ähnlichen Art von Exil. Auch unser Gott ist von uns weggenommen worden. Diese Entfernung Gottes vollzog sich für uns jedoch nicht in einem einzigen Augenblick und in einer gewaltigen Niederlage. Sie entwickelte sich vielmehr über eine Periode von Jahrhunderten, in denen das Wissen stetig und anhaltend voranschritt. Das veränderte unsere Fähigkeit für immer, weiterhin an die Gottesvorstellungen zu glauben, die im Herzen unserer heiligen Tradition standen.

Der christliche Glaube entstand in einer Welt, die vollkommen anders war als die, in der wir heute leben. Nach den Worten eines griechischen Astronomen namens Hipparchus nahm man an, dass das Universum aus drei Ebenen bestehe. Später hat ein Mann namens Ptolemäus diese Theorie verfeinert und ihr seinen Namen gegeben.[19] Zu der Zeit, als die Evangelien geschrieben wurden, nahm man allgemein an, dass die Erde eine Scheibe sei, die ihren Ort direkt unter dem Himmel hat. Jenseits dieses Himmels war das Reich, in dem, wie man glaubte, der alles sehende, heilige Gott lebte. So dachte man, dass sich das menschliche Leben in der umfassenden Aufmerksamkeit dieser persönlichen Gottheit vollzöge. Die Hölle war die dritte Ebene dieses Kosmos, die unter der Erde lokalisiert wurde. Man nahm an, dass in dieser behaglichen, dreistufigen Welt alles, was man nicht verstand oder was entweder irrational oder ungewöhnlich war, eine Manifestation des besonderen Eingreifens Gottes war. Geschah im menschlichen Leben Böses, wurde es als göttliche Strafe verstanden, als das gerechte Entgelt für vom Gesetz abweichendes Verhalten.

Man nahm an, dass der Gott der biblischen Geschichte nicht nur ein höchst persönlicher Gott war, er war auch aufs engste mit den menschlichen Angelegenheiten verbunden. Dieser Gott galt fast allgemein als männlich. Er wurde auch nach der Analogie eines mächtigen Kriegers vorgestellt, der die Kriegsführung als eine edle und sogar göttliche Unternehmung verstand. Der biblische Begriff »Herr Gott Zebaoth« bedeutet »Gott der militärischen Mächte«[20]. Dieser Gott hatte eine tiefe, stammesgebundene Identität; in der Tat war die göttliche Außenpolitik in der biblischen Geschichte eindeutig projüdisch. Gott hatte die Juden aus der Sklaverei in Ägypten befreit, indem er große Gewalt über die Ägypter brachte. Gott führte die plündernden Israeliten bei ihrer Eroberung des Landes Kanaan. Gott hat sein Volk in seinem ständigen Kampf mit den Philistern unterstützt. Man kann sich leicht vorstellen, dass ein solches Gottesbild unter den Juden äußerst populär war. Es war jedoch ein nicht ganz so angenehmes Gottesbild, wenn man zufällig ein Ägypter, ein Kanaanäer oder Philister war. Ein Gott der Liebe für alle war diese Gottheit nicht.

Der christliche Gott entwickelte sich aus diesen Stammesvorstellungen und spielte die Rolle einer Stammesmacht durch den größten Teil der christlichen Geschichte. Zum Beispiel sagte man im Jahre 312 n. Chr. von diesem Gott, dass er Konstantin gegenüber Maxentius in der Schlacht an der Milvischen Brücke begünstigte, bei der es ihm um die Eroberung der alleinigen Macht im Römischen Reich ging. Es wird erzählt, dass Gott in der Nacht vor jener Schlacht das Zeichen des Kreuzes in den Himmel setzte mit den Worten »In diesem Zeichen wirst du siegen«. Dieses Zeichen war dazu bestimmt, Konstantin zu versichern, dass er der Auserwählte Gottes sei. Solche Zeichen am Himmel passten in eine Zeit, in der man im wörtlichen Sinne annahm, dass sich die göttliche Wohnung gerade über dem blauen Firmanent befand. In dieser Sicht erschien der Himmel als wahrhaftige

Bühne für himmlische Nachrichten, über die die Erdlinge nachdenken konnten.

Im Verlaufe der christlichen Geschichte wuchs die Macht der Kirche, das Wissen und die öffentliche Meinung zu kontrollieren, sprunghaft an. Und so bestimmte die Sicht Gottes als einer überirdischen Macht, die in das persönliche Leben und die Geschichte eingreift, das Gottesbild in der ganzen westlichen Zivilisation. Als 1588 die spanische Armada auf ihrem Weg nach England auf See durch einen Sturm vernichtet wurde, verstanden weite Kreise der Engländer dies so, als habe die englische, protestantische Gottheit der spanischen, katholischen Gottheit eine Niederlage zugefügt. Gott hatte einen Sturm vom Himmel geschickt, um die Spanier zu vernichten. So formte sich in der englischen Geschichte eine neue Lesart der biblischen Vorstellung von einer auserwählten Nation.

Gottesvorstellungen solcher Art bildeten den wesentlichen Inhalt des Glaubens der Christen während der ersten sechzehnhundert Jahre ihrer Geschichte. Die Sprache des christlichen Glaubensbekenntnisses stammt ebenfalls aus dieser Zeit. Als das moderne Zeitalter heraufdämmerte, entstand allmählich ein neues Verständnis des Kosmos. Gottes Platz als des himmlischen Direktors menschlicher Angelegenheiten begann in Frage gestellt zu werden.

Diese Revolution im westlichen Denken fing vielleicht zuerst mit der Arbeit von Nikolaus Kopernikus (1473–1573) an, der mit relativ einfachen Instrumenten die Sonne, den Mond, die Sterne und den Himmel auf eine neue Weise beobachtete. Dabei kam er zu einigen erstaunlichen Schlussfolgerungen, die für immer unsere Vorstellungen vom Himmel und vom Ort Gottes veränderten. In dieser von Massenmedien noch unberührten Zeit blieben die Entdeckungen des Kopernikus nahezu unbemerkt, bis einer seiner Schüler, nämlich Galileo Galilei (1564–1642) auf den Einsichten des Kopernikus aufbauend begann, öffentlich die überkommene Vorstellung des Kosmos zu revidieren. Galilei schloss, dass die Sonne nicht um die Erde kreist, sondern sich eher die Erde um die Sonne dreht. Das war eine revolutionäre Idee, die eine erhebliche Veränderung im menschlichen Bewusstsein mit sich brachte. Die Erde konnte nicht mehr als das Zentrum des Kosmos angesehen werden, womit auch Gott nicht mehr ganz so mit den alltäglichen menschlichen Angelegenheiten beschäftigt sein konnte. Diese Idee irritierte die damaligen kirchlichen Makler der Macht, deren Gottesverständnis auf den bis dahin nicht in Frage gestellten Annahmen beruhte. Galilei wurde als Häretiker zum Tode verurteilt. Damit er sein Leben retten konnte, bot man ihm die Möglichkeit des Widerrufs an, wovon er, mutlos geworden, Gebrauch machte. Sein Widerruf änderte aber nichts. Die Weltanschauung der Antike, auf deren Hintergrund die christlichen Glaubensaussagen formuliert worden waren, hatte einen mächtigen Stoß erhalten. Im Lauf der Zeit wurde er von manchen sogar als Todesstoß verstanden. Er war jedoch nur der erste Schritt zu unserem Exil.

Der Prozess der Anpassung an dieses neue Verständnis ging einher mit einer lang anhaltenden, aber unvermeidbaren seelischen Erschütterung. Das biblische Weltbild wurde langsam und still zur Seite gelegt. Diese Einsicht wurde vielleicht erst am 28. Dezember 1991 vollkommen unausweichlich, als der Vatikan schließlich offiziell zugab, dass Galilei Recht hatte. Die Kirche, wie auch die Bibel hatten falsche Vorstellungen von der Gestalt des Universums und vom Platz des Menschen und der Erde im All.

Dieses Zugeständnis des Vatikans kam zu spät. Die Welt hatte bereits einige Jahrhunderte zuvor diese Wahrheit angenommen. Der Luftverkehr, die Satellitenkommunikation und die Raumforschung sind alle aufgrund der Einsichten von Kopernikus und Galilei entwickelt worden. Als diese Einsichten Arbeitsannahmen der Menschen wurden, verblasste die Macht der Kirche deutlich, das Leben zu kontrollieren oder auch nur zu interpretieren. Diese verlorene Macht der Kirche sollte niemals wiederhergestellt werden.

Die Menschen begannen die Tatsache zu begreifen, dass Gott

nicht auf einem Thron in seiner himmlischer Wohnung saß und von dort herunterschaute. Das göttliche Eingreifen wurde zu einer problematischen Vorstellung. Als das Wissen über das Universum zunahm, versuchte sich die religiöse Gemeinschaft anzupassen. Die Christenheit begann, den Ort Gottes von »dort oben« nach »dort draußen« zu verschieben, als mache diese neue, räumliche Vorstellung Gott glaubwürdiger. Schließlich brachten die entdeckten Entfernungen auch diese Vorstellung von Gottes Wohnung ins Wanken. Alpha Centauri, der nächste Stern zu unserer Sonne, liegt 4,3 Lichtjahre entfernt. Die große Magellan-Wolke, unsere Nachbargalaxie, liegt 150000 Lichtjahre entfernt. Was ist ein Lichtjahr? Das ist die Entfernung, die das Licht in einem Jahr bei einer Geschwindigkeit von etwa 300000 km pro Sekunde zurücklegt. Ein Lichtjahr ist dasselbe wie fast zehn Trillionen km. Als wir die Weite des Raums begriffen, führte das dazu, dass Gott aus dem Himmel und auch mehr und mehr aus dem menschlichen Bewusstsein überhaupt verschwand.

Gott war nicht mehr »dort oben« oder »dort draußen«. Der Himmel hörte auf, der Wohnort schützender, richtender und sogar fürsorglicher göttlicher Gegenwart zu sein. Die antike Welt konnte sich Gott in keiner anderen Weise vorstellen, ebenso wenig können das die meisten religiösen Systeme unserer Gegenwart. Als die gläubigen Menschen schockiert begriffen, dass der Himmel leer war, begann auch der Inhalt, den das Wort *Gott* einst füllte, langsam in Vergessenheit zu geraten. Das moderne Bewusstsein war dabei, gottlos zu werden, wenigstens im Blick auf die traditionellen religiösen Vorstellungen. Die Kirche begann sich zu fragen, wie sie weiter von einem Gott im Himmel reden könne, vom dem die biblische Geschichte einmal sagt, dass er Feuer von eben diesem Himmel gesandt habe, um die Opfer des Elija auf dem Berg Karmel zu verbrennen und so die Priester einer fremden Gottheit, Baal genannt, zu besiegen (1 Könige 18,20–46). Wie sollte die Geschichte der Himmelfahrt Jesu und seiner Rückkehr zu Gott nach seinem Tod (Apostelgeschichte 2) noch mit intellektueller Aufrichtigkeit weiter verkündigt werden können? Die Geschichten von Jesus, der vom Himmel seinen Jüngern auf einem Berggipfel in Galiläa erschien (Matthäus 28,16–20), oder von Paulus, der diesen himmlischen Jesus auf seinem Weg nach Damaskus sah (Apostelgeschichte 9) wurden in zunehmendem Maße problematisch. Die biblischen Darstellungen waren zu sehr von dem dreistufigen Weltbild der Antike geformt, das nicht mehr existierte. Die Menschen lebten in einer neuen Welt, deren Gestalt Kopernikus, Galilei und zahllose andere beschrieben hatten. Sie begannen der Tatsache ins Auge zu sehen, dass sie die traditionelle Vorstellung von Gott und einem Himmel »dort draußen« nicht länger verwenden konnten. Auch wenn diese Vorstellungswelt unseren alten Glauben so tief ausgefüllt hatte: Diese Sprache hatte ihren Sinn verloren.

Nach Galilei, aber noch im selben Jahrhundert, wandte ein englischer Physiker namens Isaac Newton (1643–1727) seine glänzende, mathematische Begabung auf den wachsenden Bestand wissenschaftlicher Daten an, der mit den Einsichten von Kopernikus und Galilei seinen Anfang genommen hatte. Newton war entschlossen, bis ins kleinste Detail zu zeigen, wie die Welt genau funktioniert, und wie, nicht in Übereinstimmung damit, Gott in dieser Welt wirkt. So legte er dar, dass es natürliche Erklärungen für viele Dinge gab, die seit vielen vergangenen Generationen als Wunder angesehen und ausschließlich der Kraft Gottes zugerechnet wurden. In diesem Augenblick begann die Notwendigkeit zu schwinden, Gott zur Erklärung von Zusammenhängen heranzuziehen, die zuvor unerklärbar waren. Damit verblassten auch die früher so starken religiösen Kategorien des Wunders und der Magie.

Diese zweite Revolution im theologischen Denken wurde in Newtons Tagen nicht sofort erkannt, vor allem, weil Newton, theologisch im Geheimen ein Arianer, ein erfolgreicher Kirchenpolitiker war. Als er die zögernde Macht der Kirche erkannte, suchte er die Kirchenführer zu gewinnen, indem er seine Aussagen mit traditionellen, frommen Worten füllte. Er betrachtete die Welt der Natur, die er erforschte, als ein zweites Buch, das

»das Wort Gottes« enthielt. Seine Aufgabe als Wissenschaftler war es, so schrieb er, die Botschaft Gottes im Buch der Natur zu erkennen, genau wie es die Aufgabe der Kirche war, Gottes Botschaft in den heiligen Schriften zu erkennen. Das war ein eindrucksvoller Standpunkt, der Beifall fand.

Als Newton seine Arbeit vollendet hatte, war das Feld erneut weiter geschrumpft, in dem von Gott die Rede sein konnte. Die Sicht Gottes als einer göttlichen Macht, die in das Weltgeschehen eingriff, war noch ernsthafter untergraben worden. Menschen lernten immer mehr, dass ihre Welt nach bestimmten Gesetzen funktionierte, die kein Eingreifen von einer äußeren Quelle ertrugen, sei sie göttlicher oder anderer Art.

Man begann, die Erklärung der Krankheit als ein von Gott zugefügtes Leiden in Frage zu stellen. Man begann das Wettergeschehen als moralisch neutral anzusehen. Es brachte jedenfalls keine göttliche Ansicht mehr darüber zum Ausdruck, ob jemand gut oder böse war. Nach einer Weile trauten sogar Mitglieder jener Gemeinden, die sich weiterhin während einer Trockenheit versammelten, um Regen zu erbitten, dem Erfolg ihrer eigenen Bemühungen nicht mehr so recht, so dass sie nicht mehr unbedingt Regenmäntel und Schirme mitbrachten.

Nach Newton verschwand mit den Bildern des Gottes »da oben« oder »da draußen« der Gott, der als Urheber einer Krankheit oder als persönlicher Wettermacher verstanden wurde. Als dieser neue Sinnverlust des Göttlichen sich mit der wachsenden Furcht davor verband, dass es vielleicht keine Macht gab, die den Himmel bewohnte und von dort eingriff und fähig oder bereit war, auf unser tiefes Verlangen zu antworten, begannen wir plötzlich zu fürchten, als selbstbewusste Menschen möglicherweise allein im Universum zu leben. Als moderne Männer und Frauen näherten wir uns der Einsicht, dass der Kloß, der sich in unserem Hals bildete, mit der wachsenden Leere in unserer Seele zusammenhing. Ein moderner Dichter und Stückeschreiber spricht im Blick darauf davon, dass der Tod Gottes die Menschen jede Nacht über dem göttlichen Grab weinen lässt.[21] Aber selbst eine so radikale Revolution der menschlichen Wahrnehmung der Welt wie die, die Isaac Newton bewirkte, beendete den harten und schmerzhaften Marsch der Gläubigen in unser modernes Exil noch nicht.

Etwa ein Jahrhundert nach Newton leistete ein englischer Biologe namens Charles R. Darwin (1809–1882) einen enormen Beitrag zur atemberaubenden modernen Wissenschaft und der Entwicklung dessen, was heute weltliches Denken genannt wird. Dieselben furchtsamen Menschen, die einmal dachten, dass die Erde der Mittelpunkt des Kosmos sei, und die einmal glaubten, dass sie sich ständig im Mittelpunkt der Wahrnehmung des himmlischen Gottes sonnen könnten, hatten sich nach Galilei und Newton mit dem beruhigenden Gedanken getröstet, dass die Menschen wenigstens die Krone der göttlichen Schöpfung und der Grund dafür blieben, weshalb Gott die Welt erschaffen hatte.

Schließlich war der Mensch als Gottes Ebenbild geschaffen. Menschen, die in der Zeit vor Darwin lebten, konnten sich eine Zeit vor der Entstehung des menschlichen Lebens nicht vorstellen, und in ihrer Sicht der Welt existierte die Natur insgesamt ausschließlich zum Nutzen der Menschen. Sie waren überzeugt, dass eine große Kluft die Lebensform der Menschen von den niederen Lebensformen schied, und dass eine noch größere Kluft die belebte von der unbelebten Welt trennte. Lange Zeit hindurch wurde der biblische Schöpfungsmythos am Anfang der Bibel als geologisch und biologisch wörtlich zutreffend angesehen. Dieser Mythos erzählt, dass Mann und Frau am sechsten Tag der arbeitsreichen Schöpfungswoche von Gott erschaffen wurden. Gott vollendete seine vollkommene Schöpfung mit diesem majestätischen Akt, woraufhin er am siebten Tage ruhte und so den Sabbat schuf. Diese Geschichten wurden allgemein als wahr angesehen, so dass sich nur wenige Menschen in diesem Zeitalter des Glaubens irgendeine andere Möglichkeit vorstellen konnten, bis die Schriften von Charles Darwin erschienen.

1859 wurde Darwins Hauptwerk mit dem Titel *Der Ursprung*

der Arten veröffentlicht. Dieses Buch bewirkte, dass die meisten der verbliebenen grundlegenden religiösen Vorstellungen sich auflösten. Darwin vermutete zum Beispiel, dass die Welt der Schöpfung Gottes noch nicht vollendet sei. So widersprach er direkt dem wörtlich genommenen biblischen Text. Die Welt, so sagte er, entwickelt sich immer noch, wird immer noch erschaffen. Sogar Darwin hatte das wirkliche Alter der Erde noch nicht erkannt, aber sein Werk öffnete das Tor für eine rasch zunehmende Erweiterung der Zeithorizonte. Darwins Einsichten führten auch dazu, dass der Abstand zwischen menschlichem und anderem Leben erstaunlich schrumpfte. Im Buch der Psalmen (Psalm 8) lesen wir, dass Menschen nur wenig niedriger seien als Engel. Aber jetzt begannen wir zu erkennen, dass wir gerade ein wenig höher sind als Tiere. Affen wurden als unsere Vettern angesehen, und der Augenblick, an dem menschliches Leben zuerst auf der Erde erschien, wurde zum Problem. Man nimmt einen Zeitraum von fünfzigtausend bis zwei Millionen Jahren an, je nachdem, welche Definition des menschlichen Lebens man benutzt.[22] Es wurde viel geredet über etwas, das »das fehlende Glied« (*missing link*) genannt wurde, als ob zwischen den verschiedenen Arten des Lebens nur eine einzige Verbindung fehle, und sie sich nicht durch winzige Anpassungen über Jahrhunderte hin entwickelten. Mutationen, die sich in den Äonen der Evolutionszeit vollzogen, genau festzulegen, war schwierig. Langsam aber sicher dämmerte es den Menschen, dass menschliche Lebewesen tatsächlich hochentwickelte Tiere mit überlegenen Gehirnen sind. Aber da ein letzter Wert oder eine ewige Bestimmung keinem Tier zugeordnet werden konnte, wurde der Status fraglich, der früher vom Homo sapiens beansprucht wurde. Darwins Einsichten führten unvermeidlich zu Fragen und Zweifeln, die unsere aufgeblasene Selbstwahrnehmung herausforderten. In zunehmendem Maße fühlten sich die Menschen an die Erde gebunden. »Staub bist du und zum Staub kehrst du wieder zurück« wurde nicht nur ein Aufruf zur Buße in der Passionszeit, sondern auch eine Feststellung für diese neu verstandene Realität des menschlichen Lebens. Die christliche Kirche widerstand Darwin mit Macht, aber die überkommene kirchliche Macht war längst gebrochen, und die Möglichkeit, Darwin mit einer Hinrichtung als Häretiker zu drohen, bestand nicht mehr. Heute organisiert Darwins Denken die biologische Wissenschaft der westlichen Welt, gleichgültig, ob Kritiker es mögen oder nicht. Seine Arbeit hat so unvorstellbare Dinge wie die Verpflanzung von Organen anderer Arten möglich gemacht. Dies ist möglich, weil Darwin Recht hatte. Das, was »Schöpfungswissenschaft« genannt wird, ist nicht mehr als ein ignorantes, leeres Geschrei einer furchtsamen, sterbenden religiösen Geisteshaltung.[23]

Mit Darwin geriet auch das Konzept eines Lebens nach dem Tod sichtbar aus dem Gleichgewicht. Es war den Menschen zuvor nicht in den Sinn gekommen zu glauben, dass auch Tiere unsterbliche Seelen haben könnten – jetzt begannen sie zu befürchten, dass Menschen vielleicht nur hochentwickelte Tiere sind. Die verbreiteten christlichen Vorstellungen über das Leben nach dem Tod beruhten schon gefühlsmäßig auf der Vorstellung, dass der Mensch ein besonderes Geschöpf ist, weil Menschen als Gottes Ebenbild geschaffen sind. Dass Gott tatsächlich jedem ungeborenen Kind im Mutterleib eine unsterbliche Seele verlieh, wurde nun fragwürdig. So traf die tradierten religiösen Vorstellungen ein weiterer, verheerender Schlag. Das Leben gläubiger Menschen büßte zunehmend an Orientierung ein und vertraute religiöse Vorstellungen verloren ihren Sinn. Die Gedanken von Charles Darwin bedeuteten einen unnachgiebigen Angriff auf die Glaubwürdigkeit der Vorstellungen, die das Christentum einmal wesentlich ausmachten. Die Wirklichkeit des Exils wurde unvermeidbar, doch sie sollte sich noch weiter zuspitzen.

Während Darwin an dem arbeitete, was man ein säkulares Verständnis der Biologie nennen könnte, begann ein österreichischer Arzt namens Sigmund Freud (1856–1939) die innersten Winkel der menschlichen Seele auszuloten. Schließlich gesellte sich Freuds Denken zu den Kräften, die das vormoderne Verständnis des Lebens zerstörten, das die religiösen Systeme der westlichen Welt beherrschte. Er legte die neurotischen Elemente der Religion bloß, z. B. das kindliche Verlangen, eine göttliche Belohnung zu erlangen und göttliche Strafen zu vermeiden. Freud machte bewusst, dass eine infantile Sprache die christliche Religion prägte, in der die gläubigen Menschen als Kinder dargestellt werden, die von den Gunsterweisungen einer himmlischen Vaterfigur abhängig sind. Er legte die ödipale Natur traditionellen religiösen Denkens offen und hob die kannibalischen Aspekte in einigen Formen des eucharistischen Denkens hervor. Freuds Analyse war ein weiterer verheerender Angriff auf die Glaubwürdigkeit des traditionellen Christentums. Wie im Fall Galilei traten die Verteidiger der christlichen Gesinnung Freud entgegen, würdigten ihn herab und verdammten ihn.

Carl Gustav Jung (1875–1961), Freuds Schüler und späterer Rivale, mäßigte Freuds Angriffe ein wenig. Er sah religiöse Symbole weit positiver als Freud. Jung wurde von den bedrängten religiösen Führern schnell als Bundesgenosse angenommen. Aber selbst Jungs Denken bezog – wenn überhaupt – den Glauben im Stil der klassischen Konzepte unserer christlichen Vergangenheit nur wenig mit ein. In der Tat sah Jung die christliche Religion als Teil eines historischen Prozesses, der für die Entwicklung des Bewusstseins notwendig ist, aber der westlichen Welt standen nur noch schwindende Schatten der Religion zu Gebote. Diese Schatten waren schon klar dem Untergang geweiht: Sie glichen dem festgefrorenen Lachen der Cheshire Katze, das noch da zu sein scheint, wenn die Katze selbst längst verschwunden ist. Nach dem Tod von Freud und Jung drangen ihre Einsichten langsam aber sicher in das allgemeine Bewusstsein ein. Heute reden selbst diejenigen, die nie ein Wort von Freud oder Jung gelesen haben, von einem Freudschen Versprecher. Aber als sich das Gewicht der Einsichten von Freud und Jung im Denken der Welt festigte, verloren die meisten traditionellen christlichen Vorstellungen weiter an Überzeugungskraft. Es blieb in der Tat fast nichts übrig. Das Exil war nahezu vollkommen.

Viele weitere Entwicklungen im westlichen Denken pressten

die christlichen Substanz weiter in zunehmend unbedeutende Ghettos. Albert Einstein (1879–1955) destabilisierte Raum und Zeit, die er nicht mehr als vorgegebene Dimensionen der Wirklichkeit, sondern als spezifisch in Beziehung zueinander befindliche Größen sah. Er führte zudem die Relativität als etwas ein, das in allen Dingen gegenwärtig ist, auch in denen, die religiöse Menschen einmal »ewige und unwandelbare Wahrheit« nannten.

Nach Einstein drang im zwanzigsten Jahrhundert die Welt der subatomaren Physik weiter vor, und die Quantenphysik mit ihren Singularitäten und Quantensprüngen drang schicksalhaft in unser Bewusstsein. Viele religiöse Menschen griffen diese faszinierenden Einsichten eifrig auf, denn sie schienen in unserem zunehmend geschlossenen System einen Ort anzubieten, an dem das Göttliche wieder einen Platz in unserem Leben finden könnte. Aber es funktionierte nicht. In der subatomaren Physik war die Möglichkeit der Voraussage erschüttert, und die mechanische Welt eines Isaac Newton öffnete sich für solche Vorstellungen, wie der Bedeutung des Beobachters und der Anerkennung der allgegenwärtigen Wechselbeziehungen im Leben. Gott als überirdisches Wesen, das persönlich in den Ablauf der Dinge eingreift, erfuhr wenig Unterstützung.

Diejenigen, die sich auf der Grundlage der Astrophysik auf die Erforschung des Weltalls einließen, brachten unserer Wahrnehmung eine neue Empfindung dafür, wie leer der Himmel und wie einsam menschliches Leben ist. Gelehrte wie Carl Sagan (1934–1997)[24] zeigten, wie viele unserer traditionellen religiösen Vorstellungen aus der Vergangenheit nicht mehr zutrafen. Seine Liste enthielt fast alles, was einmal als Inhalt unseres Glaubens verstanden wurde.

Die Vorstellung Gottes als einer theistischen, übernatürlichen Elternfigur im Himmel, konnte schließlich nicht mehr verwendet werden. Gott als Arbeitshypothese spielte in unserer Gesellschaft einfach keine Rolle mehr. Belohnungen oder Strafen in diesem oder in jenem Leben hörten auf, unser Verhalten vorrangig zu motivieren. Das Exil war vollkommen.

Den Gott unserer traditionellen Vergangenheit, der die Quelle unserer Werte war, der unsere Empfindungen für Gut und Böse festlegte, gab es einfach nicht mehr. Wir waren, wie damals die Juden, mit Gewalt aus allem vertrieben, was früher unserem Leben Sinn gab. Der Gott, den wir einst anbeteten, war vor unseren Augen ausgelöscht worden. Wir wussten nicht mehr, wer Gott war und auch nicht mehr, wer wir waren. Wir wussten, dass wir im Exil waren, selbst wenn wir noch nicht die Worte hatten, um diesen Zustand unseres Lebens zu beschreiben. An dieser Stelle, davon bin ich überzeugt, steht die christliche, westliche Welt heute.[25] Einige werden das sicher bestreiten. Andere werden versuchen, den Tatbestand einfach zu ignorieren. Keiner wird ihm jedoch entfliehen können. Es gibt keinen sichtbaren oder gar garantierten Weg aus diesem Exil heraus. Wir sind gezwungen anzuerkennen, dass andere Götter in der Geschichte der Menschheit vor dieser Generation starben. Nirgendwo werden heute Altäre für Baal, Astarte, Moloch, Re, Jupiter, Zeus, Mars oder Mithras errichtet. Wir fragen uns, ob heute nicht wieder ein Gottessterben stattfindet, nur dass es dieses Mal unseren Gott betrifft.

Ist es möglich, dass wir in diesem Exil gläubige Menschen bleiben? Einige sind fest davon überzeugt, dass dies nicht möglich ist. Viele Menschen in unserem Jahrhundert haben aufgegeben zu glauben und verstehen sich nur als Angehörige dieser Welt. Sie nennen sich nicht mehr Christen oder religiöse Menschen oder gar gläubig.

Andere sind angesichts der Bedrängnis ins Wanken geraten und haben versucht, die Erkenntnisfortschritte in den letzten Jahrhunderten abzuweisen, als wären sie falsch oder böse oder als gäbe es sie gar nicht. Diese Leute halten ihre vormodernen Überzeugungen unbeugsam und konfliktbereit aufrecht und behaupten, dass alle außer ihnen sich irren. Mit großem Nachdruck leugnen sie alle Tatsachen, die das Exil geschaffen haben. Sie lehnen es ab, sich an der Debatte zu beteiligen. Sie stellen sogar Autoaufkleber her, mit denen sie die Bibel als Quelle der Autorität verteidigen wollen, auf denen es heißt: »Gott schrieb sie! Ich glaube es! Basta!«

Wieder andere, wie ich und die Zuhörer, die ich anspreche, begannen, sich als Gläubige im Exil zu verstehen. Sie weigern sich, die Wirklichkeit Gottes aufzugeben, wenngleich sie von Kräften, über die sie keine Macht haben, dazu veranlasst wurden, viele der Inhalte ihres Gottesverständnisses aufzugeben. So bleibt ihnen nur eine nahezu inhaltslose Vorstellung, die neue Bedeutung gewinnen muss oder sterben wird.

Im sechsten Jahrhundert v. Chr. war das jüdische Volk im Exil gezwungen, seine alten Vorstellungen und Definitionen von Gott aufzugeben. Unser Exil hat uns zum selben Punkt geführt. Das jüdische Volk konnte nicht zu den guten alten Tagen zurückkehren. Das können die Menschen von heute auch nicht. Die Christenheit ist jetzt in der post-modernen Welt angekommen. Die Gottesvorstellungen der Vergangenheit halten dem Geist der Gegenwart nicht mehr stand. Wir spüren, dass es unsere einzige Hoffnung ist, diese Definitionen von Gott hinter uns zurückzulassen, nämlich die Vorstellungen von einem Gott, der überweltlich und übernatürlich ist, der in die Welt eingreift, wie das unser Glaube früher verstand. Wir müssen herausfinden, ob der Tod des Gottes, den wir gestern anbeteten, dasselbe ist wie der Tod Gottes überhaupt. Unser erstes Hindernis auf unserer neuen geistlichen Reise ist jedoch, zunächst einfach die Wirklichkeit des Exils anzuerkennen. Wir kennen die geistigen Prozesse, die uns von dem Gott von gestern trennen und zum Eintritt in das Exil zwangen. Wir erkennen auch, wie tief die Frage, die der Psalmist während des Exils der Juden aufschrieb, auch die Frage ist, vor der gläubige Menschen in unserer Generation heute stehen.

»Singe uns eines der Lieder von Zion«, forderten die, die sie quälten. »Wie können wir das Lied des Herrn in einem fremden Land singen?«, antworteten die Gläubigen. Wie sollten wir das können? Es ist jetzt unsere Aufgabe, diese Frage für unsere Zeit zu beantworten.

3 Auf der Suche nach Gott: Ist der Atheismus die einzige Alternative zum Theismus?

Einige Leute, für die ich großen Respekt empfinde, haben sich dafür entschieden, dass das Lied des Herrn in dieser Welt nicht mehr aufrichtig gesungen werden kann. Unter ihnen ist ein englischer Gelehrter namens Michael Donald Goulder, den ich im Vorwort als einen meiner großen Mentoren schon genannt habe. Er ist Autor einiger der provokantesten Bücher über die Evangelien, die ich je las.[26] Michael ist jetzt von seiner Stellung als Professor für biblische Studien an der Universität von Birmingham in Großbritannien in den Ruhestand getreten.

Er wurde als junger Mann in der anglikanischen Kirche zum Priester geweiht. Wegen seines überlegenen Verstandes und seiner liebenswürdigen Art entwickelte sich seine Karriere schnell. Einmal wurde er sogar für die Position des anglikanischen Bischofs von Hongkong in Betracht gezogen. Sein Leben wandte sich aber in zunehmendem Maße von der institutionellen Seite der Religion ab und einer akademischen Karriere zu. Dank seiner Brillanz konnte er in Großbritannien seine Vorstellungen einer immer größer werdenden Zahl von Zuhörern vermitteln und erreichte im Ausland aufgrund einer zunehmenden Zahl von Einladungen zu Gastvorlesungen ebenfalls eine beachtliche Zuhörerschaft. Er wurde einer der Gestalter der christlichen Botschaft für die Zukunft.

1981 überraschte er jedoch seine kirchlichen Partner und die Öffentlichkeit durch seinen Rücktritt vom Priesteramt und seinen Austritt aus der christlichen Kirche. Heute bezeichnet er sich als »einen nicht aggressiven Atheisten«.

Kurz nach seinem Rücktritt verteidigte Goulder seine neu eingenommene atheistische Position in einem öffentlichen Dialog mit einem anderen englischen Theologen namens John Hick. Der Dialog wurde unter dem Titel *Why believe in God?* (Warum an Gott glauben?) veröffentlicht. Goulder stützte seine Position für den Atheismus auf das Argument, dass es für den Gott der Vergangenheit »keine richtige Arbeit mehr gäbe«. Die Aufgaben, die dieser Gott nach der Weisheit der Tradition wahrnahm, wurden, so meinte er, langsam aber sicher aus der Gottesvorstellung herausgelöst. Dieser Gott führt keine Kriege mehr und bekämpft keine Feinde. Dieser Gott beruft keine besonderen Menschen, um durch sie zu wirken. Dieser Gott sendet keine Stürme mehr, heilt keine Kranken, verschont keine Sterbenden, ja richtet nicht einmal mehr den Sünder. Dieser Gott belohnt nicht mehr das Gute und straft nicht mehr das Böse. Dennoch steht diese eigentlich arbeitslose Gottheit als Gegenstand und Inhalt des Glaubens der christlichen Kirche an erster Stelle. Goulder fühlte, dass er sich nicht länger mit diesem Verständnis identifizieren konnte und wollte. Seine durchdringende Analyse dessen, was mit der Vorstellung von Gott geschehen ist, erzwang ein neues Bewusstsein im theologischen Denken. Ohne es zu wissen, rief er die Kirche dazu auf zu erkennen, dass sie in das Exil eingetreten ist. Er kam zu dem Schluss, dass der Gott der Vergangenheit gestorben ist, so weit er das erkennen konnte. Er konnte sich keine andere Alternative vorstellen.

Goulder bezog eine starke Position und brachte eine gewaltige Herausforderung. Die institutionelle Kirche wusste nicht so recht, wie sie darauf reagieren sollte. Es war ganz deutlich, dass sie nicht dazu bereit war, von ihrer Lehre von Gott abzugehen. Nachdem sie versucht hatte, Goulders Vorstellungen zu karikieren, führte sie ihre Arbeit wie gewohnt weiter und bezog Stellung hinter einer wahrhaften »Maginot-Linie«[27] theologischer Verteidigung und hoffte, dass die Herausforderung einfach vorüberginge.

Goulder hatte jedoch bei vielen von uns einen Nerv getroffen. Tief im Bewusstsein unzähliger gläubiger Menschen begegnet das Wissen darum, dass die traditionellen Gottesbilder weitgehend ihre Bedeutung und auch ihre Macht verloren haben. Viele, die immer noch beanspruchen, gläubige Menschen zu sein, wissen in der Tiefe ihrer Existenz, dass auch sie diese Vorstellungen verworfen haben. Die wörtlich genommenen Erzählungen der Bibel, die den Überbau der Lehre und der Dogmen stützen, wurden nach dem Beginn der Arbeit der kritischen Forschung bis auf ihren Kern geprüft. Die Lieder und die Gebete der Kirche stellen Behauptungen auf, die die meisten von uns nicht mehr nachvollziehen können. Selbst unter gläubigen Menschen gibt es ein wachsendes Gefühl dafür, dass das Wort *Gott* jetzt keinen Inhalt mehr hat und hohl klingt. Die Geistlichen entdecken bei der Ausübung ihrer Tätigkeit, dass die frommen Worte, die sie so oft benutzen, zunehmend entleert sind. Sie werden von den Menschen ohne Enthusiasmus oder Kommentar als bedeutungslose Klischees angesehen. Mit jedem Tag werden in dramatischer Weise die Bande gelöst, die traditionell gläubige Menschen einmal so stark an diese übernatürlichen Vorstellungen von Gott als dem höchsten Wesen fesselten. Man sagt: »Ich werde an Sie denken« oder vielleicht: »Ich werde für Sie beten«, ohne wirklich anzunehmen, dass man etwas tut oder das solches Tun überhaupt eine Wirkung haben könnte. Weil diese Worte und Sätze einmal Trost brachten, nehmen wir an, dass sie es vielleicht immer noch können, sogar wenn wir nicht mehr recht wissen, was sie bedeuten.

Diese Klischees sieht man einfach als letzte schwache Verteidigung gegen ein übermächtiges Gefühl an, Gott verloren zu haben. Dass es sich so verhält, wird in unserer Gesellschaft mehr stillschweigend angenommen als öffentlich ausgesprochen. Michael Goulder, der einmal Priester war und immer noch ein Bibelwissenschaftler von Rang ist, hat diese private Annahme öffentlich gemacht. Er war davon überzeugt, dass der Gott, den er einst verehrte, nicht mehr wirklich war, und er wollte, dass sein Leben mit seiner Überzeugung ehrlich und aufrichtig in Einklang stand.

Aber für uns bleibt die Frage, wer oder was der Gott ist, den Goulder verwarf. Die Antwort scheint überwältigend klar zu sein. Er verwarf die Vorstellung von Gott, die diesen als eine übernatürliche Person bestimmt, die periodisch in das Leben eingreift, damit ihr göttliche Wille erfüllt wird. Diese Gottheit ist eine überzeugend menschliche Person, die großartig und faszinierend, aber doch menschlich handelt. Dieser Gott wird klar definiert durch das, was wir die Sprache des Theismus nennen können. *The shorter English Dictionary* definiert Theismus als »den Glauben an den einen Gott als Schöpfer und höchsten Herrscher des Universums«. Die *Encyclopedia Britannica* geht einen Schritt weiter und beschreibt Theismus als »die Sicht, dass alle begrenzten und endlichen Dinge in einer gewissen Weise von einer höchsten und letzten Realität abhängig sind, von der man auch in persönlicher Weise reden kann«. Anschließend heißt es, dass der Theist »die Welt ganz deutlich getrennt vom Urheber oder Schöpfer sieht«. Richard Swinburne, ein englischer Theologe, definiert Theismus als die Sicht Gottes, der »so etwas wie eine Person ohne Körper ist, ewig frei, fähig, alles zu tun, alles zu wissen, vollkommen gut, der geeignete Gegenstand menschlicher Anbetung und menschlichen Gehorsams, der Schöpfer und Erhalter des Universums«.[28] Unter Aufnahme dieses Wortgebrauchs definiere ich Theismus im Blick auf dieses Buch als den Glauben an ein persönliches, überweltliches, übernatürliches Wesen, das in das persönliche Leben und den Ablauf der Geschichte eingreift. Dies ist die Definition Gottes, die in der Hebräischen Bibel begegnet. Und es ist in der Tat die Definition Gottes, die die populären Vorstellungen von Gott erfasst. Neben dem theistischen Konzept scheint es für Gott keine Existenzmöglichkeit zu geben. Sogar unsere Sprache zieht diesen Schluss. Denn ist jemand kein Theist, jemand der die Existenz eines Wesens anerkennt, das Gott genannt wird, dann kann er in unserer Sprache nur A-Theist genannt werden. Goulder hat diesen logischen Schluss akzeptiert, und er hatte den Mut, entsprechend zu handeln.

Aber Theismus und Gott sind nicht dasselbe. Theismus ist nur eine menschliche Definition Gottes. Kann je irgendeine menschliche Definition die Bedeutung Gottes ausschöpfen? Kennen wir nicht die alte Volksweisheit, die feststellt, »wenn Pferde Götter hätten, würden sie wie Pferde aussehen«? Keine Kreatur kann sich letztlich etwas vorstellen, das über die Grenzen der eigenen

Existenz hinausgeht. Von daher könnte ein Pferd sich nichts über seinen Horizont Hinausgehendes denken oder vorstellen. Trotz unserer menschlichen Anmaßungen gilt das auch für uns selbst. Wenn Menschen Götter haben, sehen sie in bemerkenswerter Weise wie Menschen aus und handeln auch so. Keiner von uns kann darüber hinwegsehen. Wenn wir überhaupt von Gott reden wollen, müssen wir damit anfangen, unsere Grenzen anzuerkennen. Selbst wenn wir eine Offenbarung als Quelle unseres Wissens anerkennen, wird auch diese Offenbarung innerhalb der Grenzen menschlicher Erfahrung liegen.

Wenn wir uns die Götter näher ansehen, die die Menschheit in ihrer Geschichte angebetet hat, zeigt sich, dass sie sich wie Menschen verhielten, und dies manchmal sogar in allerübelster Weise. Von dem jüdischen Gott nahm man der Hebräischen Bibel zufolge an, dass er jeden hasste, den das jüdische Volk hasste. Bei den in der griechischen und römischen Zivilisation verehrten Göttern des Olymps begegnet uns eine weite Vielfalt sexueller Aktivitäten, die wir heute als »kompromittierend« bezeichnen würden. Die Verhaltensweisen dieser Götter insgesamt machen es leicht verständlich, warum diese Götter starben.

Der vertraute christliche Gott, den fast alle unsere europäischen Vorfahren anerkannten, segnete nicht nur die imperialistischen und kolonialistischen Eroberungen dieser Nationen im siebzehnten, achtzehnten und neunzehnten Jahrhundert, sondern er erklärte auch, dass die koloniale Beherrschung der unterentwickelten Völker dem Willen der christlichen Gottheit genau entsprach. So wurde unter dem Banner Christi die eingeborene Bevölkerung in der, wie wir jetzt sagen, Dritten Welt unterworfen und bekehrt. Die Ressourcen dieser eroberten Nationen wurden ausgebeutet, damit die Europäer sich ihres Reichtum bemächtigen konnten. Die alte Klage derjenigen, die wir jetzt Ureinwohner Amerikas nennen, klingt wie eine grimmige, aber zutreffende Wahrheit: »Als die Europäer kamen, hatten wir das Land und sie die Bibel, aber jetzt haben wir die Bibel und sie das Land.«

Dies zeigt deutlich, dass der Gott, den die meisten von uns in der Geschichte verehrten, auf sehr menschliche Art handelte. Im Blick darauf ist meine erste Entdeckung im Exil, dass ich mich diesem Gegenstand nicht mehr mit der Frage: »Wer ist Gott?« nähern kann. Auch kann ich mich nicht auf die Bilder eines persönlichen Gottes beschränken. Die »Wer«-Frage und die Bilder eines persönlichen Gottes rücken unvermittelt ineinander, und die Theologie wird zu einer Übung, die dem Blick in den Spiegel gleicht. Es trifft zu, dass der Gott des Thomas von Aquin sehr stark wie Thomas von Aquin aussah und auch so handelte. So erschien und handelte auch der Gott Martin Luthers, Johannes Calvins und Thomas Cranmers wie jeder dieser Theologen. Daher sind Definitionen von Gott, die personal gehalten sind oder als Antworten auf die »Wer«-Frage gegeben werden, gefährlich. Einige würden sagen, dass sie schlechterdings unpassend sind. Deshalb bin ich in meiner Suche nach einer neuen Weise, über Gott im Exil zu sprechen, zu der Einsicht gekommen, dass ich sowohl das Bild des persönlichen Gottes als auch die »Wer«-Frage aufgeben und einen neuen Ansatzpunkt suchen muss.

Aber bedeutet dieser Schluss, dass ich darauf vorbereitet sein muss, die meisten Gottesvorstellungen der vergangenen Jahrhunderte aufzugeben? Genau dies tat Michael Goulder. Wenn es keine andere Möglichkeit gibt, von Gott zu sprechen, dann kann sein Weg zum Weg für uns alle werden. Deshalb wird das erhebliche Ausmaß der Preisgabe zu einem Schritt, der nicht leicht fällt. Wenn wir jedoch erkennen, dass wir im Exil leben, sehen wir, dass der traditionelle Zugang zu Gott für uns nicht mehr offen steht. Menschen im Exil wissen, dass es keine Rückkehr in die Vergangenheit gibt. Deshalb müssen sie darauf vorbereitet sein, entweder aufzugeben oder in eine andere Richtung zu blicken. Wenn das Exil nicht unsere letzte Bestimmung ist, dann bleibt für uns nur eine Alternative, und die heißt, den Schritt vorwärts in das Unbekannte wagen. Dort hat das Reden von Gott ab jetzt seinen Ort. Es kann sein, dass es auch in der Zukunft keine Antwort gibt, doch das wissen wir gegenwärtig nicht. Wir wissen jedoch, dass die Antwort sicher nicht im theistischen Gottesbild von gestern enthalten ist. Der oder die Gläubige im Exil setzt seinen oder ihren Glauben auf die Möglichkeit, zu einer neuen Einsicht zu kommen, die aus einer neuen Entwicklung kommt.

Weil der Theismus zu bröckeln und zu sterben beginnt, können wir den Prozess des »Gotterschaffens«, den wir Menschen immer wieder unternommen haben, zunehmend deutlicher wahrnehmen. Wir nahmen für Gott menschliche Eigenschaften in Anspruch, die lediglich über ihre menschlichen Grenzen hinaus erweitert wurden. Menschliches Leben ist sterblich. Gott, sagten wir, ist nicht sterblich. Positiv formuliert, beanspruchten wir, dass Gott *unsterblich* ist. Menschliches Leben ist endlich, Gottes Leben ist nicht endlich. Positiv gesehen wurde Gott *unendlich.* Das menschliche Leben ist in seiner Macht eingeschränkt. Gott ist nicht eingeschränkt. Positiv heißt das dann, dass er *allmächtig* ist. Ebenso verhält es sich, wenn wir Gott *allwissend* nennen. Menschliches Leben ist an einen bestimmten Raum oder durch unveränderbare Naturgesetze gebunden. Gott stellen wir uns als solchen Bindungen nicht unterliegend vor, weshalb wir *allgegenwärtig* und *übernatürlich* zu Eigenschaften unseres Gottes zählen.

Als wir die theologischen Folianten der vergangenen Jahrhunderte enträtselten, wurde das Make-up Gottes immer deutlicher. Gott ist ein in den Himmel versetzter Mensch ohne menschliche Grenzen. Wir haben diesen Prozess verschleiert, indem wir nahe legten, dass der Grund dafür, dass Gott den Menschen so ähnlich ist, daran liegt, dass die Menschen als Gottes Abbilder erschaffen wurden. Jetzt erkennen wir jedoch, dass es anders herum ging. Der Gott des Theismus entstand als eine Schöpfung des Menschen. Als solcher war dieser Gott sterblich, und jetzt stirbt er.

Wenn wir einmal über unsere Rhetorik hinausgelangt sind und wissen, was das ist, was wir sehen, dann werden die Fingerabdrücke, die auf die menschliche Urheberschaft am Theismus hinweisen, in fast amüsanter Weise offenkundig. Eine Illustration davon finden wir in der Noachgeschichte im Buch Genesis (Gen

9,8–17). Es heißt, dass Gott ein großer Krieger war, und gelegentlich richtete sich der Zorn dieser Kriegergottheit gegen menschliches Leben. Die große Sintflut wird als ein solches Ereignis der Kriegsführung Gottes gegen die sündige Schöpfung dargestellt. Als der Regen aufhörte und die Flutwasser zurückzugehen begannen, erläutert die Schrift, dass das eigentliche Geschehen darin zu sehen ist, dass Gott sein Kriegsgerät zur Seite gelegt hatte. Zu dieser Zeit waren Pfeil und Bogen die Hauptwaffe. Mit ihr konnte man seinen Feind von einiger Entfernung aus angreifen. Deshalb sagte man, dass Gott, der weit entfernte himmlische Krieger, seinen göttlichen Bogen zur Seite gelegt hatte. Da man sich Gott als ein Wesen von enormer Größe vorstellte, musste sein Bogen groß genug sein, um den Himmel auszufüllen. Weil Gott in seinem Glanz über alle menschliche Vorstellung hinaus herrlich war, musste dieser Bogen die herrlichen Farben des Spektrums enthalten. Als nun Gott seine göttliche Waffe niederlegte und seine Kriegsführung zur Bestrafung der sündigen Menschheit beendete, war das Zeichen dafür der Bogen, nämlich der Regenbogen, der am Himmel erschien. Das war eine geistreiche Interpretation, und sie hatte Bestand, bis die Wissenschaft herausfand, wie der Regen die Strahlen der Sonne in die Farben des Lichtes reflektiert und bricht. Wenn wir nun diese Untersuchung der Quellen des Theismus weiterführen, müssen wir fragen: »Welches menschliche Bedürfnis bewirkte zuerst, dass wir einen Gott als unser Abbild schufen?« Wann und warum tauchte der Theismus tatsächlich auf? Unsere vertiefte Untersuchung kommt zu dem Schluss, dass die theistische Religion genau in dem Augenblick geboren wurde, als das menschliche Selbstbewusstsein im Evolutionsprozess entstand. Tatsächlich möchte ich die These vorschlagen, dass die menschliche Geschichte nie ohne beides existierte, nämlich das menschlichen Selbstbewusstsein und die theistischen Religion. Es war das aufkommende Selbstbewusstsein des Menschen, das die Schaffung theistischer Religion erforderlich machte. Weil Religion genau in dem Augenblick in theistischen Vorstellungen begriffen wurde, als in der Morgendämmerung der menschlichen Geschichte das Selbstbewusstseins entstand, war der Theismus in der Lage, seinen mächtigen und exklusiven Zugriff auf die Definition Gottes zu entfalten. Deshalb empfinden wir den Tod des Theismus wie den Tod Gottes. Beide begegneten zuvor nie voneinander getrennt. Wenn wir nun weiter nach Schlüssen suchen, die uns zu einem neuen Zugang zum Göttlichen verhelfen könnten, versuchen wir zu verstehen, was in der Morgendämmerung des menschlichen Lebens geschah und was bewirkte, dass es zu dieser intensiven Verbindung kam.

Bei dieser Suche nach Einsicht hilft uns der Begründer der Psychoanalyse, Sigmund Freud. 1927 entwickelte er seine Vorstellungen über diesen Gegenstand in einem Buch mit dem Titel »Die Zukunft einer Illusion«. Hier untersuchte Freud die Ursprünge des menschlichen Lebens und der verschiedenen menschlichen Erfindungen, die Menschen befähigten, mit ihrer Existenz fertig zu werden. Religion, so stellte er fest, sei eine der bedeutenderen unter diesen menschlichen Erfindungen.

Die Geburt der theistischen Religion, so meinte Freud, erwuchs aus dem Trauma des menschlichen Selbstbewusstseins. Über Milliarden Jahre, so beobachtete Freud, hatten die Lebewesen, die diese Erde bewohnten, keine ausreichenden geistigen Fähigkeiten, um die Fragen nach der Bedeutung ihres Lebens zu stellen oder tatsächlich danach zu fragen, ob ihr Leben irgendeine letzte Bedeutung hätte. Sie lebten und starben einfach nach einem endlosen Muster, ohne zu wissen, ob dies ihre Wirklichkeit oder ihre Bestimmung war.

Schließlich entwickelte sich jedoch ein Geschöpf mit einem Gehirn, das zur Selbstwahrnehmung, zum Selbstbewusstsein groß genug war, und das die Fähigkeit besaß, über sich selbst hinauszugehen. In diesem Augenblick brach der Schock der Sterblichkeit und der Bedeutungslosigkeit in die Geschichte ein, behauptete Freud. Jetzt gab es in der Welt ein Wesen, welches das Sterben vorweg begreifen, das Unglück verstehen und erkennen konnte, dass sein Schicksal nichts mehr als Zerfall ist. Dies war eine traumatische Erkenntnis, und mit dieser Erkenntnis wurde die bestimmbare menschliche Existenz geboren.

Wenn ein Trauma intensiv genug ist und man nicht in irgendeiner passenden Weise damit umgehen kann, reagieren die Menschen unausweichlich mit Hysterie. Freud behauptete, dass Religion der Mechanismus war, mit dem die Menschen auf das Trauma des Selbstbewusstseins reagierten. Sie sollte vor allem die Hysterie in Grenzen halten und diesen selbstbewussten Wesen ermöglichen, den Schock ihrer Existenz zu bewältigen.

Er beobachtete, dass der erste Grundsatz in jeder Religion darin bestand, die Mächte, die Menschen bedrohten, personal zu begreifen. Dies bedeutete, dass die Sonne, die Hitze, die Kälte, der Wind, das Wasser und der Sturm als Manifestationen übernatürlicher Wesen bestimmt wurden. Wenn es sich so verhielt, dann waren die menschlichen Wesen nicht Opfer einer blinden unpersönlichen Gewalt, die nicht auf ihre Nöte reagierte. Als Manifestationen persönlicher Gottheit konnten diese Mächte so behandelt und kontrolliert werden, wie Menschen immer schon mit denen umgehen konnten, die Autorität besaßen. Diese mächtigen göttlichen Gestalten konnte man versöhnlich stimmen, mit ihnen konnte man handeln, ihnen schmeicheln oder sie befrieden. Schwache und ängstliche Menschen konnten sich selbst mit diesen äußeren, personalen Mächten vereinen, so dass sie, statt durch sie zum Opfer zu werden, die Gottheit dazu bewegen konnten, sie stattdessen zu schützen oder zu verschonen. So wurden Naturkatastrophen üblicherweise als Ausdruck des Zorns übernatürlicher Wesen oder von Wesen, die jenseits dieser Welt lebten, verstanden. Alle diese natürlichen Kräfte kamen vom Himmel, wo man annahm, dass Gott dort lebte. Diese Gottheit war dazu bestimmt, zu belohnen, zu bestrafen oder zu warnen, je nachdem, was die Menschen verdienten. Das Einhalten der Gebote Gottes, war deshalb von außerordentlicher Bedeutung. Man verstand sie damals nicht als eine Schöpfung der Gesellschaft, sondern als den geoffenbarten Willen Gottes. Durch die Beachtung ihres Willens wurde die Gottheit zufrieden gestellt.

Ihre genaue und treue Verehrung wurde so auch zur ersten Verteidigungslinie gegen mögliche, menschliche Katastrophen. Es war ein mächtiges System, gegen das nur wenige Leute zu rebellieren wagten. Wer gegen die Regel verstieß, musste dies schnell bekennen, Besserung geloben und falls nötig Opfer bringen, um das Vergehen zu sühnen. Wenn er oder sie das nicht taten, konnte gar dem ganzen Volk der Untergang drohen.

Das Stammesmitglied, das man den Schamanen nannte, der Medizinmann oder die Medizinfrau oder der Hohe Priester nahmen das Recht in Anspruch, für diesen Gott zu sprechen, dessen Lebensregeln zu offenbaren und dessen Anweisungen für die richtige Verehrung nachzukommen.

Glaubte man, dass diese heiligen Gestalten fähig waren, den Schrecken eines Sturmes oder die Wut einer Krankheit durch Gebete, Gesänge oder Opfer abzuwenden, oder diese Krankheit in einer überzeugenden Weise erklären zu können, waren Macht und Autorität der Priesterschaft etabliert.

Freud fand in all diesen theistischen Manifestationen die unterdrückte Hysterie eines neuen, selbstbewussten Wesens. Die Abwehr der Hysterie forderte, dass nichts geschah, was das System destabilisieren konnte, denn nur auf diese Weise kann die Angst des Selbstbewusstseins in Schach gehalten werden. Das Vorhandensein dieses Verteidigungssystems in der Religion war für Freud das sichere Zeichen dafür, dass er in ihr nicht die Manifestation der Wahrheit, sondern die Manifestation des Traumas entdeckt hatte. Man sagte, dass religiöse Wahrheiten von Gott geoffenbart wurden, weshalb ihr Inhalt auch nicht offen zur Debatte stand. Die Gemeinschaft, die autorisiert war, diese Offenbarung zu empfangen, verstand sie auch vollkommen und konnte sie auch unfehlbar interpretieren. Deshalb durfte niemand ihre Interpretationen in Frage stellen. Die religiöse Wahrheit war so durch eine doppelte Immunität geschützt.

Die wirkliche Wahrheit, so behauptete Freud, muss nicht von solchen undurchdringlichen Schranken umgeben sein. Die Wahrheit in ihrer objektiven Form kann in einem öffentlichen Forum in einer Debatte wetteifern und gewinnen. Religiöse Wahrheit und ihr theistisches Verständnis wurden vor einer solchen Debatte abgeschirmt. Die Religion selbst war keine mit der Suche nach Wahrheit verbundene Aktivität; sie war eher dazu bestimmt, ein wesentlicher Bestandteil des Sicherheitssystems für das menschliche Leben zu sein.

Nur wenn wir diesen Verteidigungsmechanismus in der Religion erkennen, können wir die Bedeutung der ständigen Gegenwart eines intensiven, ja tödlichen Zorns in primitiven Religionen begreifen, der sich sicher auch noch in der westlichen Religion zeigt. Irrationale Feindschaft ist ein Symptom der Hysterie. Zorn war immer schon ein Kennzeichen des religiösen Establishments. Deshalb haben auch so viele christliche Führer in der Vergangenheit etwa solche Dinge wie das Ersticken von Debatten mit Excathedra-Verlautbarungen oder die Verfolgung von Abweichlern, die Exkommunikation von Nonkonformisten, die Hinrichtung von Ketzern, die Führung religiöser Kriege gerechtfertigt. Deshalb liegt in der organisierten Religion in fast jeder ihrer westlichen Erscheinungsformen der Zorn immer nur knapp unter der Oberfläche. Wenn Erweckungsprediger vom Schrecken Gottes reden, verleihen sie der Predigt Nachdruck durch den erhobenen Zeigefinger und ihren von Feindschaft geprägten Gesichtsausdruck. Zorn verbirgt sich oft hinter der an den Tag gelegten Freude der Prediger in der Geschichte der Christen, wenn sie die Ungläubigen der Hölle überantworteten. Zorn ist auch der Grund dafür, dass viele religiöse Menschen so handeln, als ob sie die himmlischen Wonnen nur genießen könnten, wenn sie gleichzeitig sehen dürften, wie die nicht so Glücklichen sich vor ihren Augen im höllischen Feuer winden. Zorn ist auch der Grund, weshalb die Kirche durch ihre ganze Geschichte hindurch ein Glaubensbekenntnis nach dem anderen schrieb, nämlich um klar zu stellen, wer in dieser religiösen Institution drinnen und wer draußen war, so dass die Gläubigen wissen konnten, wer ihre Feinde waren und entsprechend gegen sie auftreten konnten.

Freud vertrat die Auffassung, dass die theistische Religion als ein Mittel zur Bewältigung des Traumas des Selbstbewusstseins geboren wurde. Sie wurde als ein Instrument geboren, das dazu bestimmt war, die Hysterie in Grenzen zu halten. Die theistische Definition Gottes als eines personalen Wesens mit überhöhten übernatürlichen, menschlichen und elterlichen Qualitäten, formte jede religiöse Vorstellung in der westlichen Welt. Dieses Verständnis entstand nicht durch göttliche Offenbarung, so sagte Freud, sondern aus menschlicher Not. Heute erlebt der Theismus seinen Zusammenbruch. Der theistische Gott hat nichts mehr zu tun. Die Macht, die diesem Gott einstmals zugeschrieben wurde, wird nun auf unzähligen anderen Wegen erklärt. Der theistische Gott ist so gut wie arbeitslos. Ich bin davon überzeugt, dass diese provozierende Freudsche Analyse korrekt ist. Dies ist ein Grund, weshalb das Leben der Menschen in der theistischen Welt in ein Exil geraten ist. Die Menschen sind an dem Punkt angekommen, wo das theistische Konzept zur Seite geschoben werden kann und muss. Es wurde zu einer unbrauchbaren Voraussetzung. Wenn es keine andere Möglichkeit gibt, Gott zu verstehen, dann ist Gott sicherlich bereits tot.

Als ich zu dieser Schlussfolgerung kam, aber noch immer nicht aufgeben konnte, was mir als eine Erfahrung von etwas anderem, Transzendenten und jenseits all meiner Grenzen Liegenden erschien, wurde mir klar, dass ich eine andere Sprache für die Rede von Gott finden musste. Den Theismus gab es nicht mehr.

4 Über den Theismus hinaus zu neuen Gottesbildern

Es war für mich ein äußerst ungewöhnlicher Augenblick. Während ich in einer der Kirchen meiner Diözese eifrig meinen Aufgaben nachging, kam eine Frau zu mir und fragte: »Bischof, ist es möglich, dass man ein Christ sein kann, ohne Theist zu sein?«

Ihre Frage traf mich kalt. Kirchenleute stellen normalerweise solche Fragen nicht. Wenn sie überhaupt eine Frage stellen, dann formulieren sie eher so, dass die Antwort das, was sie bereits glauben, stärkt oder bestätigt. Diese Frau jedoch drängte an die Grenzen der institutionellen Übereinkunft. Sie war offensichtlich dazu bereit, unterschiedliche Möglichkeiten in Erwägung zu ziehen und formulierte öffentlich genau die Fragen, mit denen ich mich auf Grund meiner Studien auseinander zu setzen hatte.

Wenn wir nur in der Lage wären, den Theismus zur Seite zu schieben, dann könnten sich vor unseren Augen neue Wege öffnen, Gott zu erkunden. Wenn wir fragen: »Wer ist Gott?« und mit dieser Formulierung der Gottesfrage gegen eine Wand rennen, dann können wir sie vielleicht einmal ändern und fragen: »Was ist Gott?« Wenn die an den Himmel projizierten, menschlichen Analogien uns nicht weiterbringen, dann könnten wir vielleicht die Aspekte des menschlichen Lebens untersuchen, die uns dazu drängen, über unsere normalen Grenzen hinaus oder zu neuen Horizonten aufzubrechen. Vielleicht können wir die christliche Erfahrung in nicht-theistische Bilder übertragen. Es ist sicher einen Versuch wert.

Viele Quellen der menschlichen Geschichte ermuntern uns dazu, diesen neuen Weg zu erforschen. Die buddhistische Tradition, zum Beispiel, ist eine nicht-theistische Religion. Nirgends im klassischen Buddhismus setzen Buddhisten die Existenz einer überweltlichen Gottheit voraus. Wenn Buddhisten in der Meditation Beglückung oder Transzendenz erfahren, ordnen sie das keinem Kontakt mit dem Übernatürlichen zu. Sie nehmen an, dass solche Zustände für die Menschheit natürlich sind und von jedermann erlernt werden können, der richtig lebt und die geeigneten spirituellen Techniken lernt. Beglückung zu erfahren schließt ein, dass man sein Ich entleert, um die Grenzen der Subjektivität und der Objektivität zu überschreiten und sich mit dem Sein selbst zu vereinen, welches die Buddhisten als zeitlos und unerschaffen beschreiben. Es wäre kaum angemessen zu behaupten, die Buddhisten seien Atheisten, es sei denn, auch der Atheismus könnte zutiefst religiös genannt werden.

Bei einem Chinabesuch vor einige Jahren, hatte ich die Gelegenheit, in einem buddhistischen Tempel einen überkonfessionellen Dialog mit einem buddhistischen Mönch führen zu können. Er war ein heiliger Mann, und man nannte ihn den Ehrwürdigen Kok Kwong. Es war eine anregende und tiefe geistliche Erfahrung. Ich konnte mich den Quellen der Heiligkeit einer anderen Person nähern und ihr mit gleicher Offenheit begegnen. Nach dem Dialog blieb ich, um im Tempel mit seinen Buddhastatuen und seinen herrlichen, strahlenden Farben, die einen in ein intensives Bewusstsein versetzen, zu beten. Natürlich betete ich zu dem Gott meiner christlichen Tradition. Aber ich war sicher, dass ich in der Ruhe dieses Ortes, umgeben von der Güte, mit der der Ehrwürdige Kok Kwong mich willkommen hieß, auf heiligem Boden stand. Buddhisten glauben gewiss an Gott, aber nicht an eine in theistischen Begriffen definierte Gottheit. Wenn wir die Bedeutungsebenen einer östlichen Glaubenstradition erforschen, kann uns das helfen, die Begrenztheit solcher Begriffe wie *Theismus* zu durchschauen. Es enthüllt auch, dass unsere westlichen Definitionen von Gott die Wirklichkeit Gottes nicht erschöpfen.

Wir erinnern uns, dass Sokrates gezwungen wurde, den Schierlingsbecher zu trinken, bis er starb, weil er schuldig gesprochen worden war, Atheist zu sein. Jeder, der heute Sokrates liest, weiß wie gründlich ignorant dieses Urteil war und ist. Sokrates hatte eine andere Vision. Er sah Gottes Wirklichkeit durch eine andere Linse, was die geringeren Geister seiner Zeit nicht nachvollziehen konnten. Die populären Götter des Olymp waren einfach nicht groß oder wahrhaftig genug, um den Übergang der Menschheit von einem Zeitalter in ein anderes zu überleben. So verneinte Sokrates diese Gottheiten und ging daran, neue Möglichkeiten zu erforschen. Es kostete ihn sein Leben. Doch heute, 2400 Jahre später,[29] wird er zu einem Modell einer anderen Verhaltensweise für Gläubige, die die traditionellen Gottesvorstellungen ablehnen, ohne Gott zu verwerfen.

Karen Armstrong zeigte in ihrem erhellenden Buch *A History of God* (Eine Geschichte von Gott), dass es unter Juden, Christen und Muslimen zu bestimmten Zeiten Menschen gab, die als Atheisten angeklagt wurden, weil ihre Ideen die verbreiteten religiösen Einsichten ihrer Tage herausforderten. Es ist fast typisch für Gläubige, dass sie aus ihren religiösen Aussagen Idole machen. Vielleicht verwechseln sie in ihrer Suche nach Sicherheit ihre Gottesvorstellung mit Gott selbst. Wenn ihre Vorstellungen herausgefordert werden, meinen sie, Gott selbst würde herausgefordert. Deshalb kann keine Vorstellung von Gott je mehr sein als ein begrenztes, menschliches Gebilde. Wir müssen lernen zuzugeben, dass persönliche Worte über Gott nicht Gott offenbaren, sondern nur unsere eigenen Sehnsüchte. So sind die Gläubigen im Exil gezwungen, heute der Tatsache ins Auge zu sehen, dass alle Bibeln, Glaubensbekenntnisse, Doktrinen, Gebete und Hymnen nichts anderes sind als religiöse Artefakte, die es uns erlauben, von Gotteserfahrungen zu reden, die in unserer Vergangenheit gemacht wurden. Aber die Geschichte hat uns an einen Punkt gebracht, an dem der wörtlich genommene Inhalt dieser Artefakte nahezu bedeutungslos, die traditionellen Definitionen wirkungslos und die Symbole nicht länger Hinweise auf Wirklichkeit sind. Ein wesentlicher Teil der Exilserfahrung ist, dass sie eine Totenwache für den Gott ist, den wir als Gott kannten. Die Angst im Exil besteht darin, dass es in der menschlichen Geschichte bisher noch keine sterbende Gottesvorstellung gab, die jemals wiederbelebt worden wäre. Der Theismus ist eine Weise der Gotteswahrnehmung, die nachweisbar unzulänglich geworden ist. Der Gott des Theismus stirbt nicht nur, er kann wahrscheinlich auch nicht wiederbelebt werden. Wenn die Zukunft der Religion davon abhängt, dass die Definitionen des Theismus am Leben erhalten werden, dann wird das menschliche Phänomen, das wir Religion nennen, an ein Ende kommen. Wenn die Existenz des Christentums von einer theistischen Definition Gottes abhängt, dann müssen wir der Tatsache ins Auge sehen, dass wir beobachten, wie dieses edle, religiöse System das Stadium der Totenstarre erreicht. »Kann man Christ sein, ohne Theist zu sein«, stellt sich nun doch als eine gewaltige Frage dar.

Der Gott, den die Juden vor dem babylonischen Exil anriefen, war nicht derselbe Gott, wie der, der aus dem Exil hervorging. Viel später hat eine größere Zeitspannen umfassende jüdische Geschichte beide wieder verbunden, aber das entsprach nicht dem Empfinden der Menschen zur Zeit des Exils. In gleicher Weise wird der Gott, den die Christen im Westen verehren, die geistige Revolution nicht überleben, die unser Exil verursachte, obgleich wir für die Zukunft wiederum eine Verbindung erhoffen mögen. Die Juden kehrten aus Babylon als ein Volk des Glaubens mit einem Gott zurück, der aus der Stammesgottheit der Vergangenheit Israels transformiert worden war. Können wir aus unserem Exil hervorgehen mit einem Gott, der aus den tradierten theistischen Vorstellungen transformiert wurde? Das scheint unser einziger Weg nach vorn zu sein. Kann es Gott wirklich geben, ohne dass er an einem überirdischen Ort als ein übernatürliches Wesen lokalisiert werden kann? Kann es Gott wirklich geben, wenn wir kein göttliches Wesen mehr anrufen können, das in Augenblicken der Not um Hilfe angefleht werden kann? Kann es Gott wirklich geben, wenn alle Bilder von Gott als Übermutter und Übervater, und das heißt als persönliche Gottheit, aufgegeben werden müssen?

Um über diese Definitionen hinauszukommen, dürfen wir die religiösen Fragen nicht in der Weise stellen, als verfügten wir über eine Quelle göttlicher Offenbarung, sondern indem wir in einer anderen Weise auf die menschliche Erfahrung blicken.

Deshalb wird das Wort *Was* anstelle von *Wer* als unser Führer wichtig. Wir fragen nun: Gibt es eine Tiefendimension für das Leben, die letztlich geistlich ist? Wenn ja, was ist sie? Gibt es da ein Innerstes für unser Leben wie für das Leben der Welt, die uns irgendwie mit einer Gegenwart verbindet, die wir »transzendent« und »jenseitig« nennen, und die doch nie von dem getrennt ist, was wir sind und was die Welt ist? Wenn ja, was ist das? Gibt es eine Gegenwart in unserem Herzen, die nie als ein Wesen angerufen, aber dennoch als eine göttliche und unendliche Wirklichkeit angenommen werden kann? Wenn ja, was ist sie? Wenn wir uns für eine solche Wirklichkeit öffnen und ihrer intensiv bewusst werden könnten, und sowohl unser Leben wie auch unser Bewusstsein durch sie erweitert werden, könnten wir dann das Wort *Gott* benutzen, um diese Form des Seins zu beschreiben? Könnte das noch eine tief gefühlte Gegenwart sein, selbst wenn sie nicht mehr als äußere Gegenwart bestimmt werden kann? Einige werden sicher behaupten, dass das nur ein Wortspiel ist, da es zu den traditionellen, religiösen Konzepten quer liegt. Aber ich bleibe eher dabei, dass diese Fragen uns einen Weg zu einer Gotteserfahrung jenseits des Exils öffnen können. Ich glaube, dass dies wenigstens ein Weg ist, der es verdient, erkundet zu werden. Es ist auch ein Weg, der als eine Art Minderheitenmeinung in der Religionsgeschichte immer anzutreffen ist, wenn man weiß, wie man danach sucht.

Ein altes hebräisches Wort für Gott war zum Beispiel *ruach*. Wörtlich bedeutete dieses Wort »Wind«. Das ist eine natürliche und sogar unpersönliche Vorstellung. Der Wind oder die *ruach* wurde nicht als ein Lebewesen angesehen, sondern als eine belebende Kraft. Sie hatte keine Grenzen und keine erkennbare Bestimmung. Unter den Hebräern erzählte man, dass die *ruach* oder der Gotteswind bei der Schöpfung über dem Chaos brütete, um Leben hervorzubringen. Langsam entwickelte sich diese *ruach,* wurde personalisiert und Geist genannt. Aber es ist wichtig festzustellen, dass *ruach* ursprünglich eine unpersönliche Lebenskraft war, die man als »Was« erfuhr, nicht als »Wer«. Die *ruach* oder der Gotteswind war nicht überweltlich. Er tauchte eher innerhalb der Welt auf und wurde als ihr eigentlicher Grund, als ihre Leben stiftende Wirklichkeit verstanden.

Man stellte sich auch vor, dass diese *ruach* in einer bestimmten Weise mit der menschlichen *nephesch* oder dem Atem verbunden war. Auch das ist ein unpersönliches Konzept. Atem war die Macht, die in jedem von uns von innen her aufsteigt und die man in gewisser Weise als identisch mit unserem Leben ansah.

Noch ein anderes unpersönliches Bild für Gott findet sich in der Hebräischen Bibel in dem Wort *Fels.* Man kann sich sicher kaum ein unpersönlicheres Bild vorstellen als einen Felsen. Dennoch finden wir im Buch Samuel den Satz: »Es gibt keinen Fels, wie unser Gott ist« (1 Samuel 2,2). Der Psalter verkündet: »Der Herr, mein Fels, meine Burg, mein Erretter« und: »Wer ist ein Fels, wenn nicht unser Gott?« (Psalm 18,3.31). Paulus nannte Christus sogar den Felsen, von dem die Hebräer während der Jahre in der Wüste tranken (1 Korintherbrief 10,4).

Wenn etwas so Unpersönliches wie der Wind, wie jemandes Atem oder wie ein Fels von unseren Vorfahren benutzt werden konnte, um sich eine Vorstellung von Gott zu machen, dann können wir mutiger sein und aus unseren personalen Vorstellungen ausbrechen und beginnen, in unserer Suche nach Gott über neue Sinngebungen und gänzlich andere Sprachformen nachzudenken.

Die Menschen des Altertums erkannten auf andere Weise fast intuitiv die schwere Begrenztheit ihrer theistischen Gottesvorstellungen. Es war, als ob sie wussten, dass sie unangemessen oder sogar unpassend waren, aber sie wussten nicht recht, wie sie damit umgehen sollten. Den Juden war zum Beispiel verboten, den heiligen Namen Gottes auszusprechen. Solches Tun stand in der Gefahr, Gott nicht mehr unverfügbares Subjekt und letztes Mysterium sein zu lassen, sondern machte ihn eher zu einem Objekt. Juden wie Muslimen war es aus dem gleichen Grund verboten, den Einen Gott in irgendeiner sichtbaren Weise darzustellen. Solche Bilder wurden als zu sehr einschränkend empfunden.

Die Mystiker jeder religiösen Tradition haben immer gegen eine genau festgelegte Definition Gottes protestiert. Es scheint, dass die westlichen Mystiker angenommen haben, dass ein persönlicher Gott in der religiösen Entwicklung nur eine erste Stufe war, dazu noch eine niedrige. Die mystische Darstellung Gottes gelangte schnell zu seiner Unaussprechlichkeit. Sie umfasste eine innere Reise, keine äußere. Dieser innere Weg endete letztlich in einem veränderten Menschsein. Er befähigte den Mystiker, den menschlichen Grenzen ohne Beeinträchtigung der eigenen Integrität zu entkommen. Die mystische Gotteserfahrung reduzierte Menschen nicht auf den Status ohnmächtiger, abhängiger Kinder, die dem Willen einer überirdischen, autoritären Gottheit untergeordnet sind. Eher trug sie menschliches Leben über jede Grenze hinweg, bis dieses Leben selbst als eine Offenbarung des Gottes angesehen wurde, der aus der Tiefe des Lebens hervorkam. Die Mystik nimmt an, dass die ganze Schöpfung letztendlich dazu fähig ist, das Göttliche in der Tiefe des eigenen Seins offenbar werden zu lassen. So ist für den Mystiker der Gott der einen Person nie ganz derselbe wie der Gott einer anderen. So wird dem Götzendienst entgegengewirkt. In der mystischen Tradition kann keiner und keine für seine oder ihre Einsicht Objektivität beanspruchen. Jede Person ist dazu aufgerufen, die Reise zu den Geheimnissen Gottes auf dem Weg ihres oder seines persönlichen Wachstums zu gehen. So glaubte man, dass jede Person eine Theophanie, ein Zeichen der Gegenwart Gottes sein kann. Aber keine Person, keine Institution und keine Lebensweise kann diese Offenbarung ausschöpfen.

Kritiker innerhalb des traditionellen kirchlichen Systems der westlichen Welt sind heute schnell dabei, diese nahezu universalen mystischen Ideen als »Pantheismus« zu bezeichnen und abzutun. Unter »Pantheismus« versteht man die Auffassung, dass Gott nichts anderes ist als die Summe alles dessen, was ist. Wenn sie ein wenig sophistischer sind, werden diese Kritiker von »Panentheismus« sprechen, der annimmt, dass Gott in allen Dingen ist, aber nicht notwendiger Weise in ihrer Summe aufgeht. Viele

Theologen scheinen der Ansicht zu sein, wobei sie nur ihre eigenen Grenzen bloßlegen, dass sie alles abtun können, sobald sie es mit einem Etikett versehen haben. Der Mystiker jedenfalls identifiziert Gott nicht mit dem, was ist; eher wird alles, was ist, zur Quelle, durch welche die letzte Wirklichkeit Gott erfahren werden kann. Der Mystiker findet Gott in der Tiefe des Lebens, und er wirkt in und durch das Wesen dieser Welt, indem er die ganze Schöpfung in die Transzendenz ruft, die unser tiefstes Potential offenbart. Ich glaube, dass wir uns einem Gotteskonzept besser annähern, wenn wir zuerst statt: »Wer ist Gott?« fragen: »Was ist Gott?« und wenn wir von unseren Vorstellungen, wer Gott ist, zu dem fortschreiten, was unsere Erfahrung mit Gott ist.

Die Welt der akademischen Theologie ist sich ihrer Versklavung durch die theistischen Vorstellungen der Vergangenheit, die keine Bedeutung mehr haben, bewusst geworden. Mindestens seit dem 19. Jahrhundert suchen die Vorkämpfer unter den christlichen Theologen nach Befreiung von diesem sterbenden, theistischen Gott. Man muss nicht weit in die Vergangenheit zurückschauen, um dieser Einstellung zu begegnen.

Das Ableben des Theismus begann mit dem Zusammenbruch eines biblischen Buchstabenglaubens in Deutschland in den ersten Jahrzehnten des 19. Jahrhunderts.[30] Nach den exegetischen Studien erschienen weiterführende theologische Veröffentlichungen, weil offenkundig geworden war, dass die alten Lehren nicht mehr auf die wörtlich verstandenen Texte gestützt werden konnten, die sie einst untermauerten. Rudolf Bultmann, wahrscheinlich der führende, neutestamentliche Gelehrte des vergangenen Jahrhunderts, brachte diese Studien zu einer neuen Intensität, indem er uns bewusst machte, dass das ganze Material der Evangelien in die Mythologie der Antike eingebunden war und deshalb nicht mehr im wörtlichen Sinn verstanden werden konnte.[31] Das theistische Gottesverständnis war Teil dieser Mythologie. Bultmann schlug vor, diese Texte zu entmythologisieren, ihrer rettenden Wahrheit könnten wir weiter begegnen.

Alfred North Whitehead, der sein Berufsleben als Mathematiker begann, entwarf ein theologische System, das erlaubte, Gott nicht lediglich als ein überweltliches Wesen wahrzunehmen, sondern als einen göttlichen Prozess, der mit dem Leben in dieser Welt einhergeht.[32] Er stellte sich vor, dass Gott zusammen mit der ganzen Wirklichkeit und nicht vor ihr existiert, und dass er mit dem wächst, was in der zeitlichen Welt geschieht, indem er es aufnimmt und transformiert. Dieser Gott war für Whitehead die ständige Quelle aller neuen Möglichkeiten. Die Denkschule, die als Prozesstheologie bekannt wurde, zollte Whitehead Anerkennung für seine radikale Idee, auf der sie gründete.

Dietrich Bonhoeffer rief die Welt zu einem »religionslosen Christentum« auf. Von seiner Gefängniszelle in Nazideutschland aus, in der er auf seine Hinrichtung wartete, forderte er, dass wir in dieser Welt leben müssten, »als ob es keinen Gott gäbe«.[33] Vielleicht hat der Eindruck und die Kraft des Zeugnisses Bonhoeffers, der im Widerstand gegen die Unmenschlichkeit der Naziführer den Märtyrertod erlitt, der Welt die Augen für die Radikalität seiner theologischen Ideen, wenigstens für eine gewisse Zeit, verschlossen. Ein religionsloses, vielleicht sogar gottloses, oder wenigstens nicht theistisches Christentum erschien am Horizont der Schriften dieses großen christlichen Denkers.

Paul Tillich war mein eigener Lehrer und selbst Flüchtling aus Nazideutschland. Seine Veröffentlichungen reichen bis in die 1930er und 1940er Jahre zurück. Er schlug vor, dass wir die erhabenen überweltlichen Bilder, die in der Geschichte den theistischen Gott kennzeichneten, aufgeben und sie ersetzen müssten durch der eigenen inneren Tiefe entstammende Bilder einer Gottheit, die nicht von uns getrennt, sondern der eigentliche Kern und Grund allen Seins ist.[34] Dieser Gott wäre keine theistischen Macht, kein Wesen unter anderen Wesen, über dessen Existenz wir Diskussionen anstellen könnten. Dieser Gott wäre nicht der traditionelle Wundertäter und Magier, der Verteiler von Anerkennung und Strafe, Segen und Fluch. Dieser Gott entspräche auch keinem kapriziösen himmlischen Elternteil, das uns tröstet und unsere Schreie hört und zum irdischen Mr. Fix-It gerät, der für einige alles in Ordnung bringt und andere in einer vollkommen unfairen Welt ihre Schmerzen bis zum bitteren Ende ertragen lässt.

Tillich wies auf den Gott hin, der das unendliche Zentrum des Lebens ist. Dieser Gott war keine Person, vielmehr, eher den Einsichten der Mystiker entsprechend, war er die mystische Gegenwart, in der alles Person-Sein erblühen kann. Dieser Gott war kein Wesen, sondern eher die Macht, die in allen Geschöpfen das Leben hervorruft. Dieser Gott war keine überweltliche persönliche Macht, die man anrufen konnte, sondern eher eine innere Wirklichkeit, die uns entgegenkommt und uns für die Bedeutung des Lebens selbst öffnet.

Für Tillich gab es kein Anflehen einer überweltlichen Macht mit der Bitte, sich um unsere Bedürfnisse zu kümmern. Man erfuhr eher ein wachsendes Bewusstsein des Urgrunds allen Seins und der eigenen Beziehung zu all denen, die diesen unendlichen und unerschöpflichen Grund teilten.

Tillich war der Ansicht, dass das Wort *Gott* von den Bildern des theistischen theologischen Konsenses von gestern in Beschlag genommen, verdorben und verzerrt worden war. Er war davon überzeugt, dass alle diese Bilder sterben müssten, bevor das Wort *Gott* je wieder sinnvoll gebraucht werden könnte. Er drängte auf ein Moratorium für den Gebrauch des Wortes *Gott* von mindestens hundert Jahren. Sein Ziel erreichte er nicht. Es wird immer noch viel und zumeist theistisch von Gott geredet. Aber man spricht deutlich anders von Gott, wenn man im Exil ist. In dieser Periode des Exils können alle Gottesvorstellungen offen diskutiert werden. Die Definitionen von Gott sind nicht widerspruchsfrei, sie laden zu weiteren Erkundungen ein. Im Exil gibt es keinen Fundus von übereinstimmenden Vorstellungen für dieses Wort, und keinen Versuch, diese mit Zwang durchzusetzen. Die objektive Wahrheit ist verschwunden. Sie ist durch die Sprache einer sich ständig verändernden Reise ersetzt.[35]

Gott wurde immer mit dem identifiziert, was Leben spendet.

Dieses religiöse Verständnis hat sich manchmal in Fruchtbarkeitskulten und ihren Gottheiten manifestiert. Die Sonne wurde von denen angebetet, die sahen, dass es ohne ihre wärmenden Strahlen kein Leben gäbe. Manchmal waren es der Himmel, der Regen, die Erde oder sogar die Macht des Feuers, die zu einem Symbol des Lebens wurden, das von Gott kam. Manchmal war es der Schöpfer, entfernt und mächtig, der sogar »allmächtiger Vater, Schöpfer des Himmels und der Erde« genannt wurde. Aber hinter dem Gehalt all dieser Gottesbilder stand die Bedeutung Gottes als des Lebensspenders, der Quelle der Vitalität selbst. Tillich forderte seine Leser auf, das Dasein zu bedenken und zu entdecken, was alle Menschen ins Leben ruft und es als eine Manifestation des Göttlichen, wenn nicht als den göttlichen Ursprung selbst anzuerkennen.

Neue Erkenntnisse der Psychologie haben diese theologische Sicht gestärkt. Dazu rechnet die Einsicht, dass Liebe die Quelle und der Schöpfer des Lebens ist. Ohne Liebe vergehen wir Menschen. Das ungeliebte Kind, das vernachlässigte Kleinkind, wird mit großer Sicherheit sterben. Das trifft in gleicher Weise für die höheren Säugetiere zu. Liebe öffnet die ganze Schöpfung und ruft alle Dinge ins Leben. Auf der menschlichen Ebene ist Liebe die wesentliche Kraft, die Beziehungen vertieft und zugleich unser eigenes Menschsein weitet. Je mehr wir durch Liebe dazu befreit sind, wir selbst zu sein, umso mehr werden wir befähigt, unser Leben für andere einzusetzen. Je mehr wir um die lebensspendende Liebe wissen, desto mehr finden wir den Mut, uns selbst zu öffnen, nicht in der Weise eines verrückten Exhibitionismus, sondern in einer Weise, die den Grund unseres Seins zum Ausdruck bringt und offenbart. Je mehr wir die Tiefen des Lebens erforschen, umso mehr entdecken wir, dass das Leben in wechselseitigen Abhängigkeiten und Verbindungen besteht und unteilbar ist. In der Mitte des menschlichen Lebens gibt es keine Abgeschiedenheit und Einsamkeit. Jeder von uns ist ein vollständiger Teilnehmer in einem komplexen, lebendigen Organismus, dessen Bestandteile in jedem Augenblick der Zeit geboren werden und sterben. Jeder Teil dieses lebendigen Ganzen partizipiert an der Ewigkeit des Seins, vereinigt mit einem letzten Urgrund, im Blick auf den wir langsam aber sicher einer Tages lernen könnten von Gott zu sprechen.

Der Ruf dieses innerlichen Gottes in unserer Tiefe wird vor allem ein Ruf ins Dasein. Es ist ein Ruf, der nichts mit Religion als solcher zu tun hat. Es ist ein Ruf, der das wieder ins Blickfeld rückt, was als die religiöse Dimension bekannt war. So wird zum Beispiel die Aufgabe der Kirche weniger darin bestehen, zu indoktrinieren oder Menschen zu einer überweltlichen göttlichen Macht in Beziehung zu setzen, sondern vielmehr darin, Gelegenheiten für Menschen zu schaffen, sich dem unendlichen Zentrum aller Dinge zu nähern und zu dem zu entwickeln, zu dem sie bestimmt sind. In dieser Weise mögen sie in ihrem eigenen Personsein selbst den Heiligen Gott erkennen, der der Urgrund ihres Seins ist und der als etwas anderes offenbar wird als der theistische Gott unserer Vergangenheit. Diese Aufgabe ist ein gutes Stück von den typischen Aktivitäten religiöser Institutionen entfernt, die sich üblicherweise damit beschäftigen, über die geeignete Liturgie zu debattieren und den Gläubigen eine Version von Orthodoxie aufzuzwingen. Dieses Verständnis von Gott legt großen Wert auf den Auftrag der Kirche, sich jeder Bindung zu widersetzen, die uns an etwas fesselt, das weniger als der vollkommenste Ausdruck unseres Menschseins ist.

Die Definitionen von gestern, die nicht mehr passen, die Stereotypen der Vergangenheit, die uns daran hindern, die herrliche Vielfalt der Schöpfung Gottes zu beachten, die Vorurteile vergangener Zeiten, durch die wir versuchten, unsere privilegierte Autonomie zu bewahren, sie alle sind dem Urgrund allen Seins entfremdet, der uns ständig dazu ruft, unsere Möglichkeiten zu verwirklichen. So erscheint mit dieser neuen Möglichkeit, sich Gott vorzustellen, eine neue Agenda für das religiöse Leben.

Diese Agenda ist nicht für jedermann bequem. Diejenigen, die sich Gott nicht anders vorstellen können als in übermenschlichen theistischen Kategorien stellen immer die Frage, ob eine Sicht

Gottes als des Urgrunds allen Seins nicht unpersönlich ist, also Gott dann ein »Es« anstelle eines göttlichen »Du« ist. Das scheint in ihrer Sicht das Heilige abzuwerten. Vieles von der tröstenden Natur des theistischen Gottes der Vergangenheit scheint in diesem Konzept nicht mehr vorzukommen. Es ist schwer in der gewohnten Weise zu einem »Urgrund allen Seins« zu beten. Wenn man in dieser neuen Art von Gott denkt, gibt es keine äußere Motivation für Güte oder für Treue in der Anbetung, wie das bei dem Gott der Vergangenheit der Fall war. Das institutionalisierte Christentum verliert die Macht, die von einem überweltlichen Gott abgeleitet wurde, der richtete und auf der Basis dieses Urteils Belohnungen verteilte und Strafen auferlegte. Das theologische Verständnis der Vergangenheit war vor allem darauf ausgerichtet, die Kirchenangehörigen von denen zu trennen, die außerhalb der Kirche in die Bedeutungslosigkeit versanken. Diesem Verständnis entspricht das meiste aus der Sprache der christlichen Bekenntnisse, wenigstens insoweit sie als eine wörtliche Beschreibung unseres Glaubens verstanden wurde. Diese Erkenntnis kann gut dazu dienen, uns das ursprüngliche Glaubensbekenntnis der Christen in Erinnerung zu rufen. Es waren einfach nur die Worte: »Jesus ist der Herr«. Alle anderen Glaubensbekenntnisse sind nichts mehr als ein Kommentar zu diesen Worten, und waren darauf abgestellt, das Machtbedürfnis der kirchlichen Institution zu unterstützen, die sich selbst als die Quelle aller Wahrheit verstand, und sie waren dazu bestimmt, diejenigen draußen zu halten, die sich weigerten, der kirchlichen Autorität untertan zu sein.

Darüber hinaus stellt diese Sicht Gottes eine letzte Frage sogar an die Gläubigen im Exil: Ist der Urgrund allen Seins wirklich oder ist er eine philosophische Abstraktion, die nur dazu dient, unser Erwachen in der radikalen Einsamkeit des Lebens in einer gottlosen Welt abzupolstern? Sicherlich wird dieser Widerspruch von den furchtsamen Verteidigern des Theismus erhoben. Sie möchten auch wissen, ob Sinn in einem Leben gefunden werden kann, das von dem theologischen Apparat der Vergangenheit getrennt ist. Sie werden fragen, ob bei einer solchen Gottessicht noch eine Basis für moralisches Verhalten gegeben ist. Sie werden glauben, dass ohne die Verhaltenskontrolle religiöser Institutionen die Zivilisation einer moralischen Anarchie verfällt, in der Gewalt allein das letzte Urteil darüber spricht, was rechtens ist. Dabei nimmt man gewöhnlich an, dass diese Anarchie dann beginnt, wenn Menschen sich außerhalb der althergebrachten sexuellen Stereotype bewegen.

Dies sind starke, angsterfüllte Fragen, die letztlich nicht von denen beantwortet werden können, die sie furchtsam stellen, sondern eher von denen, die den theistischen Bildern von gestern keine Lebenskraft mehr zumessen. Sie können nur von denen beantwortet werden, die im Exil leben. Alle anderen werden zur Verteidigung der verglühenden Asche verblassender Überzeugungen von gestern eilen oder alle religiösen Systeme als wertloses Geschwätz aufgeben – Ausdruck der Unreife einer Menschheit, die himmlische Elternfiguren brauchte, um das Trauma ihrer Existenz ertragen zu können.

Aber wir wollen hier deutlich sein. Wenn Gott nicht länger als »personal Anderer« verstanden werden kann, bedeutet das dann, dass der Kern und Grund allen Seins unpersönlich ist? Macht das Gott weniger persönlich oder in geheimnisvoller Weise noch persönlicher, und bleibt er dabei doch noch immer jenseits unserer menschlichen Kategorien oder Vorstellungen? Letztlich können solche Fragen nicht beantwortet werden. Sie provozieren jedoch eine ganze Reihe anderer Fragen. Manifestiert das Sein Gottes sich nicht selbst in intensiver Persönlichkeit? Kann man den Urgrund allen Seins in irgendeiner anderen Weise anbeten, als dadurch, dass man versucht, alles zu sein, was man sein kann? Kann man die Quelle des Lebens in irgendeiner anderen Weise anbeten, als indem man wagt, verschwenderisch und überfließend zu lieben? Gibt es denn irgendwelche Kategorien, von denen man sagen könnte, sie seien persönlicher als diejenigen, die jeden von uns zum Sein, zum Leben und zum Lieben aufrufen? Würde ein Leben, das diese Qualitäten widerspiegelt, nicht als eine Offenbarung des Bildes Gottes in dieser Person angesehen werden? Scheint hier nicht wirklich eine neue Weise auf, das biblische Wort zu sehen und zu verstehen, das sagt: »Gott schuf den Menschen als sein Abbild. Als Mann und Frau schuf er sie« (Genesis 1,27). Ist es möglich, dass wir Gottes Abbild sind, weil wir ein Teil dessen sind, was Gott ist? Das sind Gedanken, die uns als Gläubige im Exil zu weiterem Nachsinnen herausfordern.

Ja, es ist Furcht erregend, sich vorzustellen, dass es keine himmlischen Eltern gibt, die sich um uns kümmern. Wir erinnern uns an den Augenblick in unserem menschlichen Reifeprozess, als wir erkannten, dass wir Erwachsene geworden waren und deshalb für uns selbst verantwortlich sein mussten. Die irdischen Eltern konnten uns nicht länger behüten. Vielleicht haben wir diese Erfahrung mit einer theistischen Gottesvorstellung gemildert. Es gehört zur allgemeinen Weisheit der Kirche, dass junge Erwachsene, welche die Kirche als Teenager verlassen hatten, nach Heirat, Hypothek und Elternschaft wieder zum Gottesdienst zurückkehren. Doch jetzt sind die Stützen Gottes, zu dem diese jungen Erwachsenen zurückkehren, nicht mehr sicher. Die Erkenntnis dämmert, dass wir Menschen allein und deshalb verantwortlich für uns selbst sind, und dass wir keine höhere Macht mit der Bitte um Schutz anrufen können. Wir lernen, dass der Sinn nicht jenseits des Lebens liegt, sondern in der Tiefe unseres eigenen Lebens entdeckt und durch unser eignes Wollen in ihm Gestalt gewinnen muss. Wir werden uns bewusst, dass das Leben nicht fair ist, weder in diesem noch in einem anderen Leben notwendigerweise fairer Ausgleich geboten wird. Deshalb müssen wir entscheiden, wie wir mit dieser Wirklichkeit leben wollen. Wird der sozial gesicherte Wohlstand unseren inneren Drang zu Gier und Selbstsucht mäßigen? Wie steht es in unseren persönlichen Beziehungen um unseren Charakter und den Stellenwert von Pflichten, wenn sie in Gegensatz zu unserem Drang nach Vergnügen und persönlicher Erfüllung geraten? Wir werden fragen, ob es noch ein Bedürfnis für einen gemeinsamen Gottesdienst gibt, und wenn dem so ist, welche Form er annehmen wird. Kann eine andere Sicht Gottes als die eines theistischen Wesens über der Welt jemals die ekklesiale Struktur, die wir jetzt Kirche nennen, erhalten?

Wir gehen jeder einzelnen dieser Fragen nach, wenn wir in das Exil eintreten. Da gibt es keine offenkundigen Antworten. Die gibt es im Exil nie. Wir können uns nur dessen gewiss sein, dass wir vorwärts gehen müssen. Es gibt keine Rückkehr zu dem Sicherheitssystem, das wir jetzt verlassen haben. Kein Erwachsener kann in das Elternhaus zurückkehren, wenn er die Volljährigkeit erreicht hat. Wenn der menschliche Geist volljährig geworden ist, kann er im Blick auf Gott nicht mehr zu dem Bild himmlischer Eltern zurückkehren. Das Tor zur Vergangenheit ist versperrt, wenn nicht durch Engel mit flammendem Schwert (Genesis 3,24), dann wenigstens durch die Erkenntnis, dass der theistische Gott von gestern nicht mehr länger da ist.

Als die Juden in den frühen Jahren des sechsten Jahrhunderts v. Chr. ins Exil nach Babylon verschleppt wurden, wussten sie, dass sie das Lied des Herrn, wenigstens die Lieder von Zion, nie wieder singen konnten. Sie wussten, dass Gott in der Zukunft nie wieder so angebetet werden konnte, wie er in der Vergangenheit angebetet wurde. Sie mussten entweder ein neues Lied lernen oder das Singen aufgeben. Das ist, so glaube ich, genau das Schicksal des modernen Christen. Ich glaube, dass das neue Lied sich entwickelt, und ich möchte zu der Generation gehören, die es singen wird. Nach meiner Meinung besteht die Voraussetzung dafür, dass der mächtige Chor der Zukunft ertönen kann, darin, dass der theistische Gott der Vergangenheit durch den unausweichlichen Gott, der der Urgrund des Seins ist, ausgewechselt wird.

So fange ich hier an. Es gibt keinen Gott außerhalb des Lebens. Gott ist vielmehr die unausweichliche Tiefe und die Mitte von allem, was ist. Gott ist nicht ein höheres Wesen, das über allen anderen Wesen steht. Gott ist der Urgrund des Seins selbst. Von diesem Anfang geht vieles aus. Die Artefakte des

Glaubens der Vergangenheit müssen auf eine neue Weise verstanden werden, wenn sie uns ins Exil begleiten sollen, und die Vorstellungen, die nicht anders verstanden werden können, werden zur Seite gelegt werden müssen. Die Zeit wird uns zeigen, was wozu gehört.

5 Jesus im Neuen Testament neu entdecken

Kann man Jesus ohne den theistischen Zusammenhang überhaupt verstehen? Hat die Christenheit nicht bis in unsere Zeit ständig solche Dogmen wie die der Inkarnation und der Trinität in die Mitte ihres Lebens gestellt? Kann Jesus aus diesen alten theologischen Zusammenhängen herausgenommen werden und immer noch der Herr oder Christus für irgendjemanden sein? Lässt die Bibel Jesus nicht sagen: »Ich und der Vater sind eins« (Johannes 10,30)?

Etwa fünfzig bis siebzig Jahre nachdem Jesus von Nazaret sein irdisches Leben beendet hatte, wurden Geschichten über ihn in einem Buch zusammengestellt, das die Christenheit nach wie vor als göttlich inspiriert ansieht. In diesem Buch wird er dargestellt als einer, der die Kraft hatte, Wunder zu wirken. Engel reißen den Nachthimmel auf und singen bei seiner Geburt (Lukas 2). Aus diesem Himmel soll er als seine letzte Gabe den Heiligen Geist, der für immer bei der Kirche sein soll, gesandt haben (Apostelgeschichte 2).

Er wird als einer vorgestellt, der fähig war, die Naturgesetze aufzuheben. Er konnte auf dem Wasser gehen (Markus 6,45–54). Er konnte fünf Brote auf eine Weise vermehren, dass eine große Menschenmenge davon satt werden konnte (Markus 6,30–44). Wasser verwandelte er in Wein (Johannes 2,1–11) und erweckte sogar den bereits vier Tage lang toten Lazarus zu neuem Leben (Johannes 11).

In der Liturgie der christlichen Kirche wird an jedem Sonntag dieses übernatürliche Leben neu begangen und gefeiert. Der Inhalt dieses Lebens hat die meisten Feiertage der westlichen Kultur bestimmt. Gibt es eine andere Möglichkeit, die Jesusgeschichten und die Dogmen, die darauf aufgebaut sind, zu verstehen? Kann ein postmoderner Mensch diese vormodernen Ansprüche buchstäblich ernst nehmen? Kann die Christenheit ohne sie weiterleben? Wenn wir nun beginnen, die Stellung, die Bedeutung und die Rolle von Jesus von Nazaret zu untersuchen, ist der Einsatz recht hoch.

Wenn man diese Fragen angemessen untersuchen will, ist es zuerst nötig, hinter die abergläubische und mysteriöse Aura zu blicken, die Christen durch die Jahrhunderte mit den Evangelien verbunden haben. Ein Teil des Problems wenigstens liegt in den übertriebenen Ansprüchen, die für diese Schriften erhoben wurden. Die Bibel ist nicht in einem buchstabengetreuen, wörtlichen Sinn Gottes Wort. Sie war es nie! Die Evangelien sind keine göttlich autorisierten, irrtumslosen Werke. Sie wurden von gläubigen Gemeinschaften aufgeschrieben und bringen sogar die Vorurteile dieser Gemeinschaften zum Ausdruck. Die Evangelien sind nicht ohne deutliche innere Widersprüche und nicht ohne in Verlegenheit bringende moralische oder intellektuelle Vorstellungen. Sie sind nicht feststehend. Sie zeigen Veränderungen, sich entwickelnde theologische Vorstellungen. Sie sind nicht einmal original. Sie stützen sich weit mehr als man bisher annahm auf die Arbeit von Paulus und auf die Inspiration durch die Hebräische Bibel.[36] Kein Evangelist war Augenzeuge des Lebens Jesu. Die meisten Augenzeugen seines Lebens waren bereits lange tot, bevor die Evangelien in die Geschichte eintraten. Die Evangelien wurden zudem durch Ereignisse aus ihrer eigenen Entstehungszeit beeinflusst, vielleicht sogar in einer dramatischeren Weise, als durch die Ereignisse, die sich zu Lebzeiten Jesu zugetragen hatten. Zum Beispiel ist die Einnahme und die Zerstörung Jerusalems durch die römische Armee im Jahre 70 n. Chr. ein durchschlagendes Ereignis von prägender Bedeutung, das zum Hintergrund jeder der Erzählungen in den Evangelien gehört. Deshalb besteht der erste Schritt zum Verständnis der Bibel darin, die Evangelien in der zutreffenden geschichtlichen Perspektive zu sehen.

Ferner müssen wir bereit sein, wenn wir die Texte des Neuen Testamentes lesen, eine enorme Kluft zwischen den theologischen Behauptungen des institutionalisierten Christentums und der Darstellung der Evangelien anzuerkennen. Die meisten Gläubigen haben nie erfahren, dass es in der biblischen Geschichte von den Weisen aus dem Morgenland keine Kamele und in der Geburtsgeschichte Jesu keinen Stall und keine Stalltiere gibt, und sie haben das auch nie selbst überprüft (siehe Matthäus 1, 2 und Lukas 1, 2). Sie lernen in der Kirche nicht, dass die Geschichten von der Jungfrauengeburt nicht aus der Ursprungszeit der Christenheit stammen, vielmehr nicht vor dem neunten Jahrzehnt n. Chr. auftauchen.[37] Dasselbe gilt für die Erzählungen von einer leibhaftigen Auferstehung Jesu. Auch sie ergänzten die christlichen Geschichten im neunten Jahrzehnt.[38] Für unsere augenblickliche Zielsetzung ist vielleicht die Tatsache noch wichtiger, dass die göttliche Natur Jesu oder die Deutung Jesu als die Inkarnation der theistischen Gottheit ebenfalls eine spät entwickelte Vorstellung ist.[39]

Wenn ich die oben genannten Fragen stelle, geht es mir nicht darum, diese Texte zu verunglimpfen. Ich beginne vielmehr, die Jesuserfahrung von den theologischen Deutungen zu trennen, die diese Erfahrungen schon im Neuen Testament und auch in der späteren dogmatischen Entwicklung der Kirche fanden. Eine solche Trennung wird unvermeidlich sein, wenn wir feststellen, dass die einzige Möglichkeit, die Jesuserfahrung zu bewahren, darin besteht, viele der traditionellen, theologischen Deutungen, in die sie eingebunden ist, von ihr abzuheben, und diese gegebenenfalls zu verwerfen. Das ist meines Erachtens unumgänglich.

Ich beginne diesen Prozess, indem ich den Veränderungen der Aussagen nachspüre, die in den Bibeltexten selbst erfolgen. Paulus war der erste Autor unter allen Verfassern neutestamentlicher Texte. Seine Schriften entstanden in einem Zeitraum, der nicht früher als achtzehn und nicht später als vierunddreißig Jahre nach dem Ende des irdischen Lebens Jesu lag. Wenn wir Paulus sorgfältig lesen, ohne dass wir unser Verständnis vom Inhalt der damals noch nicht geschriebenen Evangelien beeinflussen lassen, erkennen wir einige faszinierende Unterschiede. Es wird uns auch bewusst, dass Paulus weit mehr dazu geneigt schien, Christus zu verkünden, als Christus zu erklären. Dennoch beginnt er den Prozess der Erklärung. Hören wir zunächst auf die Verkündigung des Paulus:

»Gott war es, der in Christus die Welt mit sich versöhnt hat« (2 Korinther 5,19).

Nichts kann »uns scheiden von der Liebe Gottes, die in Christus Jesus ist, unserm Herrn« (Römer 8,39).

»Die Gabe Gottes ist das ewige Leben in Christus Jesus, unserem Herrn« (Römer 6, 23).

»Wir verkündigen Christus als den Gekreuzigten ... Gottes Kraft und Gottes Weisheit (1 Korinther 1,23–24).

Das sind ekstatische Worte. Sie brechen aus jemandem hervor, der von der Christuserfahrung so tief bewegt wurde, dass er sie innerlich weiterverarbeitete. An diesen Stellen verwendet Paulus noch nicht die klassischen, theologischen Begriffe, die ihm ermöglichen sollen, neugierigen und leidenschaftslosen Beobachtern den Sinn dessen zu erklären, was er in Jesus fand.

Aber die Ekstase jeder Art, bleibt nie lange unerklärt. Es gehört zu unserer menschlichen Natur, dass wir von einer Erfahrung, die unser Leben berührte, bald dazu übergehen, diese Erfahrung vernünftig zu erklären. Weil wir bei Paulus auch Entsprechendes beobachten, beginnen wir diese Christusanalyse unter dem Gesichtspunkt der Entwicklung.

Wenn jemand versichert, dass »Gott in diesem Christus war«, wie es Paulus tut, dann stellt sich unausweichlich die Frage, wie der heilige und entfernte Gott in diesem endlichen und konkreten Leben gegenwärtig sein konnte. Wenn diese Frage nicht angemessen beantwortet werden kann, wird diese Erfahrung nur als eine Art privater Täuschung angesehen. Deshalb folgt die Erklärung immer der Verkündigung, wenn auch nicht unmittelbar.

Genau in dem Augenblick, in dem wir von ekstatischer Verkündigung zu ihrer Erklärung übergehen, beginnen die Vorurteile, die Definitionen und Stereotypen der Vergangenheit unsere Worte zu formen. Das ist unausweichlich. Deshalb können auch theologische Erläuterungen nie wörtlich wahr sein oder als ewig gültig angesehen werden. Obwohl die institutionalisierte Religion das Gegenteil in Anspruch nimmt, sind Glaubensbekenntnisse und Theologie nichts als Deutungen. Sie sind somit unvermeidbar entstellte Versionen der Wahrheit, eingebunden in die Zeit, in der sie formuliert wurden.

Das bedeutet, dass unser Weg zu einem zutreffenden Christusverständnis hinter die Darstellungen zurückgehen muss, die wir im Neuen Testament finden, bis wir beginnen, Gründe dafür zu erkennen, die sie notwendig machten. Wir beginnen mit den frühesten Aufzeichnungen, die wir haben, und versuchen, Schritt für Schritt vorwärts zu gehen und zu zeigen, wie die Erklärungen zunahmen und sich entwickelten. Dann werden wir vom Höhepunkt dieser Entwicklung zurückblicken in der Hoffnung, einige Aspekte der ursprünglichen, schöpferischen Erfahrung zu erhaschen.

In seinem Brief an die Römer, der etwa im Jahr 58 n. Chr. geschrieben wurde, also etwa achtundzwanzig Jahre nach dem Leben Jesu, begann Paulus die Erklärungen für seine Christuserfahrung zu entwickeln. Er hatte die Kirche in Rom, an die er schrieb, nie besucht. Die Menschen dort waren Fremde, die lernen mussten zu verstehen, warum ihm so viel daran lag, sie zu besuchen (Römer 1,1–15). Gott, so sagte er ihnen, hatte Jesus »dem Geist der Heiligkeit nach eingesetzt als Sohn Gottes in Macht seit der Auferstehung von den Toten« (Römer 1,4). Zu beachten sind die vom Gesichtspunkt der späteren christlichen Orthodoxie aus fremden und abweichenden Elemente, die in dieser frühen Feststellung des Paulus zu finden sind. »Gott«, womit Paulus wahrscheinlich den Schöpfervater meinte, »setzte Jesus ein«, »Sohn Gottes« zu sein. Gott war es, der diese Einsetzung vornahm. Bei Paulus gab es nicht die Vorstellung einer Gleichheit Jesu mit Gott oder dessen, was später Inkarnation genannt wurde.

Zum zweiten erklärt Paulus, dass Gott seine Erklärung »mit Macht« und durch den »Geist der Heiligkeit« abgab. Wir müssen festhalten, dass der Heilige Geist nach der Vorstellung des Paulus, noch kein gesonderter und eigenständiger Aspekt Gottes war.

Drittens sagt Paulus, dass Jesus zum Sohn Gottes eingesetzt ist seit seiner »Auferstehung von den Toten«. So bildete für Paulus die Ostererfahrung, die der Kreuzigung folgte, die Basis für den »Sohn-Gottes«-Anspruch, den er im Blick auf Jesus erhob. Paulus scheint die Wundergeschichte einer göttlich initiierten, jungfräulichen Geburt nicht zu kennen. Auf dieser Ebene des theologischen Denkens, auf der die Gotteserfahrung in Jesus erklärt wurde, finden wir eine Auffassung, die später »Adoptianismus« genannt wurde. Das bedeutete, dass Paulus noch etwa sechs Jahre vor seinem Tod die Auffassung vertrat, dass Gott Jesus als Sohn Gottes adoptierte. Dieser Ausdruck bedeutete bei Paulus sicher keine Vorstufe des späteren trinitarischen Denkens. Sogar dieser Adoptivstatus war nach Paulus bis zu seiner Auferstehung noch nicht auf Jesus übertragen worden. Paulus verstand die Erhöhung Jesu in den Himmel als die Bedeutung des Osterereignisses.[40] Gleichzeitig geschah damit in der Vorstellung des frühesten Autors im Neuen Testament die göttliche Einsetzung Jesu als Sohn Gottes. Wahrscheinlich sah man Jesus vor diesem Ereignis nicht als Sohn Gottes an. Es wird an diesem Text deutlich, dass die spätere Entwicklung der Dogmen sich von diesem paulinischen Verständnis weit entfernt hat. Wenn wir das Christentum für neue Möglichkeiten öffnen wollen, müssen diejenigen unter uns, die Gläubige im Exil sind, als Erstes begreifen, dass es nie einen Fundus christlicher Lehren gab, der völlig festgelegt war und unverändert blieb. Der oft zitierte Satz aus dem relativ späten Judasbrief (Judas 3), der meint, dass es so etwas gibt wie einen »überlieferten Glauben, der den Heiligen ein für allemal anvertraut ist«, ist völlig irreführend. Einen solchen Glauben gab es niemals, zumindest nicht als Korpus dogmatischer Feststellungen. Die christliche Verkündigung schritt eher von einfachen, ekstatischen Glaubensaussagen im Laufe der Zeit zu immer komplizierteren, theologischen Formulierungen fort. Sie zeigte sich nie in einer festgelegten Formel, noch hat es eine solche je gegeben.

Etwa zehn bis fünfzehn Jahre, nachdem Paulus seinen Brief an die Römer geschrieben hatte, entstand das Markusevangelium. Dieses zeichnete zum ersten Mal in der christlichen Geschichte biographische Einzelheiten des Lebens Jesu in schriftlicher Form auf. Das war vierzig Jahre nach dem Ende des irdischen Lebens Jesu. Gleich zu Beginn informiert Markus seine Leser darüber, warum er dieses Buch zusammenstellte. Er schrieb in seinem ersten Vers: »Anfang des Evangeliums von Jesus Christus – dem Sohn Gottes«.[41] Markus konnte kaum diese Überzeugung derart formulieren und dennoch die Theorie des Paulus beibehalten, dass »Gott Jesus als Sohn Gottes eingesetzt hat seit der Auferstehung von den Toten.« So hat er die Worte des Paulus seiner Zielsetzung in interessanter Weise angepasst.

Zwei Teile der früheren Erklärung des Paulus nahm er nicht nur auf – er setzte sie sogar in Erzählform um. Markus nahm die Vorstellung des Paulus auf, dass Gott Jesus eingesetzt hat als Sohn Gottes, und beschrieb, auf welche Weise diese Bestimmung erfolgte: Die Stimme Gottes sprach vom Himmel, erklärte Markus, und sagte zu Jesus: »Du bist mein geliebter Sohn, an dir habe ich Gefallen gefunden« (Markus 1,11). Markus lässt Gott das Wort ergreifen und erweitert so die Behauptung des Paulus. Zweitens nahm Markus die Vorstellung des Paulus auf, dass diese Berufung durch den »Geist der Heiligkeit« erfolgte und gab dem eine spezifische Form. Er schrieb, dass »der Himmel sich öffnete« und der Geist »wie eine Taube« in geradezu körperlicher Weise auf Jesus herabkam (Markus 1,10). Wir bemerken, dass Markus der paulinischen Vorlage eng folgte und sie doch weiter entwickelte. Es bleibt deutlich, dass seine eigene Vorstellung von Jesus in starker Weise von Paulus geprägt war.

Aber sehen wir uns an, wie Markus den Zeitpunkt der Einsetzung veränderte. Er wurde ganz absichtlich verschoben. Paulus hatte diese Erklärung auf die Zeit der Auferstehung festgelegt. Doch Markus bringt sie als Teil seiner Eingangsgeschichte, der Erzählung von der Taufe Jesu. Er wollte in seinem Evangelium zeigen, dass die Macht Gottes im Leben Jesu ständig am Werk war. Das wäre nicht möglich, wenn Jesus erst mit seiner Auferstehung zum Sohn Gottes eingesetzt worden wäre. So verschob Markus einfach die paulinische Einsetzung von der Auferstehung auf den Zeitpunkt der Taufe, während er jeden anderen Aspekt der paulinischen Erklärung beibehielt.

Wegen der frühen Einsetzung Jesu als Sohn Gottes schon bei der Taufe musste Markus jedoch mit einigen neuen Schwierigkeiten fertig werden. Weil Markus den Ablauf der Dinge so verschoben hatte, dass der göttliche Status Jesus schon bei seiner Taufe verliehen wurde, musste er erklären, warum die Jünger – wenigstens einige von ihnen – so dargestellt sind, als wüssten sie von der Taufe (Markus 1,9–11),[42] aber dennoch bereit waren, Jesus zu verraten und zu verleugnen, ihn zu verlassen und von ihm zu fliehen, als er verhaftet und gekreuzigt wurde. So verhält man sich nicht gegenüber dem, der von himmlischer Stimme Sohn Gottes genannt wurde. Markus löste dieses Problem, indem er versichert, dass die bei der Taufe erfolgte göttliche Designation Jesu bis zur völligen Offenbarung bei der Auferstehung geheim bleibt. Mit der Theorie des Messias-Geheimnisses, die den Markustext kennzeichnet, versuchte der Verfasser des ersten Evangeliums die Erklärung der Gottessohnschaft Jesu bei der Taufe mit der paulinischen Einsetzung bei der Auferstehung zu harmonisieren. Die Tradition wuchs.

Als Matthäus etwa zehn bis zwanzig Jahre nach Markus und vielleicht fünfzig bis fünfundfünfzig Jahre nach der irdischen Lebenszeit Jesu sein Evangelium schrieb, hatte sich der Zeitpunkt der Verkündigung der Gottessohnschaft Jesu erneut verschoben. Matthäus begann seine Darstellung des Lebens Jesu mit der Geburtsgeschichte. Es war für Matthäus eine unerträgliche Vorstellung, dass Jesus bei seiner Taufe oder bei seiner Auferstehung etwas wurde, das er nicht schon vorher war. So entlehnte Matthäus von Markus die Vorstellung, dass die Auferstehung erst voll offenbarte, was Gott schon bei seiner Taufe verkündet hatte und erweiterte dies so, dass gewissermaßen Taufe und Auferstehung nur das offenbarten, was sich bereits im Augenblick der Empfängnis Jesu ereignete. Mit diesem neuen Ausgangspunkt für seine Erzählung übernahm Matthäus dann alle ursprünglichen paulinischen Aussagen über Jesu göttliche Designation, verschob sie aber schon in die Geburtsgeschichte. Für Matthäus erklärte immer noch Gott, dass Jesus Gottes Sohn ist, wenngleich er diese Erklärung dem Engel in den Mund legt, der Josef mit seiner göttlichen Botschaft im Traum erscheint. Matthäus sagt weiter, dass diese göttliche Natur vorherbestimmt war. Jesu göttlicher Ursprung war tatsächlich schon in den Worten erfüllt, die der Prophet Jesaja sprach (Matthäus 1,22–23; Jesaja 7,14). Nichtsdestoweniger wurde dieser Status auch bei Matthäus durch den paulinischen »Geist der Heiligkeit« vermittelt, obwohl in der Zeit des Matthäus diese Vorstellung schon deutlicher zum »Heiligen Geist« hin entwickelt war. »Das Kind, das sie erwartet, ist vom Heiligen Geist«, verkündet der Engel (Matthäus 1,20). Auch für Matthäus war dieser Geist noch nicht ein eigenständiger Teil des dreieinigen Gottes, aber in diesem Evangelium können Hinweise auf die entstehende Tradition gefunden werden (Matthäus 28,16–20). In der Geburtsgeschichte des Matthäus erschien der Geist tatsächlich, um als männliche Komponente bei der Empfängnis zu wirken. Wir müssen uns jedoch daran erinnern, dass in diesem Augenblick der christlichen Geschichte noch keine Darstellung vom Kommen des Heiligen Geistes als einer eigenständigen Kraft an Pfingsten (Lukas) oder Ostern (Johannes) aufgeschrieben worden war. Als das Matthäusevangelium im neunten Jahrzehnt unserer Zeitrechnung abgeschlossen wurde, hatte Gott Jesus durch den Geist der Heiligkeit oder den Heiligen Geist zum Sohn Gottes erklärt, aber das Datum dieser Erklärung wurde von der Auferstehung, wo sie zuerst und für Paulus angesiedelt ist, und der Taufe, wo Markus sie ansetzt, zum Augenblick der Empfängnis verschoben, wo Matthäus sie hinordnet. Die Geschichte der jungfräulichen Geburt, durch die Matthäus diese Verlagerung erreichte, wird jetzt Teil der Tradition.

Lukas schrieb fünf bis zehn Jahre nach Matthäus. Er verschob die Einzelheiten des Matthäus noch ein wenig und gestaltete seine Darstellung konkreter und geschichtlicher. Aber er behielt den Verlauf der Geschichte im Wesentlichen bei. Der Verkündigungsengel des Lukas ist zum Beispiel weit konkreter gefasst als der Engel bei Matthäus. Bei Lukas hat der Engel einen Namen, nämlich Gabriel (Lukas 1,26). Dieses göttliche Geschöpf erschien nach Lukas persönlich, nicht im Traum. Maria, nicht Josef, war die Empfängerin der Offenbarung des Engels (Lukas 1,28–38). Das Kind der Maria war vom Engel sowohl als »Gottes Sohn« (Lukas 1, 30) als auch als »Sohn des Höchsten« (Lukas 1,32) bezeichnet worden. In diesem dritten Evangelium war Jesus ganz deutlich von der Empfängnis an Gottes Sohn, und doch erklärte Gott noch, als er durch den Engel Gabriel sprach, dass Jesus Gottes Sohn sei durch den Geist der Heiligkeit. »Der Heilige Geist wird über dich kommen« (Lukas 1,35), sagte der Engel. Die ursprüngliche Erklärung des Paulus wurde im Verlauf der Zeit in immer dramatischere Geschichten eingebunden. Der »Geist der Heiligkeit« gewann spezifiziertere Gestalt. Die Designation erfolgte zu einem immer früheren Zeitpunkt, bewegte sich von der Auferstehung über die Taufe zur Empfängnis. Man könnte versucht sein anzunehmen, dass es keinen früheren Zeitpunkt im Leben als die Empfängnis geben kann. Denkt man so, unterschätzt man den Scharfsinn der frühen christlichen Theologen.

Im zehnten Jahrzehnt der christlichen Zeitrechnung war Jesu Identität mit Gott so vollständig geworden, dass man von ihm sagen konnte, er habe diese Identität sogar vor seiner Empfängnis und seiner Geburt. So wurde seine Präexistenz zu einer Kategorie, in der Christen zu sprechen begannen. Es gibt einige, die der Auffassung sind, dass Paulus in seinen letzten Briefen schon auf die Präexistenz hingewiesen habe, so wie im Philipperbrief (2,5–11) und im Kolosserbrief (2,9)[43]. Dem Verfasser des vierten Evangeliums, der etwa um das Jahr 100 schrieb, blieb es eindeutig vorbehalten, dieser Vorstellung zuerst ihren Platz in der biblischen Tradition zu geben.

Es ist interessant festzustellen, dass Johannes aus seinem Evangelium jede Geburtsgeschichte ausließ, obwohl man zu dieser

Zeit diese Tradition sicher breit diskutierte. Darüber hinaus verweist Johannes sogar zweimal auf Jesus als »den Sohn des Josef« (Johannes 1,45; 6,42). Es war, als ob der Verfasser des vierten Evangeliums wenig Verwendung für Geschichten einer jungfräulichen Geburt hatte, die er gut als heidnisch beinflusst angesehen haben konnte. Geschichten von Jungfrauengeburten waren im Mittelmeerraum zu dieser Zeit tatsächlich recht populär.

Johannes scheint anzunehmen, dass für die volle geistliche Entwicklung eines jeden zwei Geburten notwendig sind. Die eine Geburt war die natürliche Geburt im Fleisch. Die zweite Geburt war die geistliche Geburt, die den Status eines Sohnes oder einer Tochter Gottes verlieh (Johannes 3,4–6). Das göttliche Leben Jesu begann für das vierte Evangelium in dem Augenblick, als der Logos oder das Wort Gottes, welches seit Beginn der Schöpfung Teil Gottes war, in die natürliche Ordnung hinein geboren wurde. So gab es für Johannes keine Zeit in der ganzen menschlichen Geschichte, in der Jesus nicht Gottes Sohn war. In diesem Evangelium erfuhr Jesus zwei Geburten. Er war nach dem Fleisch geboren, wahrscheinlich als Kind Marias und Josefs, aber er wurde auch von oben geboren als die Inkarnation des ewigen Logos (Johannes 1,1–14).

Die frühe Feststellung des Paulus hat auf ihrer Wanderung durch die Zeit endlich ihre Grenzen erreicht. Gott hatte Jesus zu seinem göttlichen Sohn erklärt, also tatsächlich zu einem Teil dessen, wer oder was Gott ist. Diese Designation wurde durch den Geist der Heiligkeit bewirkt, der Gestalt gewann und zunächst zum Heiligen Geist wurde und dann zu einer Wesenheit Gottes. Der Zeitpunkt der Erklärung Jesu zum Sohn Gottes bewegte sich immer weiter in der Zeit zurück, nämlich von der Auferstehung über die Taufe zur Empfängnis und schließlich zu den Ursprüngen der Schöpfung selbst.

Die Verfasser des Neuen Testaments sahen sich demselben Interpretationsbedürfnis am anderen Ende des Lebens Jesu gegenüber. Wieder einmal war das Verständnis Gottes als eines überirdischen Wesen die treibende Kraft bei der Entwicklung dieser Erklärungen. Wenn diese theistische Gottheit durch die Jungfrauengeburt oder eine Inkarnation in das Leben Jesu eingetreten war, dann musste es auch eine Zeit geben, zu welcher der in ihm gegenwärtige Gott wieder in die himmlische Wohnung zurückkehrte, in der Gott jenseits der Welt wohnte. Wieder können wir den Fortschritt dieser theologischen Reise in den biblischen Geschichten verfolgen.

Zuerst schrieb Paulus, der noch die passive Form für die Beschreibung der Gott-Jesus-Beziehung benutzte, dass Jesus durch Gott von den Toten auferweckt wurde. Für Paulus ist diese Auferweckung das Werk Gottes. Jesus wurde auferweckt. Er ist nicht durch eigene Macht auferstanden. Für Paulus wurde Jesus aus dem Grab in das Leben Gottes auferweckt, nicht zurück zu einem Leben auf Erden. Was wir heute Auferstehung und Erhöhung nennen, war für Paulus offensichtlich eine einzige Handlung.[44] Als später die Auferweckung von den Toten wörtlich genommen wurde, kam es zu zwei Schritten. Zuerst erweckte Gott Jesus von den Toten auf zurück in das Leben in dieser Welt. Dann erhob Gott Jesus, oder genauer Jesus stieg von dieser Welt auf zu dem himmlischen Platz, an dem Gott wohnte.[45] Diese Himmelfahrtsgeschichten finden sich in den späteren Schriften des Lukas (Lukas 24; Apostelgeschichte 1) und Johannes (20,17) erzählt. Aber jede dieser Erzählungen basierte auf der Annahme, dass Gott qua Definition ein Wesen jenseits dieser Welt war und Jesus, wenn er »Gegenwart Gottes« war, »herab«-gekommen sein musste und deshalb auch wieder an seinen Platz zurückzukehren hatte. Wir sehen wiederum einen Prozess, der verdeutlicht, wie sich die Erklärung der Gegenwart Gottes in Jesus im Verlauf der Jahrzehnte entwickelte.

Wenn wir feststellen können, dass die biblischen Erklärungen sich von der ursprünglichen Jesuserfahrung der Menschen unterscheiden, dann können wir beginnen, die tiefere Frage zu untersuchen: Was machte den Kern ihrer Erfahrungen aus? Was hatte es mit diesem Jesus von Nazaret auf sich, dass die Jünger im ersten Jahrhundert zu der erstaunlichen Behauptung brachte, dass »Gott in diesem Christus war«? Können wir diese Erfahrung von der Erklärung trennen? Können wir die Interpretation ablehnen, ohne die Erfahrung zu verwerfen? Verlangt die Respektierung dieser Erfahrung, dass wir uns auch ihrer Erklärung verpflichtet fühlen müssen, die einen theistischen Gott voraussetzt? Wir haben den ersten Schritt zur Jesuswirklichkeit unternommen, aber unsere Reise hat gerade erst begonnen.

6 Jesus, der Retter: Eine Vorstellung, die aufgegeben werden muss

Manchmal muss das tote Holz der Vergangenheit beseitigt werden, damit neues Leben wachsen kann. Im Blick auf die Jesusgeschichte wird dieser Schritt lebenswichtig und dringend. Nicht jedes Bild, das verwendet wurde, um Jesus zu verstehen, ist wert zu überleben. Die älteste Erklärung der Bedeutung Jesu ist nach meiner Auffassung zugleich die Vorstellung, die offenkundig als erste aufgeben werden muss. Ich beziehe mich auf das Jesus-Bild vom »göttlichen Retter«.

Diese Vorstellung tritt heute in zwei Weisen auf. Zunächst erscheint sie in der Rhetorik der traditionellen evangelikalen Prediger, für deren Predigt, sofern es nur die Zeit erlaubt, bestimmte Klischees geradezu charakteristisch sind. Im Wortschwall, der den Predigern leicht von den Lippen geht, hört man die vertrauten Sätze: »Jesus starb für unsere Sünden. Er vergoss sein Blut am Kreuz von Golgota für unsere Erlösung. Wir wurden im Blut des Lammes gewaschen. Durch das Opfer Jesu am Kreuz wurden wir gerettet. Wir sind vom Makel der Sünde auf unserer Seele gereinigt worden.«

Auch wenn die Worte im Detail anders lauten mögen, die Ansichten sind uns geläufig. Sicher haben wir ihr Echo tausendmal gehört.

Zum zweiten lässt sich durch die Jahrhunderte eine weit stärker ausgeklügelte Rhetorik in der christlichen akademischen Theologie vernehmen. Nachdenkliche christliche Führer haben im Rahmen ihrer jeweiligen Weltanschauung Jahrhunderte damit verbracht, das zu entwickeln, was sie »die Theologie des Kreuzes« nennen und als Kernstück der Jesusgeschichte ansehen. Dieser Prozess führte zu vielen Varianten über das Thema, das als ein zentraler Inhalt des christlichen Glaubens angesehen wird: die Lehre von der Versöhnung. Diese Lehre geht einher mit bestimmten Vorstellungen, wozu eine spezifische Sicht des Sinns der Schöpfung, der Fall des menschlichen Lebens in einen Erbsünde genannten Zustand und das rettende Werk Jesu gehören, das zu einer Wiederherstellung der ursprünglichen Schöpfung führt. Von diesem Werk Jesu wird gesagt, dass es die Gemeinschaft zwischen Gott und dem Menschen wiederhergestellt hat, was die Lehre von der Versöhnung feiert.

Die Rede von der Erbsünde und der Versöhnung entwickelte sich in christlichen Kreisen schon vor so langer Zeit, dass sie die Qualität eines heiligen Mantras erlangt hat. Dies bedeutet, dass sie weder in Frage gestellt werden kann noch in ihrer Grundstruktur einer weiteren Erklärung bedarf. Im Licht neuer Umstände wurde sie lediglich angepasst, aber nie neu bedacht. Bei näherer Betrachtung jedoch binden uns diese heiligen Vorstellungen an eine Sicht des menschlichen Lebens, die wir nicht mehr brauchen können, an ein theistisches Gottesverständnis, das in dieser Form geradezu abstoßend ist, an eine magische Sicht Jesu, die unserem Verstand zuwiderläuft, und an die praktische Notwendigkeit für die Kirche, Schuld als eine Vorbedingung für die Bekehrung aufzuweisen. Man braucht nicht genial zu sein, um zu erkennen, dass diese Sicht von Gott und Jesus und auch das korrespondierende Verständnis von Kirche das Exil keinesfalls überleben werden.

Die Anschauung von Jesus als dem Retter ist so selbstverständlich geworden, dass man sich kaum ein Christentum ohne sie vorstellen kann. Vielleicht ist damit der Grund gegeben, warum der bevorstehende Zusammenbruch dieses religiösen Systems jetzt so augenfällig scheint. Der Inhalt der Glaubenstradition wurde größtenteils auf die Erlösungsmentalität abgestimmt. Der Taufgottesdienst setzt die Erlösung voraus. Die zentrale eucharistische Feier, die oft als »das Messopfer« bezeichnet wird, vergegenwärtigt in liturgischer Weise die rettende Tat Jesu. Der ganze Bestand der biblischen Tradition wurde so gelesen und erläutert, dass dadurch das besondere Verständnis von Jesus als dem Retter gestützt wird. Das Kreuz oder das Kruzifix als das zentrale Symbol des Christentums proklamieren es. Wir haben es mit einem Zirkelschluss zu tun, in den man schwer eindringt, und doch gibt gerade dieser Zirkel den Hauptzusammenhalt für das ganze bekannte christliche Drama ab. Die verschiedenen Elemente dieser Sicht lassen sich leicht zeigen. Ich will sie deutlich aufzeigen und dadurch ins Bewusstsein heben. Nur dann, so denke ich, wird man sie entfernen können, damit neues Leben hervorkommen kann, das von dieser unzeitgemäßen Perspektive nicht weiter eingeengt wird.

Die Bibel beginnt mit der Schöpfungsgeschichte. Ihr Text versichert, dass die Schöpfung tatsächlich vollkommen und abgeschlossen war. Als Gott alles ansah, was er gemacht hatte – so verkündet die Erzählung – erklärte er, dass alles gut war und ruhte dann von seiner göttlichen Arbeit aus.

Der Höhepunkt dieses Schöpfungsaktes kam, als Gott den Mann und die Frau erschuf. Adam und Eva – so fährt die biblische Erzählung fort – lebten in dieser vollkommenen Welt Gottes, die der Garten Eden genannt wurde. Dort sonnten sie sich in einer vollkommenen Gemeinschaft mit ihrem Schöpfer. Gott versorgte sie mit allem, was sie brauchten. Lebensmittel und Wasser gab es im Überfluss. Gott spazierte in der Abendkühle sogar mit den Menschen in trauter Gemeinsamkeit durch den Garten. Dem Text zufolge waren aber in diesem Paradies Grenzen gesetzt. Das erste menschliche Paar hatte Zutritt zu allem und jedem, was es im Garten gab, mit einer Ausnahme. Dabei handelte es sich um den Baum der Erkenntnis des Guten und des Bösen, der in der Mitte des Gartens stand. Die Frucht dieses Baumes war »die verbotene Frucht«. Den Menschen war nicht erlaubt, Früchte dieses Baums zu essen, denn es war ihnen gesagt worden, dass ihnen die Augen aufgehen würden, sobald sie davon äßen und Gut und Böse unterscheiden könnten. Dies war ein faszinierender Mythos, der während des größten Teils der christlichen Geschichte wörtlich aufgefasst wurde (Genesis 2,5–3,24).

Eine Frucht, die verboten ist, übt eine enorme Anziehungskraft auf den menschlichen Geist aus. In der biblischen Geschichte betrachteten Adam und Eva zunächst diesen Baum und seine Früchte. Dann spazierten sie um ihn herum und fantasierten so lange über die Frucht, bis sie ihrem Verlangen nicht mehr widerstehen konnten. Schließlich hörten sie auf die Stimme der Versuchung. Diese erschien in Gestalt einer klugen Schlange. Und nachdem sie über das nachgedacht hatten, worauf sich ihre Sehnsucht richtete, missachteten sie das Verbot und aßen von der Frucht des verbotenen Baums. Sie hatten Gott nicht gehorcht. Die Vollkommenheit der Schöpfung war dadurch zerstört worden. Das menschliche Leben war in Sünde gefallen.

Nach der biblischen Geschichte traten die Folgen dieses Sündenfalls sofort und dauerhaft ein. Adam und Eva gingen die Augen auf. Sie nahmen sich als von Gott getrennte Einzelwesen wahr. Sie fühlten Scham und Schuld. Sie bedeckten ihre Nacktheit mit Feigenblättern. Als Gott kam, um mit Adam und Eva an besagtem Abend spazieren zu gehen, sahen sie diesen Gott nicht mehr als ihren Schöpfer und die Quelle ihres Lebens an, sondern als ihren Richter, der ihre Schuld aufdeckte. So versteckten sie sich vor dieser Gottheit hinter den Büschen im Garten Eden. Die Gemeinschaft war zerbrochen. Selbstbewusster Egoismus war die unvermeidbare menschliche Reaktion.

Als Gott bemerkte, dass diese Geschöpfe sich hinter den Büschen versteckten, wurde die Tatsache des Falles offenkundig. Eine göttliche Untersuchung begann. Es zeigte sich das typisch menschliche Muster! Entschuldigungen wurden vorgebracht, um andere anzuschwärzen. Die gefallenen Menschen konnten nicht einmal die Verantwortung für ihre eigenen Handlungen auf sich nehmen. Adam beschuldigte Eva und Gott. Eva, sagte er, war der Grund für diesen Fall, aber Gott hatte Eva geschaffen. Das war ein faszinierendes Argument. Eva ihrerseits beschuldigte die Schlange. Die Strafe folgte auf dem Fuß.

Das erste Menschenpaar wurde aus dem Garten Eden verbannt. Das Paradies war verloren. Wie die Geschichte versicherte, war von diesem Augenblick an das Leben ein Kampf. Die Schlange muss für alle Ewigkeit auf dem Bauch kriechen und

Staub fressen. Die Frau muss beim Wachstum der menschlichen Familie die Schmerzen der Geburt erleiden. Der Mann muss in einem nie endenden Überlebenskampf seinen Lebensunterhalt im Schweiße seines Angesichtes verdienen. Schließlich werden alle sterben. Die Unsterblichkeit, die sie als Geschöpfe hatten, die nach Gottes Abbild erschaffen wurden, gab es nicht mehr. Sterblichkeit sollte von nun an das allgemeine Schicksal all derer sein, die von der ursprünglichen Sünde Adams und Evas gezeichnet waren. Ein Engel mit gezogenem Schwert wurde an den Eingang des Gartens Eden postiert, um die Mitglieder der menschlichen Familie für immer aus dem Paradies fern zu halten. Das menschliche Leben musste in Kampf, Schmerz und Tod irgendwo östlich von Eden gelebt werden. Weil die ersten Menschen so gesündigt hätten, würde alles menschliche Leben danach in Sünde geboren werden und, so wurde weiter versichert, müsste den Tod als letzte Konsequenz der menschlichen Sünde erleiden. Die Universalität der menschlichen Sterblichkeit wurde als Zeichen der alles umfassenden Sünde verstanden. Es war die Erbsünde, die alle in Mitleidenschaft zog. Alles was lebte, brauchte Erlösung. Alles Leben schrie nach einem Retter. Dies wurde zum zentralen Schluss für die christliche Geschichte, wie sie traditionellerweise verkündet wurde.

Diesen Argumenten entsprechend begann Gott das Werk der Erlösung. Er wählte ein bestimmtes Volk aus, um durch es den ganzen göttlichen Prozess der Versöhnung auszuführen. Warum Gott dies über Jahrtausende tun musste, wurde nicht angesprochen, gewissermaßen als ob man sagen wollte, dass das nun einmal so war.

Die christliche Geschichte der Erlösung wurde in der Form dieses Mythos erzählt. Die Erlösung begann in einem sehr kleinen Maßstab, mit der Berufung Abrahams (Genesis 12,1–3). Die Nachkommen Abrahams sollten schließlich ein Volk werden, zahlreicher als die Sterne am Himmel oder die Sandkörner am Meer (Genesis 22,17). Als diese Nation sich entwickelte, wurde sie regelmäßig geläutert. Isaak wurde vor Ismael, Jakob wurde vor

Esau erwählt, Juda und Josef vor dem erstgeborenen Ruben (1 Chronik 5,1.3). Durch Josef kam dieses Volk nach Ägypten, um sich dort niederzulassen und dem Hunger zu entgehen. Im Laufe der Zeit gerieten sie in Sklaverei. Die Geschichte der Erlösung begann jedoch erneut vierhundert Jahre später mit Mose und dem Auszug aus Ägypten.

Nach der Befreiung aus der Unterdrückung wurde das Volk Israel von Gott durch Mose zum Berg Sinai geführt. Dort wurde das Gesetz Gottes, Tora genannt, dem Volk gegeben (Exodus 19–20). Das Gesetz war der Schulmeister, der die gefallenen Menschen in den Stand der Gnade zurückführen sollte.[46] Die Hoffnung auf endgültige Erlösung von ihrem Fall lag in der Linie dieses Prozesses, denn die Vorstellung entwickelte sich und erhielt mehr und mehr Zustimmung, dass, wenn ein Kind des Volkes Israel vierundzwanzig Stunden lang jeder Forderung der Tora nachkäme, das Königreich Gottes anbrechen und ein neuer Garten Eden errichtet würde. In ihm würde Gottes Ordnung für immer beachtet werden. Das Gesetz war also dazu bestimmt, Israel aus dem Zustand des gefallenen, sündigen menschlichen Lebens herauszuführen. Keines der Kinder Israels hat je das Gesetz vierundzwanzig Stunden lang vollkommen gehalten. So ging in der Geschichte die Suche nach der Erlösung weiter.

In der alten Welt wurde ein Opfersystem entwickelt, das helfen sollte, die Kluft zu überwinden, die man sich zwischen den Geschöpfen und dem Heiligen Gott vorstellte. Israel nahm an diesem Opfersystem teil. In seinem liturgischen Leben entwickelte Israel einen Tag, Yom Kippur genannt, der dieser Empfindung menschlicher Sündhaftigkeit gewidmet und zum Gebet für Versöhnung oder Erneuerung bestimmt war. Zwei Rituale bestimmten diesen Tag. Das eine bestand darin, die Sünden des Volkes öffentlich zu bekennen, die dann zeremoniell einer Ziege aufgeladen wurden. Mit den Sünden des Volkes beladen wurde die Ziege, Sündenbock genannt, in die Wildnis gejagt. Man glaubte, dass er die Sünden des Volkes mit sich trug und es auf diese Weise reinigte (Levitikus 16).

Das zweite Ritual an Yom Kippur war die Opferung des Lammes der Versöhnung (Levitikus 23,26–32). Für diesen Ritus wurde das Lamm sorgfältig inspiziert, um sicher zu sein, dass es körperlich ohne Fehler war. Es durfte keinen Kratzer, keinen Makel und keine gebrochenen Knochen haben. Das menschliches Leben, das so von Gott entfremdet, so in Sünde gefallen war, musste symbolisch durch etwas Vollkommenes vor Gott gebracht werden. Nur ein körperlich perfektes Lebewesen konnte einem Teil dieser Forderung entsprechen. Weil das Lamm kein menschliches Wesen war, konnte es nicht der Unmoral geziehen werden, denn die Moral verlangt die Fähigkeit, frei wählen zu können. So wurde ein moralisch und körperlich perfektes Lebewesen, wenngleich unter dem Menschen angesiedelt, Gott als Opfer dargebracht, um so für die Sünden des Volkes zu sühnen, sogar dafür zu zahlen. Man nahm an, dass Menschsein zugleich bedeutete, Sünder zu sein. Paulus formulierte dies später so: »Alle haben gesündigt und die Herrlichkeit Gottes verloren« (Römer 3,23). So waren der Erlass des Gesetzes und der Prozess des Opfergottesdienstes Zwischenschritte, die die Menschen übernommen hatten, um mit der angenommenen hoffnungslosen Sündhaftigkeit des Volkes fertig zu werden. Mensch zu sein bedeutete böse, in Sünde gefallen und der Rettung bedürftig zu sein.

Die frühen christlichen Führer sahen in der prophetischen Bewegung in Israel einen weiteren Schritt in dem nie endenden Versuch Gottes, seine gefallene Schöpfung zur Vollkommenheit zurückzuführen, die das göttliche Ziel des Schöpfungsaktes war. Die Propheten waren charismatische Stimmen Gottes. Sie standen außerhalb der bestehenden Machtstrukturen und sollten die Menschen dazu bewegen, auf den Weg der Gerechtigkeit zurückzukehren. Normalerweise versagten die Propheten in ihrer Mission. Aber dennoch verfolgten sie anhaltend ihr Ziel. Dem Schicksal der meisten Propheten entsprechend wurden sie aber erst lang nach ihrem Ableben gewürdigt. Propheten neigten dazu, entweder verbannt oder getötet zu werden, aber ihre

Botschaften brannten hell, wurden aufgeschrieben und gelesen (Matthäus 23; Lukas 13,34). Wenn es den Propheten auch nicht gelang, das Volk zu seiner Bestimmung in den Garten Eden zurückzuführen, sagte man ihnen doch nach, dass sie wenigstens auf die kommende Zeit hingewiesen hatten, in der die Erlösung schließlich vollendet und die Rettung zu guter Letzt erreicht werden würde.

Die Überzeugung, dass die Menschen Sünder waren und die Erlösung brauchten, führte dazu, dass Schuld und Religion in der Geschichte der westlichen Welt überaus eng miteinander verbunden waren. Die Macht der westlichen Religion beruhte immer auf der Fähigkeit religiöser Menschen, das Gefühl menschlicher Unzulänglichkeit so zu begreifen und so zu manipulieren, dass sogar sie als Schuld empfunden wurde. Dieses religiöse System nimmt an, dass der Sinn des Lebens darin besteht, es ganz, frei und im Einklang mit seinem Schöpfer zu leben. Dadurch gewann das Gefühl der Entfremdung seine Stärke. In diesen alten Zeiten dachte man fast überall, dass die Quelle des Lebens eine überweltliche, übernatürliche Macht ist, die alles sah und alles wusste, gewissermaßen ein himmlischen Eltern entsprechendes Wesen. Dies war der Gott, »der den Grund unserer Herzen kennt« (Psalm 44, 22). Angesichts dieses persönlichen und richtenden Gottes versuchten die Menschen, sich zu verstecken, weil sie wussten, dass sie nicht dem entsprachen, wozu sie erschaffen waren. Und im Laufe der Zeit nahm man schließlich an, dass das Schicksal, sich zu verstecken, Teil unseres Menschseins ist. Wir verstecken uns vor Gott, voreinander, vor uns selbst. Seit es menschlich war, böse zu sein, war es auch menschlich, sich zu verstecken. Es war menschlich zu heucheln. Die religiösen Führer aller Zeiten lernten, dass die Kontrolle des menschlichen Verhaltens darauf beruhte, diese menschlichen Schuldgefühle einzuschärfen. So wurden religiöse Machtstrukturen aufgebaut, die dazu dienten, Menschen dazu zu bringen, mit einem Schuldgefühl zu leben (und die es auch zu einem gewissen Grad ermöglichen, es zu überwinden). Bekenntnis, Strafen,

Gelübde und Totenmessen waren nur ein paar Hebel für die Schuld, die in die christliche Institution eingebaut waren, die die westliche Welt beherrschte.

Zu dem Geniestreich, der den Erfolg der kirchlichen Macht ermöglichte, kam es, als die tief gehenden Schuldgefühle des Menschen wegen seiner Mängel und seines Versagens mit seinem Begehren, besonders mit dem sexuellen Begehren, verbunden wurden. Diese Verbindung war weitgehend eine christliche Errungenschaft. Wo immer jetzt sexuelle Begierde auftrat, wurde die Schuld überwältigend. Heiligkeit wurde als sexuelle Enthaltsamkeit definiert. Das Verlangen, das einander liebende Menschen, zur gemeinsamen Erfüllung drängte, wurde verdammt. Frauen wurden dazu gebracht, sich schuldig zu fühlen, weil sie Frauen waren, schuldig, wenn sie menstruierten, schuldig, wenn sie einen Mann liebten, schuldig, wenn sie heirateten, schuldig, wenn sie Kinder hatten. Es gab nur eine tugendhafte Frau, und diese war eine jungfräuliche Mutter. Männer wurden dazu gebracht, sich schuldig zu fühlen, wenn sie sexuelles Begehren verspürten, schuldig, wenn sie Macht hatten, schuldig, wenn sie eine Frau liebten. Das System war umfassend. Sex war böse. Sex war universal. Das Böse war universal. Das wurde das Erbe Adams genannt. Wir waren gefallene Geschöpfe, die Rettung brauchten. Dies war die allgemeine Lebensauffassung, welche die Botschaft der westlichen Religion im Allgemeinen und das Christentum im Besonderen formte. Wie konnte die Schuld überwunden werden? Wie konnte unsere zerbrochene Menschheit geheilt werden? Wie konnte das menschliche Leben von seinem Fall gerettet werden? Das waren die Fragen, die zu beantworten das Christentum sich selbst in Stand brachte.

Die Jesuserfahrung wurde in diese Vorstellungswelt eingefasst. Die Verbindung zwischen unserer Unzulänglichkeit und der Rolle Jesu vollzog sich sehr schnell und tauchte bereits auf, bevor die erste Generation der Christen verstorben war. Der erste Schritt in dieser Entwicklung bestand darin, Jesu Tod im Schema von Sünde und Erlösung zu sehen. Dieser Schritt war bereits zu der Zeit vollzogen, als Paulus in der Mitte der fünfziger Jahre an die Korinther schrieb, Christus starb, so sagte Paulus, »für unsere Sünden« (1 Korinther 15,3). Unsere Sünden machten irgendwie seinen Tod erforderlich. Er war das Opfer, das für uns erbracht wurde.

In dem zuerst geschriebenen Evangelium wurde das Wort *Lösegeld* gebraucht (Markus 10,45). Jesu Leben war ein »Lösegeld« für viele. Das Markusevangelium war das erste, das wahrscheinlich dem Vorschlag des Paulus folgend die Einzelheiten der Erzählung über Jesu Tod in den Zusammenhang des Passahfestes stellte. So wurde Jesus schnell und unmittelbar mit dem Passahlamm identifiziert, das getötet wurde, um die Macht des Todes zu brechen.[47] Diese Geschichte aus dem Buch Exodus bildete die Mitte der jüdischen Liturgie für die Feier der Befreiung des Volkes aus ägyptischer Knechtschaft. Gott hatte ihre Flucht aus der Sklaverei ermöglicht, indem er den Engel des Todes sandte, um die Erstgeborenen in ganz Ägypten zu töten. Die Israeliten blieben verschont, wenn sie das Passahlamm schlachteten und das Blut dieses Lammes an die Türpfosten ihres Hauses strichen. In der christlichen Neuinterpretation dieses Ereignisses wurde das Blut des Passahlammes durch das Blut Jesu ersetzt. Dieses neue Passahlamm hatte sein Blut am Kreuz vergossen, das als Türpfosten der Welt verstanden wurde, an dem die Macht des Todesengels zerbrach. Durch das Blut dieses neuen Passahlammes gerettet konnten die Menschen vor Gott treten. Die Sicht Jesu als Retter der gefallenen Menschheit nahm einen großartigen Anfang.

Als wahrscheinlich in den achtziger Jahren der Brief an die Hebräer geschrieben wurde, war der Zyklus komplett. Denn diese Schrift verankerte die Idee im christlichen Denken, dass Jesus in seinem Tod das vollkommene Opfer war, das für den Versöhnungsritus an Yom Kippur gesucht worden war. Jesus war zunächst körperlich vollkommen. »Er behütet all seine Glieder, nicht eines von ihnen wird zerbrochen« (Exodus 12,46; Psalm 34,21; Johannes 19,36). Er war ebenso ohne Sünde. Er war der vollkommene Sohn Israels, der alle Forderungen der Tora erfüllte und den Status moralischer Vollkommenheit besaß. So machte sein Opfer alle anderen Opfer überflüssig. Die gähnende Kluft, die das menschliche Leben von Gott trennte, war überwunden worden. Gott, so sagte man, hatte seinen Sohn gesandt, um »den Preis für die Sünde zu zahlen«, und um das vollkommene Opfer zu sein, das alle Fesseln zerbrach, mit denen das menschliche Leben durch Sünde und/oder den Teufel gebunden war. Er hatte den Sündenfall überwunden und die Kraft des Todes gebrochen. »Denn wie in Adam alle sterben, so werden in Christus alle lebendig gemacht werden« (1 Korinther 15,22), sagt Paulus im Blick auf Jesus.

Als dieses Verständnis des erlösenden Werkes Christi in der christlichen Geschichte weiterentwickelt wurde, bereitete Augustin, der Bischof von Hippo (354–430) und einer der ersten theologischen Denker der westlichen Welt, die Bühne für eine Interpretation Christi, die über mehr als tausend Jahre Bestand hatte. Er festigte die Beziehung zwischen Jesus und der gefallenen Welt, indem er die Theorie der in Jesus vollendeten Versöhnung entfaltete. Für Augustin waren Adam und Eva im wörtlichen Sinn die ersten Menschen. Ihre Vertreibung aus dem Garten Eden führte dazu, dass der Tod der Preis war, den alle Menschen für ihre Sünde zu zahlen hatten.

Der Tod war nicht natürlich, er war eine Strafe, argumentierte Augustin. Die Sünde Adams wurde durch den Zeugungsakt jedem anderen menschlichen Wesen weitergegeben. Die Verbindung zwischen Sünde und Sex war damit klar etabliert. Alle menschlichen Wesen waren verloren, unfähig sich selbst zu retten, und dazu bestimmt, in ihrer Sünde zu sterben. Diese Universalität der Sünde hatte Jesus zerbrochen. Er erlitt die Folgen der Sünde, er bezahlte entweder Gott oder dem Teufel das Lösegeld und zerbrach die Macht des Todes über das menschliche Leben. Er nahm den Stachel des Todes weg, welcher die Sünde war. Er raubte dem Tod seinen Sieg. »Tod, wo ist dein Sieg, Tod, wo ist dein Stachel?« Paulus fuhr fort und sagte: »Der Stachel des Todes aber ist die Sünde« (1 Korintherbrief 15,55–56).

Bei der Ausarbeitung dieses theologischen Verständnisses des Lebens wurde Augustin die Tradition der Jungfrauengeburt sehr wichtig. Die Berichte über die Jungfrauengeburt waren für Augustin buchstäblich wahr, und sie waren für das Erlösungswerk selbst absolut notwendig. In der Tat hätte für Augustin die Erlösung nicht ohne die wörtlich genommene Jungfrauengeburt erreicht werden können.[48]

Die Überlegungen, die zu dieser Auffassung führten, waren klar. Adams Sünde wurde auf sexuellem Weg vom Vater auf den Sohn weitergegeben. Menschliches Leben wurde mit der Sünde Adams geboren, der niemand entfliehen konnte. Ein Retter, der die erlösende Tat bewirken sollte, konnte nicht selbst ein Opfer der Sünde Adams sein. Diese Trennung Jesu von der menschlichen Sünde des Sündenfalls bewirkte für Augustin die jungfräuliche Geburt. Die Sünde Adams verdarb die menschliche Natur Jesu nicht, weil der Heilige Geist Gottes sein Vater war. Auf diese Weise war er überhaupt kein Kind Adams. Zu dieser Zeit nahm man an, dass die Frau weder physisch noch genetisch etwas zur Geburt des Kindes beitrug, sondern lediglich den männlichen »Samen« bis zu seiner Reife ernährte. Das Gefallensein der menschlichen Natur der Frau bildete deshalb hier kein Problem.

Zu einer Zeit jedoch, in der man die Rolle der Frau als genetische Mitschöpferin begriffen hatte, mussten diese Fragen neu bedacht werden, damit der Retter nicht über seine Mutter durch die Sünde Adams verdorben wird; denn sie war auch Adams Tochter. Dieses Problem wurde in der katholischen Tradition des neunzehnten Jahrhunderts durch die Lehre von der unbefleckten Empfängnis der Seligen Jungfrau gelöst. Auch sie war wundersam von der Verderbnis durch Adams Sünde befreit. Ihre Empfängnis war von menschlicher Sünde unbefleckt. Das Eingreifen der Macht Gottes bewahrte die Jungfrau aufgrund ihrer unbefleckten Empfängnis davor, die Folgen der Sünde Adams an den Retter weitergeben zu müssen. Damit war die Erlösung sichergestellt. Jesus, der Sündenlose, war nun durch seine Abstammung qualifiziert, das vollkommene Opfer zu bringen. Indem er das tat, nahm er die Sünde der Welt weg. Sein Blut wusch uns Menschen rein. Durch das Blut Christi wurden wir gerettet (Römer 5,9; Hebräer 9,12; 1 Petrus 1,19). In dieser Weise wurde die Erlösung bei den frühen Christen verstanden.

Religiöse Denker hoben diese Themen auf eine neue Verständnisebene. Das geschah, als Bücher über die Lehre von der Buße und die Theologie des Kreuzes veröffentlicht wurden.[49] Als diese Vorstellung in der frühen Kirche entwickelt wurde, verband sich mit dem Bild Gottes ein Verständnis der Gerechtigkeit, das – wie man dachte – ein Blutopfer forderte, so barbarisch das heute klingen mag. Ein Text aus dem Hebräerbrief (9,22), der feststellte, dass es »ohne Blutvergießen keine Vergebung gibt«, wurde dazu gebraucht, diesen Gesichtspunkt zu rechtfertigen. Dann sprach man davon, dass Gott dieses Opfer von Jesus verlangte. Der leidende Gottesknecht aus Deuterojesaja wurde auf Jesus bezogen: »Durch seine Wunden sind wir geheilt.« Gott, der Vater, hieß es, hatte alle unsere Missetaten auf den Sohn gelegt (Jesaja 53,5–6). In der evangelikalen Tradition des neunzehnten Jahrhunderts drangen diese Themen in das Liedgut der Christenheit ein, und so sangen wir davon, dass wir »im Blut des Lammes gewaschen« sind oder »durch das Blut Jesu gerettet« wurden. Wir sangen sogar von dem Brunnen, der mit seinem reinigenden Blut gefüllt ist. Und Prediger sprachen in der Auslegung dieser Themen: »Gott nagelte für unsere Errettung seinen Sohn an das Kreuz.« Immer wieder spielten Variationen über dieses Thema in der christlichen Geschichte eine Rolle.

Selten haben Christen innegehalten, um die Blutgier zu erkennen, zu der sie Gott gebracht hatten. Ein menschlicher Vater, der seinen Sohn ans Kreuz nageln würde, würde wegen Kindesmisshandlung verhaftet werden. Doch von Gott wurde solches fortgesetzt verkündet, gerade so als ob Gott dadurch heiliger und anbetungswürdiger würde.

Wir müssen erkennen, dass hinter all diesen Bildern durchgehend die Vorstellung stand, dass die Menschen von der ursprünglichen Zielsetzung der Schöpfung abgefallen waren. Auf der Notwendigkeit, diesen Fall zu korrigieren, in der Welt die von Gott beabsichtigte Vollkommenheit der Schöpfung wiederherzustellen, basierte der Plan, der der Errettung zugrunde lag. Jesus hatte als Gott/Mensch die Rolle des Retters zu übernehmen. Er war der himmlische Gott, der jenseits des Firmaments thront, weshalb er auch zu unserer Errettung »herabgekommen« ist. Er war auch Mensch; unberührt von der Sünde Adams betrat er als Erlöser die menschliche Arena. Doch, obwohl er unschuldig war, erlitt er die Folgen des Falles Adams, denn es war seine Rolle zu sterben. In seinem Tode brach er wie das Passahlamm die Macht des Todes und wie das Tier, das an Yom Kippur geopfert wurde, war er nicht nur das vollkommene Opfer, sondern er nahm auch die Sünden der Welt hinweg. Jesus erreichte all dies durch seine Kreuzigung, die als Moment des Opfers verstanden wurde. Die Auferstehung war das Zeichen dafür, dass Gott das Opfer annahm, das am Kreuz auf Golgata gebracht worden war. In der Annahme des Kreuzestodes als Opfer bereitete Gott die Überwindung des Todes durch die Auferstehung vor. Insgesamt haben wir es mit einem geschickten und klugen theologischen System zu tun.

Jedoch: Viele von uns können in zunehmendem Maße dieses christliche Verständnis nur schwer nachvollziehen und glauben. Ich würde mich ekeln und mich eher abwenden, als eine solche Gottheit anzubeten, die das Opfer des eigenen Sohnes verlangte. Aber auch auf vielen anderen Ebenen hat sich in unserer postmodernen Welt dieses ganze theologische System mit all seinen seltsamen Voraussetzungen entzaubert. Nun muss es ganz bewusst aus dem Christentum entfernt werden.

Diese Auflösung begann mit der Erkenntnis, dass Adam und Eva nicht die ersten vorgeschichtlichen Eltern waren und nicht alles Leben von ihnen beiden abstammte. Die Evolutionstheorie verwies die Geschichte von Adam und Eva im günstigsten Fall in das Reich der Legende. Für das religiöse Establishment war es nicht leicht, die Evolution zu akzeptieren, und selbst heute erheben sich in abgelegenen Gebieten noch Stimmen, die ihr widersprechen. Diese Stimmen werden keinen Erfolg haben. Menschliches Leben hat sich unverkennbar in einem annähernd fünf Milliarden Jahre dauernden Prozess entwickelt. Es gab keine ersten Eltern, und deshalb konnte es auch keinen prähistorischen Akt des Ungehorsams dieser Eltern geben, der sich möglicherweise auf die ganze Menschheit hätte auswirken können. Dem Mythos war so der Todesschlag versetzt worden, und die alles beherrschende Geschichte der Erlösung, die christliche Apologeten über lange Zeit aufgebaut hatten, begann zu wanken.

Die erste Verteidigungslinie bestand darin, dass man Adam und Eva nicht mehr wörtlich nahm, sondern sie symbolisch verstand. Auch die wörtlich genommene Geschichte vom Leben im Garten Eden wurde zu einer symbolischen Geschichte der menschlichen Vertreibung aus der Vollkommenheit, die Gott für uns in seiner Schöpfung vorgesehen hatte.

Man sagte, dass die Menschen sich durch ihre eigene Natur von Gott entfremdet hatten. Das wurde zur neuen Definition der Sünde. Es war kein vorgeschichtlicher Akt oder irgendeine andere Handlung. Es war eher eine Beschreibung unserer Existenz. Es war ontologisch. Dies machte die Sünde zur conditio humana. Nur Menschen waren durch die Sünde verdorben, denn nur sie erinnerten sich daran, wozu sie ursprünglich erschaffen wurden. »Du hast uns nur für dich gemacht«, schrieb Augustin, »und unsere Herzen sind unruhig, bis sie ruhen in dir.«[50] Tiere rieben sich unter den Bedingungen ihres Lebens nicht auf. Tiere widerstanden dem Tod nicht, es sei denn, er kam zu früh und mit Gewalt. Für sie war der Tod natürlich, aber nicht für die, die als Gottes Ebenbild geschaffen worden waren. Die Geschichte von Adam und Eva wurde so zu einer Parabel über den Sinn des Lebens umgeformt, das für Gott bestimmt war, aber in der Entfremdung von Gott sich vollzog. Diese Entfremdung war die Erbsünde. Die Geschichte vom Sündenfall wurde so zu einer Geschichte über das Heraufdämmern des menschlichen Selbstbewusstseins. Das war eine interessante Verschiebung vom wörtlichen zum symbolischen Verständnis, das den Mythos vielleicht noch für ein weiteres Jahrhundert rettete.

Diese Verschiebung konnte ihn jedoch nicht für alle Zeit retten. In der Anstrengung, Adam und Eva von geschichtlichen Gestalten zu symbolischen Größen zu transformieren, haben die meisten nicht bemerkt, dass Darwin eine noch größere Schwierigkeit für diese vormoderne Einstellung bereithielt, die nicht einfach durch die Überwindung des wörtlichen Verständnisses von Adam und Eva gelöst werden konnte. Darwin hatte erfolgreich die Vorstellung von der Güte der Schöpfung infrage gestellt.

Von der Schöpfung zu sagen, dass sie gut sei, bezog mit ein, dass das Werk der Schöpfung vollendet ist. Darwin aber machte bewusst, dass die Schöpfung nicht einmal jetzt beendet ist. Galaxien werden immer noch gebildet. Auch das menschliche Leben entfaltet sich noch. Plötzlich brach das ganze mythologische System zusammen, in das Christus eingebunden war. Was ist Sünde? Sie ist keine Entfremdung und kann nie eine Entfremdung von der Vollkommenheit sein, die Gott für uns in seiner Schöpfung beabsichtigt hatte; denn so etwas wie eine vollkommene Schöpfung gibt es nicht. So gab es also auch keinen Sündenfall. Aber es gibt die Vorstellung, nach der alle Menschen noch in einen Kampf verwickelt sind, ihr tiefes und wahres Ich zu finden. Wir Menschen sind langsam aber sicher in Milliarden von Jahren dauernder Evolution entstanden. In keinerlei wörtlichem Sinn sind wir als Gottes Ebenbilder erschaffen worden. Wir entfalteten uns aus den niederen Formen des Lebens und entwickelten zuletzt ein höheres Bewusstsein. Das Ziel der Schöpfung ist nicht notwendigerweise mit dem Aufkommen menschlichen Lebens erreicht, denn menschliches Leben, wie wir es kennen, ist erst vor kurzem in die Geschichte eingetreten.

Es gibt auch heute ausreichende Gründe dafür zu glauben, dass es bei der Lebensform, die homo sapiens genannt wird, nicht ewig bleibt. Wir haben das Nest unserer Umwelt so gründlich verschmutzt, wir haben die Welt so unverantwortlich übervölkert, wir haben so vollkommene Massenvernichtungswaffen entwickelt, dass das menschliche Überleben geringe Chancen hat. Im Blick auf das vergangene als auch auf das zukünftige Leben auf diesem Planeten scheinen wir menschlichen Wesen eher zufällig auf dieser Welt zu sein. Das Leben kann ganz gut weitergehen, ohne dass es Menschen gibt. Doch alle unsere grundlegenden religiösen Vorstellungen und Erklärungen gehen noch von einem radikal anthropozentrischen Universum aus. Vor allen anderen Überlegungen steht die Bedeutung des menschlichen Lebens im Mittelpunkt aller religiösen Systeme.

Was könnte das Konzept des urgeschichtlichen Sündenfalls des menschlichen Lebens möglicherweise für jene Geschöpfe bedeuten, die erst vor kurzer Zeit die Bühne des Weltgeschehens betraten und die nicht den Eindruck erwecken, dass ihr Auftritt von Dauer sein wird? Wie kann es einen Sündenfall geben, wenn es nie eine Vollkommenheit gab, aus der man fallen konnte? Was ist das für eine Gottheit, die von uns ein Opfer verlangt, um eine Kluft zu überwinden, die es heutigem Verständnis entsprechend überhaupt nicht gibt? Warum sollte jemand noch mit der Vorstellung des göttlichen Retters konfrontiert werden, der mit seinem Selbstopfer den Preis für die Sünde bezahlt? Das traditionelle Verständnis der Erlösungsgeschichte und die verschiedenen Versöhnungstheorien brechen an diesem Punkt zusammen. Das schließt die Interpretation ein, die wir traditionellerweise mit dem Kreuz auf Golgota verbunden haben. Alle diese Erklärungen binden uns ein in die Vorstellung einer überirdischen Gottheit, die wie eine kapriziöse menschliche Autoritätsperson handelt, die über das menschliche Verhalten nicht erfreut ist und irgendeine Art von Wiedergutmachung fordert. Sie binden uns ein in ein Verständnis menschlichen Lebens als sündig und gefallen. Aber diese überweltliche Gottheit ist heute ganz einfach tot, und Sichtweisen des menschlichen Lebens, die uns dazu zwingen, von erlösendem Handeln, von Opfern und Geschichten göttlichen Eingreifens zu träumen, sind einfach unsinnig. So ist der weitaus größte Teil der traditionellen christlichen Sprache einfach unbrauchbar geworden. Jesus als Agent göttlichen Erlösungshandelns ist kein Jesus, der Anziehungskraft auf die Menschen dieses Jahrhunderts hätte oder mit ihnen wird kommunizieren können.

Wir Menschen leben nicht in Sünde. Wir sind nicht in Sünde geboren. Wir haben es nicht nötig, dass der Makel der Erbsünde in der Taufe von uns abgewaschen wird. Wir sind keine gefallenen Geschöpfe, die ihr Heil verlieren, wenn sie nicht getauft werden.

Wir sind vielmehr aus unserem Entwicklungsprozess hervorgegangen und werden immer noch geformt. Unsere fehlende Vollkommenheit ist ein Zeichen der Last, die wir als Überlebende dieser langen, schwierigen Entwicklung tragen. Wir sind Träger dessen, was der englische Biologe Richard Dawkins »das egoistischen Gen« nennt.[51] Wird jemand von uns in den Kampf ums Überleben hineingezogen, zerbrechen selbst jetzt unsere höheren Instinkte und radikale Ichbezogenheit bringt uns dazu, uns immer wieder auf einen Kampf mit Zähnen und Klauen einzulassen. Das ist ganz einfach die Beschreibung unserer Existenz. Das ist es, was es bedeutet, Mensch zu sein.

Die Vorstellung eines Retters, der unseren Status vor dem Fall erneuert, ist vordarwinistischer Aberglaube und nachdarwinistischer Unsinn. Ein übernatürlicher Erlöser, der in eine gefallene Welt eintritt, um die Schöpfung wiederherzustellen, ist ein theistischer Mythos. Deshalb müssen wir Jesus von seiner Retterrolle befreien. Doch er wurde so vollkommen in dieses Verständnis einbezogen, dass die meisten von uns keine andere Möglichkeit kennen, von ihm zu reden, es sei denn, wir reduzieren ihn zu einem guten Lehrer oder zu einem guten Beispiel. Ich glaube nicht, dass die Christuserfahrung überlebt hätte, wäre sie nicht mehr als das gewesen. Doch der Jesus, den das Glaubensbekenntnis beschreibt als den, »der für uns und zu unserem Heil vom Himmel kam« kann einfach nicht länger mit unserer Welt in Einklang gebracht werden. Diese Vorstellungen müssen beseitigt und entfernt werden. Wenn die Christuserfahrung wirklich tragend ist, dann müssen wir einen neuen Weg finden, über sie zu sprechen.

Für jetzt sage ich nur, dass die alte traditionelle Christusvorstellung als eine vertretbare Alternative am Ende ist. Ohne Zustimmung zu dieser Überzeugung kommen wir nicht weiter. Diese Tatsache allein kündet das Heraufdämmern einer durchgreifenden Veränderung in der theologischen Landschaft an.

7 Christus als Geist-Person

Ich glaube, wir können dokumentieren, dass am Anfang der christlichen Erfahrung Jesus ursprünglich einfach als eine »Geist-Person« verstanden wurde. Wir können mindestens zeigen, dass das Wort *Geist* in den ersten Hinweisen auf ihn außerordentlich häufig gebraucht wurde.

Geist ist ein faszinierendes Wort. Es spiegelt die Grenzen wider, die im ganzen menschlichen Wortschatz gefunden wurden. Wir müssen uns vor Augen halten, dass sich der menschliche Wortschatz insgesamt nur entwickelte, weil wir in unserem Ringen um eine wirkliche Verständigung darin übereinstimmten, dass bestimmte Laute für bestimmte Dinge galten. Dieser Wortschatz ersetzte eine mehr intuitive, nonverbale Verständigung unter primitiven Menschen vor etwa 50 000 Jahren. Als die Sprache sich entwickelte, gebrauchten die Menschen überall und in jedem Dialekt ein Wort wie *Geist,* wann immer sie Erfahrungen machten, für die alle anderen Worte unpassend waren. Ein Wort wie *Geist* kann im Wortschatz jeder Nation und jedes Stammes gefunden werden.

Mit Geist verbindet sich ein nebulöses, schwer zu definierendes, völlig subjektives Konzept. Es kann deshalb auf eine große Vielfalt von Zusammenhängen bezogen werden. Dieses Wort wird gebraucht, um auf etwas hinzuweisen, von dem man annimmt, dass es wirklich existiert, das sich aber leichter Beschreibung entzieht. Es spricht von einer Unzufriedenheit, die aus der menschlichen Erfahrung kommt, die uns zwingt, auf das Unbekannte zuzugehen. Es trägt in sich Hinweise auf Transzendenz und Grenzenlosigkeit, auf eine Bestimmung, die wahrgenommen, aber nie erfüllt, oder auf eine Wirklichkeit, die anerkannt, aber nie bewiesen wird. Wir treffen fast überall die menschliche Gewohnheit an, mit der Sprache des Geistes unsere heiligen Augenblicke, unsere Gotteserfahrungen und unsere kurzen Einblicke in das zu interpretieren, was sich unserem Begreifen entzieht. Vielleicht ist das Wort *Geist* selbst eine Art Kommentar zu unserem Menschsein. Es trifft zu, dass die frühesten Christen von Jesus als einer »Geist-Person« sprachen. Wenn wir also die Jesus-Erfahrungen untersuchen, müssen wir uns danach fragen, warum das Wort »Geist« das erste Wort war, das seine ersten Anhänger mit ihm in Verbindung brachten.

Irgendwann um das Jahr 50 oder 51 dieser Zeitrechnung, nur etwas mehr als zwei Jahrzehnte nach seinem Tod, erschien der erste christliche Bericht über das Leben Jesu, den wir noch besitzen. Er stammte aus der Feder eines gut ausgebildeten und sprachbegabten, jüdischen Mannes namens Paulus von Tarsus. Nach dem Urteil der meisten Gelehrten liegt er in dessen erstem Brief vor. Dieser wird heute der 1. Thessalonicherbrief genannt. Hier spricht Paulus in den Eingangsversen des wahrscheinlich ältesten Textes, der in das Neue Testament aufgenommen wurde, von der guten Nachricht über Jesus, die »mit Macht und mit dem heiligen Geist« (1 Thessalonicher 1,5) übermittelt wurde und »mit der Freude aufgenommen« wurde, »die der heilige Geist gibt« (1 Thessalonicher 1,6).[52] Durch diesen Jesus, so fuhr Paulus fort, gab Gott euch den heiligen Geist (1 Thessalonicher 4,8). Er drängte weiter darauf, dass die Gläubigen sorgfältig darauf achten sollten, »den Geist nicht auszulöschen« (1 Thessalonicher 5,19). Dieser Geist war dazu bestimmt, ihren Geist »unversehrt und untadelig« zu bewahren (1 Thessalonicher 5,23). Diese Verse dürfen nicht aus der Perspektive der späteren Definition des Heiligen Geistes und von Pfingsten her gelesen werden, wie es die Apostelgeschichte überliefert. Die Apostelgeschichte wurde erst vierzig oder fünfzig Jahre nach diesem frühen Brief geschrieben. Paulus scheint hier aufzeigen zu wollen, dass der in Jesus wirkende Geist dazu fähig war, den Geist, der in jedem von denen gegenwärtig war, an die er schrieb, zu stärken oder ihm zum Durchbruch zu verhelfen. Hier also setzte Paulus an, der Bedeutung dieses Christus Ausdruck zu verleihen. Diese Bedeutung lag in seinem Verständnis des Wortes *Geist*.

Wir ziehen seine anderen Schriften hinzu und suchen herauszufinden, was dieses Wort für Paulus bedeutete. Etwa ein Jahr nach dem 1. Thessalonicherbrief schrieb Paulus seinen Brief an die Galater (52–54 n. Chr.) und stellte dort die Gabe des heiligen Geistes dem gegenüber, was das Einhalten der Tora brachte, die für fromme Juden der Weg zu Gott war (Galater 3,2–14). Für Paulus waren beide, die Tora und der Geist, in gewissem Sinn Gaben Gottes. Doch er fragte: Welche schenkt Leben? Welche gibt Vollkommenheit? Ist das Gesetz in eure Herzen eingedrungen und hat euch befähigt, Gottes Ruf zu hören? Hat das Gesetz in euch bewirkt, dass ihr Gott als »Abba, Vater« kennt (Galater 4,6)? Wir verstehen das heute als einen Konflikt zwischen Christentum und Judentum. Ich möchte es eher als den Anspruch des Paulus sehen, dass der Geist Leben und Vollkommenheit schafft, und als seine Einladung an die Leser zu einer engeren Vertrautheit mit Gott. Das Leben und die Vollkommenheit, sagte er, sind Gottes Gaben, die im Leben dieses Christus gegenwärtig sind.

In demselben Brief an die Galater bemerkt Paulus, dass der Geist in den Jüngern Jesu die Hoffnung auf »Gerechtigkeit« bewirke, ein weiterer Begriff für den Stand der Vollkommenheit (Galater 5,5). In anderen Hinweisen in diesem frühen Brief drängt Paulus die Nachfolger Jesu: »Lasst euch vom Geist leiten« (Galater 5,16), und beschreibt die Frucht des Geistes als Liebe, Freude, Friede, Langmut, Freundlichkeit, Güte, Treue, Sanftmut und Selbstbeherrschung (Galater 5,22). Glaube selbst ist nicht eigentlich eine Überzeugung. Er ist eher eine Manifestation der Gegenwart des Geistes, sagt Paulus. Der frühe Wortschatz, den Paulus gebrauchte, um Jesus zu beschreiben, muss unabhängig von den späteren dogmatischen Konzepten gesehen werden.

Um die Mitte des sechsten Jahrzehnts (54–56), als die Texte geschrieben wurden, die wir jetzt den 1. Korintherbrief nennen, hob Paulus seine Rede vom Geist auf eine neue Ebene.[53] Der Geist ergründet alle Dinge, versichert er, auch die »Tiefen Gottes« (1 Korinther 2,10). Paulus folgerte daraus, dass Geist die Tiefendimension menschlichen Lebens ausmacht und darüber hinaus auch die Tiefendimension des göttlichen Lebens. Das war ein atemberaubendes Konzept. Der gleiche Geist, der von Gott ist, ist auch in uns. Paulus schlug tatsächlich vor, dass zwischen Gott und dem menschlichen Leben bereits eine Einheit besteht und diese Einheit in der Tiefe der menschlichen Erfahrung gefunden wird, wofür das Wort »Geist« als ausgewählte Metapher erscheint. Wenn Menschen mit Gott verbunden sind, erklärt Paulus, dann »sind sie ein Geist mit ihm« (1 Korinther 6,17). Da die übernatürliche, theistische Definition Gottes fast überall galt, war dies vielleicht die einzige Weise, in der Paulus die Möglichkeit bedenken konnte, dass in der Christuserfahrung das überweltliche, übernatürliche Wesen auch als in der Tiefe jeden Lebens gefunden und als gegenwärtig erkannt werden konnte, als dessen Zentrum, Innerstes und letzter Sinn. Jesus hat diese Geist-Mitte in jedem Leben aufgezeigt. So schloss Paulus diese Überlegungen ab, indem er feststellte, dass unser Leib »Tempel des heiligen Geistes« ist (1 Korinther 6,19). Der in Jerusalem errichtete Tempel war mit menschlichen Händen gebaut worden, um dem überweltlichen, übernatürlichen Gott eine irdische Wohnung anzubieten – eine Heimstätte, wenn man so sagen will. Paulus schlug nun vor, ein neuer Wohnort Gottes möchte nicht im himmlischen Jenseits zu finden sein, sondern in jedem von uns. Mit diesen Worten tastete Paulus danach, einen vernünftigen Sinn mit der Erfahrung zu verbinden, dass Gott in dem Menschen Jesus in einer dramatisch neuen Weise auf Erden Wohnung genommen hatte, und dass der Gott in Jesus auch auf irgendeine Weise mit dem Gott in Paulus in Verbindung stand. Diese Erfahrung trieb ihn, so weit es ihm seine traditionellen religiösen Vorstellungen erlaubten, sich in seinem Versuch vorzuwagen, diese mächtige, neue Wirklichkeit zu begreifen, die für ihn eine Gotteserfahrung war, die weiterentwickelt werden musste.

Paulus hatte die radikale Vorstellung, dass in Jesus Gott und menschliches Leben als zusammenfließend zu sehen waren. Diese erstaunliche Schlussfolgerung macht deutlich, wie intensiv

Paulus darum rang, eine nichttheistische Definition für Gott zu finden, die dem Rechnung tragen konnte, was er in Christus gefunden zu haben glaubte.

Paulus konnte in seinem Bemühen auf einige nichtpersonale Wörter aus dem jüdischen Vokabular zurückgreifen, die von Gott und besonders vom Geist Gottes gebraucht wurden, ohne bereits der auf ein persönliches Wesen abhebenden Sprachregelung zu unterliegen. So komme ich zurück auf das jüdische Wort für Wind, *ruach*, und das jüdische Wort für Atem, *nephesch,* und versuche, deren jüdische Bedeutungen zu entfalten. Die *ruach* oder Wind war zuerst unpersönlich. Die Juden sehen ihn hinsichtlich seines Ursprungs wie seiner Bestimmung als geheimnisvoll an. »Der Wind weht, wo er will; du hörst sein Brausen, weißt aber nicht, woher er kommt und wohin er geht«, sagt das Johannesevangelium (3,8), das am Ende des ersten Jahrhunderts unserer Zeitrechnung geschrieben wurde. Der Verfasser sagt weiter: »So ist es mit jedem, der aus dem Geist geboren ist.« Der Wind ist eine Analogie für das geistliche Leben. Dem Wind wurde auch belebende Kraft zugemessen. Er machte die Welt lebendig, deren Wanken und Wogen die Kraft des Windes anzeigte. Zur jüdischen Vorstellung gehörte auch, dass der Wind von Gott seinen Ausgang nahm. »Da schnaubtest du Sturm«, heißt es im Buch Exodus (15,10), und »darauf brach ein Wind los, den der Herr geschickt hatte,« im Buch Numeri (11,31). Von den Menschen des Altertums mag Gott als eine entfernte, persönliche Macht, die jenseits des Firmaments lebte, verstanden worden sein. Aber spürten sie den geheimnisvollen Wind auf ihren Gesichtern, glaubten sie, dass sie hier und jetzt selbst von Gott berührt worden waren. So standen die theistische Gottesvorstellung und nichttheistische Gotteserfahrung in einem schöpferischen Spannungsfeld. Der Wind war ein Symbol für die Lebendigkeit Gottes, für seine Unsichtbarkeit, für seine Nähe. Und obwohl der Göttliche jenseits dieser Welt wohnte, drängte eine göttliche Gegenwart in dieser Welt ihnen die Wirklichkeit Gottes auf. So wurde das hebräische Wort für Wind, *ruach*, zum Synonym für Geist.

Das zweite jüdische Wort für Geist war *nephesch,* Atem. In der alten jüdischen Schöpfungsgeschichte machte Gott den Menschen Adam lebendig, indem er »den Lebensatem in seine Nase blies. So wurde der Mensch zu einem lebendigen Wesen« (Genesis 2,7). So wurde der mächtige Wind, die *ruach*, manchmal geradezu als der Atem Gottes verstanden. Von daher kann Gottes Atem oder die göttliche *nephesch* geradezu als die Quelle allen Lebens angesehen werden, und *nephesch* oder Atem wurde mit der Lebendigkeit und der Belebtheit identifiziert, die in allen Lebewesen gefunden werden kann. Deshalb wurde im jüdischen Denken der Geist äußerlich als der Wind *(ruach)* aufgefasst und innerlich als der Atem des Lebens selbst, die *nephesch*. Wenn die *nephesch* von einem Wesen weggenommen wurde, wurde es kraftlos und starb. So kam es, dass *nephesch,* der Atem Gottes in uns, mit dem immateriellen Teil unseres Seins identifiziert wurde. Deshalb wurde später *nephesch* mit »Seele« oder »Geist« übersetzt. Aber ursprünglich und in seiner innersten Bedeutung bezog es sich auf den Atem Gottes, der in uns wohnt und uns ins Leben ruft.

Haben wir diese Worte geklärt und sie von ihren späteren dogmatischen Bedeutungen befreit, können wir beginnen, die Zusammenhänge zwischen Wind, Atem und Geist in der jüdischen und christlichen Geschichte zu betrachten. Die Aufgabe des Geistes war es immer, Leben zu spenden. In diesem ehemaligen Verständnis war eine geistliche Person nicht eine fromme Person oder eine religiöse Person, sondern eine vitale, lebendige, ganze Person. So erzählt die Vision Ezechiels, dass der Wind oder der Atem Gottes über den Berg blies und die toten bleichen Knochen im Tal anrührte, so dass diese Knochen wieder lebendig wurden (Ezechiel 37,1–10). Das ist die Wirkung der *ruach*. Später in den christlichen Schriften, als der Heilige Geist an Pfingsten auf die versammelte christliche Gemeinde herabkam (Apostelgeschichte 2), bemerken wir, dass er in einem mächtigen Brausen des Windes, einer *ruach,* kam, und bewirkte, dass Schranken aufgebrochen und Gemeinschaft wieder hergestellt wurde.[54] Als die christliche Kirche im vierten und fünften Jahrhundert unserer Zeitrechnung ihre Glaubensbekenntnisse formulierte, ließ sie ihre Anhänger sagen: »Ich glaube an den Heiligen Geist, der Herr ist und lebendig macht.« Geist als *ruach* und *nephesch* bedeutete immer Lebensspender.

Diese alten jüdischen Sinngehalte standen Paulus zur Verfügung. Sie formten sein Verständnis des Wortes *Geist*, durch das er die Bedeutung, die er mit Jesus verband, wiederzugeben versuchte. Jesus war eine »Geist-Person«. Er lebte. Er gab anderen Leben. Sein Leben war umfassend. Es band sich nicht an Grenzen der Tradition. So wurden diejenigen, die von seinem Geist angerührt waren, auch lebendig und begannen ihren Wachstumsprozess in die grenzenlosen Dimensionen ihres eigenen Lebens hinein. Das war die Erfahrung, auf die das Wort *Geist* hinweist. Das war die Bedeutung, die Paulus einzufangen suchte, wenn er mit Geist-Worten über Jesus den Christus sprach, lange bevor die Evangelien Petrus dies sagen lassen.

Paulus schrieb auch, dass es nicht mehr darum geht, Christus dem Fleische nach zu kennen (2 Korinther 5,16). Jesus war für ihn eine Geist-Person, eine Form der Gegenwart Gottes, ein Vermittler, der das, was Paulus den Heiligen Gott nannte, in einer neuen Weise zugänglich machte. Jesus war für Paulus der Gottesträger, das menschliche Leben, durch das uns eine neue Wirklichkeit Gottes erreichte. Gott wurde bei Paulus vorrangig immer noch mit theistischen Wendungen als ein überweltliches, übernatürliches Wesen definiert, doch seine Erfahrung zwang ihn dazu, Gott im Herzen eines Menschen namens Jesus gegenwärtig zu sehen, und durch Jesus war Gott jetzt auch für andere erreichbar. Paulus hatte keine Sprache, die angemessen gewesen wäre, diese Erfahrung zu entfalten. So rang er mit seiner Sprache. Gegen Ende seines Lebens schrieb Paulus, dass Jesus das Gleichsein mit Gott nicht als ein Beutestück ansah, sondern sich zum Tod am Kreuz erniedrigte.[55] Gott aber drückte seinen göttlichen Stempel auf sein Leben und erhöhte ihn in seine Gegenwart, so dass sich im Namen Jesu alle Knie zur Ehre Gottes beugen sollen (Philipper 2,5–11). Auf diese Weise brachte Paulus zum Ausdruck, dass Gott, der immer noch in den Begriffen des traditionellen, theistischen Verständnisses verstanden wurde, aus der Höhe des Himmels gekommen war und in der wirklichen Tiefe des menschlichen Lebens gefunden wurde. Dies war, so meine ich, die Substanz des Glaubens der Christen, bevor irgendeine Geschichte über das historische Leben Jesu aufgeschrieben wurde. Das war auch die Substanz, aus der die mythologischen Lebensbeschreibungen entstanden, die die spätere theologische Entwicklung der christlichen Kirche prägten. Kein anderes Wort außer dem Wort *Geist*, konnte diese Bedeutung einfangen und deshalb hat der erste christliche Schriftsteller, Paulus, dieses Wort zum Angelpunkt seines Versuchs gemacht, die Christuserfahrung in menschlichen Worten weiterzugeben.

Als schließlich etwa vier bis sieben Jahrzehnte nach dem Ende des irdischen Lebens Jesu und etwa zwei Jahrzehnte, nachdem Paulus zu schreiben begonnen hatte, die Abfassung des Evangeliums zu einem Teil der christlichen Entwicklung wurde, rang man weiter darum, die Bedeutung Christi in die richtigen Worte zu fassen. Wir können das Fließende und die Übergänge beobachten, wenn wir die Symbolsprache der Evangelisten zu deuten verstehen. Die Jesuserfahrung musste einfach erzählt werden. In den Geschichten der Evangelien wurde die Jesuserfahrung mit den Vorstellungen der jüdischen Weltsicht des ersten Jahrhunderts erläutert, gedeutet und rationalisiert. Dies bedeutete unausweichlich, dass die Jesuserfahrung verzerrt wurde.

Man muss auf diesen Punkt achten: die Evangelien stammen aus dem ersten Jahrhundert und beruhen auf dessen Interpretationsmöglichkeiten. Deshalb sind sie eine Darstellung der Jesuserfahrung durch den Filter der Vorstellungen des ersten Jahrhunderts. Sie waren niemals etwas anderes als das. Wir müssen sie heute in der Weise lesen, dass wir nicht versuchen, die buchstabengetreue Wahrheit über Jesus zu erfahren, sondern die Jesuserfahrung zu erkennen trachten, die sie zu vermitteln suchen. Diese Erfahrung liegt immer hinter den Verzerrungen, die sich unvermeidlich einstellen, weil Worte ihre Grenzen haben. Wenn die Evangelien für uns Offenbarungswahrheit sein sollen, müssen wir in diese Texte eindringen, hinter die Worte vordringen, die Erfahrungen entdecken, die zu diesen Worten führten und auf diese Weise die Bedeutung ausfindig machen, auf die sie hinweisen. Man darf nie den Text mit der Offenbarung oder den Botschafter mit der Botschaft verwechseln. Das war der Hauptfehler in unserer zweitausendjährigen christlichen Geschichte. Das ist eine Einsicht, die heute noch Angst auslöst und Widerstand herausfordert. Wir wollen es klar feststellen: Die Evangelien sind nicht in irgendeinem wörtlichen Sinn heilig, sie bieten keine genaue historische Darstellung, und man darf sie nicht mit Tatsachenberichten verwechseln. Sie sind eher schöne Portraits, die von jüdischen Künstlern des ersten Jahrhunderts gemalt wurden, dazu bestimmt, den Leser auf das hinzuweisen, was tatsächlich heilig, zutreffend und wirklich ist. Die Evangelien stellen ein Stadium der Entwicklung der Glaubensgeschichte dar, in dem man beginnt, ekstatischen Ausruf in erzählerische Formen zu fassen.

Fangen wir an, diese Wahrheit zu begreifen, können wir uns in einer neuen Weise mit den Evangelien befassen. Wenn wir das tun, entdecken wir, dass die Verfasser der Evangelien, wie es religiöse Menschen zu allen Zeiten taten, das Wort *Geist* verwendeten, um ihre Geschichte zu schreiben. Wir haben bisher darauf geachtet, in welcher Weise der Interpretationsprozess Jesu in den Jahrzehnten der Abfassung des Neuen Testaments verlief. Jetzt wollen wir danach fragen, warum das Wort *Geist* sich immer im Zentrum dieses Interpretationsprozesses befand.

Zwei der Evangelien, Matthäus und Lukas, beginnen ihre Jesusgeschichte mit der Darstellung der Empfängnis Jesu durch den Heiligen Geist. Das war eine faszinierende Weise im ersten Jahrhundert anzudeuten, dass Jesus eine Geist-Person war. Es war sicher kein biologischer Vorgang, der hier beschrieben werden sollte. Bevor im neunten Jahrzehnt unserer Zeitrechnung die Geschichten von der jungfräulichen Geburt entstanden, gibt es keinerlei Hinweis auf eine Tradition, die von einer wundersamen

Geburt weiß. Paulus hat nicht einmal Jesu Herkunftsfamilie erwähnt, außer dass es heißt, dass Jesus wie jeder andere Mensch »von einer Frau geboren wurde« (Galater 4,4) und er nach dem Fleisch aus dem Haus David abstammte (Römer 1,3). Das Markusevangelium ist das älteste Evangelium. Es enthält auch nicht den geringsten Hinweis darauf, dass Jesus in einer übernatürlichen Weise geboren wurde. Markus spricht jedoch bei zwei Gelegenheiten von der Mutter Jesu, und keine von ihnen war für sie schmeichelnd, um nur das Geringste zu sagen. Der Name der Maria begegnet in der christlichen Überlieferung zum ersten Mal und zum einzigen Mal im Markusevangelium im Mund eines Kritikers Jesu: »Ist er nicht der Zimmermann, der Sohn der Maria?« (Markus 6,3), rief jemand aus der Menge. Dieser Hinweis sollte eindeutig beleidigend sein. Einen erwachsenen jüdischen Mann als Sohn einer Frau zu rufen, bedeutete, dass man Zweifel daran hatte, wer sein Vater war. Im Markusevangelium wird von Jesu Mutter und seinen Angehörigen gesagt, dass sie ihn »mit Gewalt zurückholen« wollten, weil sie fürchteten, dass »er von Sinnen ist« (Markus 3,21). In dieser ersten Tradition des Evangeliums gibt es keine stille, mütterliche Aufopferung. Stattdessen begegnen wir einer entrüsteten Mutter, die annahm, dass Jesu Verhalten nicht normal war und dies nicht positiv angesehen wurde. Das war kaum die Haltung, die eine Frau einnehmen würde, wenn ein Engel ihr gesagt hätte, dass sie ein besonderes Kind empfangen würde, oder die gewusst hätte, dass sie eine jungfräuliche Mutter war. Das war auch nicht die Haltung, die eine Mutter an den Tag legen würde, zu der Hirten voll Verwunderung gekommen oder zu der Weise aus dem Morgenland gereist wären, um die Geburt ihres Kindes mit kostbaren Geschenken zu begrüßen. Der Verfasser des ersten Evangeliums, Markus, hat sich solche Geschichten womöglich nicht einmal vorstellen können.

Als die Geburtsgeschichten schließlich abgefasst wurden, war eindeutig, dass sie nicht als historische Darstellungen gelesen werden sollten. Sie waren eher wie erklärende Portraits, die auf jüdischen Geschichten beruhten, die im ersten Jahrhundert in einer Sprache und einem Stil verfasst wurden, die auf jüdischem Hintergrund verstanden wurden. Matthäus übernahm das Konzept der jungfräulichen Geburt aus einer falschen Übersetzung von Jesaja 7,14 (Matthäus 1,18–25), und Lukas baute auf dem Fehler des Matthäus auf. Die Weisen (Matthäus 2,1–12) finden ihr Vorbild in Jesaja 60, und einer ergänzenden Bemerkung aus der Geschichte des Besuchs der Königin von Saba bei Salomo (1 Könige 10). Der Stern wurde der Balaam-Balak Geschichte in Numeri 22–24 und aus anderen populären Episoden der mündlichen Überlieferung entnommen. Die Hirten erschienen im Anklang an die Verbindung Betlehems mit David, dem Hütejungen, der König wurde (Lukas 2,1–20). Der Lobgesang der Maria (Lukas 1,46–55) lehnte sich an das Lied der Hanna an (1 Samuel 2,1–10). Die Geschichte des Besuchs der schwangeren Maria bei der ebenfalls schwangeren Elisabeth (Lukas 1,39–45) folgte dem Vorbild der Geschichte der Rebekka, die mit Esau und Jakob schwanger war (Genesis 25,19–26). Der ganze Charakter Josefs, des irdischen Vaters Jesu, wurde der alten Geschichte des Patriarchen Josef aus Genesis 37–50 (Matthäus 1,2) entlehnt und entsprechend gestaltet. Wir könnten mit dieser Analyse immer weiter fortsetzen. Diese Geschichten wurden als Midrasch[56] angesehen, nicht als eine biographische Information.[57]

Als die Geschichten von der Geburt Jesu wahrscheinlich in den mittleren oder späten Jahren des neunten Jahrzehnts unserer Zeitrechnung geschrieben wurden, kannte niemand seine Eltern, viel weniger noch die Einzelheiten seiner Geburt. Diese Geschichten wurden als Beitrag zur Erklärung der Bedeutung seines späteren erwachsenen Lebens geschaffen. So kommen wir zu der Frage, was die Verfasser der Evangelien mitzuteilen versuchten, wenn sie darstellten, dass Jesus durch den Geist empfangen wurde.

Sie hatten erfahren, dass sie in diesem Jesus Gott begegnet waren. Das war die Wirklichkeit, auf die sie antworteten. Aber wie Paulus vor ihnen, waren die Verfasser der Evangelien den Grenzen der Sprache und den Grenzen der vorherrschenden Gottesvorstellungen unterworfen. Man hatte sich Gott immer als den überweltlichen, unbegrenzten, übernatürlichen und ins Himmelreich Gehörenden vorgestellt – wie konnten sie jetzt die Gegenwart Gottes in Jesus in Worte fassen? Deshalb wurden die Geburtsgeschichten entwickelt, um zu versichern, dass dieser überweltliche Gott aus dem Himmel herabgekommen sein musste, um in einer übernatürlichen, wundersamen Weise in Jesus bei dessen Empfängnis einzugehen. Jesus musste deshalb das Kind des Geistes Gottes sein. In ihm war eine Transzendenz, eine Heiligkeit, die nur Gott geschaffen haben konnte. So versuchten sie zu sagen, dass die Qualitäten, die sie in ihm fanden, nicht im Rahmen der üblichen, menschlichen Fähigkeiten lagen. Deshalb musste er von Gottes Geist geschaffen worden sein. Die Verfasser der Evangelien spiegelten die Vorstellungen ihrer Glaubensgemeinschaften wider; in deren heiligen Traditionen und in deren Wortschatz suchten sie danach, wie sie ihre Erfahrungen sinnvoll darstellen konnten.

Von dem erwachsenen Jesus wurde bei seiner Taufe noch eine andere Geist-Geschichte erzählt (Markus 1,1–11), auf die wir bereits Bezug genommen haben. Jetzt betrachten wir diese Geschichte noch einmal, aber diesmal aus der Perspektive der Bedeutung des *Geistes*. Für Markus, der keine Anstalten gemacht hatte, eine Geburtsgeschichte aufzuschreiben, war dies die erste Geist-Geschichte. Für Matthäus und Lukas war die Taufgeschichte gewissermaßen eine Wiederholung der Geburtsgeschichte im neuen Zusammenhang des Erwachsenenlebens (Matthäus 3,1–17; Lukas 3,1–22). In dieser ersten Erwachsenengeschichte, die in jedem Evangelium begegnet, kommt Jesus an den Jordan. Der Jordan galt als geheimnisvoller Wasserlauf, dessen Wasser durch Gottes Macht zu drei verschiedenen Anlässen wie das Rote Meer geteilt wurden. Einmal für Josua (Josua 2,11–13), einmal für Elija (2 Könige 2,28) und einmal für Elischa (2 Könige 2,14). Der Jordan wurde auch als Zugang zum Gelobten Land angesehen, in dem Gott als König regierte, wie man glaubte. So lassen die biblischen Taufgeschichten Jesus in den mystischen Jordan hineinsteigen. Die Wasser des Jordan teilen sich jedoch nicht für ihn. Eher zerteilt Jesus die Schranke, die Gott von der Welt trennt. Wie die Tradition versichert, gehört Jesus zum Reich Gottes, und das war überweltlich. So wurde er dargestellt als der, der das Firmament aufspaltete, das nach der Schöpfungsgeschichte die Wasser darüber von den Wassern darunter teilte (Genesis 1,6–7). Dann flossen diese himmlischen Wasser als Geist auf ihn herab und zeigten, dass er eine Geist-Person ist, eine Gestalt der Gegenwart Gottes. Für Juden war lebendiges Wasser auch ein Synonym für den Geist. Wenn das Königreich Gottes nach jüdischen Vorstellungen kommt, dann würden, wie es die Propheten ausdrücken, lebendige Wasser aus Jerusalem strömen (Sacharja 14,8). Das Herausströmen dieses Wassers wurde »Geist« genannt (Jesaja 12,3; 44,3; 55,1). Im Johannesevangelium heißt es, dass Jesus der Samaritanerin »lebendiges Wasser« versprochen hat, welches sie für immer davon befreien würde, aus dem Brunnen schöpfen zu müssen (Johannes 4,1–15). Später wird im gleichen Evangelium von ihm gesagt, dass er denen, die an ihn glauben, »lebendiges Wasser« zukommen lässt, das er Geist nennt (Johannes 7,37–39). Für den Fall, dass jemand diese Bedeutung von Geist missverstand, fügten die Verfasser der Evangelien zu ihrer Taufgeschichte das Detail hinzu, dass eine himmlische Stimme hinter der Bühne die Identität Jesu als Sohn Gottes verkündigte.

Sicherlich war auch dieser Taufbericht nicht darauf ausgerichtet, als eine wörtlich aufzufassende Geschichte aufgenommen zu werden. Es gab nie ein Himmelsdach über der Erde, das hätte geöffnet werden können, um den Geist aus dem Reich des Himmels auf ein irdisches Wesen herabströmen zu lassen. In dieser Geschichte erhob sich die Stimme Gottes und sprach mit Worten, die fast genau Jesaja 42 zitieren. Hier tritt zum ersten Mal im Jesajabuch der mythische Gottesknecht in die menschliche Geschichte ein. Die Geschichte von Jesu Taufe war nichts anderes als ein Midrasch der Geschichte von »Mose am Roten Meer«. Sie wurde auf himmlische Proportionen vergrößert und im Blick auf Jesus neu erzählt. Juden hatten versichert, dass Gott mit Mose war. Jetzt versicherten sie, dass dieser gleiche Gott in Jesus gegenwärtig war. Unter Bezugnahme auf ihre heilige Geschichte fanden diese jüdischen Menschen des ersten Jahrhunderts Worte, mit denen sie die Gegenwart Gottes beschreiben konnten, die sie in Jesus erfahren hatten. Sie kannten keinen anderen Gott außer dem einen Gott, der als überweltliches Wesen mit übernatürlicher Macht beschrieben wurde. Und so beschrieben sie die Gegenwart Gottes in Jesus in der einzigen Sprache von Gott, die sie zu gebrauchen verstanden. Gott kam auf ihn herab durch eine geistgewirkte Empfängnis oder durch ein Herabströmen des himmlischen Geistes auf ihn. Jesus war eine Geist-Person, ein Fenster zum Heiligen, eine Inkarnation des Göttlichen. Dieser Beschreibung lag jedoch eine Erfahrung zu Grunde, und diese Erfahrung leuchtet durch, selbst wenn wir den wörtlichen Sinn der Beschreibung dieser Erfahrung beiseite lassen.

Im Anschluss wird erzählt, dass der Geist Jesus in die Wüste führte, wo er versucht oder geprüft wurde. Wie würde ein Geist-Mensch auf die typischen Herausforderungen reagieren, die üblicherweise zu menschlichen Kompromissen führen? Wie tief manipulierbar erscheinen wir Menschen doch angesichts des Versprechens von Nahrung, Magie und Macht. Jesus jedoch – so lesen wir – hat die Prüfung bestanden. Eine Geist-Person weiß, dass Brot nie den tiefen Hunger in unserer Seele nach Gott stillt, dass Gott nicht versucht und Vollkommenheit nie erreicht werden kann, wenn man etwas anbetet, das geringer ist als Gott. Danach verließ Jesus die Wüste, und geistige Wesen, Engel genannt, sorgten für ihn (Matthäus 4,1–11).

Erneut müssen wir uns die Grenzen der Worte bewusst machen. Wörtlich genommen wurde Jesus von Nazaret zu keiner Zeit in der Wüste versucht. Auch hier haben wir es mit einem Midrasch mit Bezug auf die Mosegeschichte zu tun. Entsprechendes wurde unendlich vergrößert, um Worte zu finden, die ausreichen, Gottes Gegenwart in der Geist-Person Jesus aufzuzeigen.[58] Was bedeutete es für die Evangelisten, zu versichern, dass er vom Geist erfüllt, vom Geist geführt und vom Geist geprüft war? Dieser Frage müssen wir uns stellen, wenn wir uns dem Verständnis des Gottes nähern wollen, der als letzte Wirklichkeit in Jesus von Nazaret erfahren wurde.

Im Weiteren kommt ein neuer Berg Sinai in den Blick, und die Geist-Person Jesus wird dargestellt als ein neuer Mose, von dem wir in einem Evangelium (Matthäus 5,1–11) acht Seligpreisungen und in einem anderen Evangelium (Lukas 6,20–22) vier Seligpreisungen vernehmen. Jede Seligpreisung stellte ein Zeichen dafür dar, dass das Reich Gottes im menschlichen Herzen begonnen hatte. »Gesegnet sind die Armen im Geist«, »die Trauernden«, »die Sanftmütigen«, »die hungern und dürsten nach Gerechtigkeit«, »die Barmherzigen«, »die reinen Herzens sind«, »die Frieden stiften« und »die verfolgt werden«. Sie gehören alle zum Königreich des Himmels. Sie werden Gott sehen, Barmherzigkeit erlangen, getröstet werden und sogar die Erde erben. Das war eine seltsame Sprache. Man möchte wissen, wie sich vor dem geistigen Auge der Evangelisten die Herrschaft Gottes oder das Gott-Sehen ausnahm. Später stellen sie die Geist-Person Jesus als jemanden dar, der die, die ihm nachfolgen, dazu auffordert, sich nicht zu fürchten, wenn sie um seinetwillen vor Gerichte geschleppt werden, sondern eher den heiligen Geist oder den »Geist eures Vaters« aus sich sprechen zu lassen (Markus 13,11; Matthäus 10,16–20, Lukas 12,11–12). Jesus wird als jemand dargestellt, der einen Geist besitzt, der auch ihnen zugänglich war. Was Jesus war, konnten sie auch werden: das war die verborgene Botschaft. Später heißt es sogar, dass Gläubige noch größere Dinge als Jesus tun könnten (Johannes 14,12). Das war tatsächlich eine berauschende Lehre für die Jünger.

Bei anderer Gelegenheit hört man aus dem Mund Jesu die Behauptung, dass sogar David, der tausend Jahre vor Jesus lebte, ihn Herr genannt habe (Markus 12,37). Wollte der Verfasser des Evangeliums behaupten, dass eine Geist-Person, auch an der Zeitlosigkeit Anteil hatte? Wurde Entsprechendes wahrgenommen, wenn man Jesus sagen ließ: »Noch ehe Abraham wurde, bin ich« (Johannes 8,58)?

In einer Geschichte, in der erzählt wird, dass Jesus die Macht hat, Tote zu erwecken, heißt es: »Ihr Geist kehrte zurück« (Lukas 8,55). So hat Geist deutlich etwas mit dem Leben zu tun. Als Jesus starb, ließ ihn ein Evangelium sagen: »Vater, in deine Hände lege ich meinen Geist« (Lukas 23,46). In einem anderen Evangelium wurde von ihm einfach gesagt, dass er »seinen Geist aushauchte« (Matthäus 27,50). Die alte jüdische Verbindung von Geist und Leben ist in der Evangelientradition deutlich zu finden. So stellt sich uns die Frage, welche Form des Lebens wurde mit dem Geist identifiziert? »Der Geist ist es, der lebendig macht«, so sagt Jesus im Johannesevangelium (Johannes 6,63). So wurde jemand, der grundlegend, tief und voll lebendig war, eine Geist-Person genannt. Wenn diese Person andere dazu befähigen konnte, eine entsprechende Lebensqualität zu gewinnen, wurde sie Gottesträger genannt.

Jesus wird dargestellt als jemand, der sich »im Heiligen Geist freute« (Lukas 10,21), der sagte, »der Vater im Himmel [wird] den Heiligen Geist denen geben, die ihn bitten« (Lukas 11,13), als einer, der Gott als Geist verstand und deshalb riet, dass diejenigen, die Gott anbeten, ihn »im Geist und in der Wahrheit« anbeten müssen, weil Gott Geist ist (Johannes 4,24).

Schließlich verhieß Jesus, dass er seinen Jüngern den heiligen Geist senden wird und dass dieser Geist sie alles lehren (Johannes 14,26) und sie in alle Wahrheit einführen wird. Das Johannesevangelium zeichnet in der Geschichte von der Auferstehung das Bild eines auferstandenen Jesus, der »sie anhauchte« und sie so befähigte, den Heiligen Geist zu empfangen (Johannes 20,22). So werden wir wieder daran erinnert, dass die Bedeutung von Atem auf Geist und Leben verweist.

So wie Gott in der Schöpfung Adam das Leben gab, so lässt der Evangelist Jesus seinen Jüngern gegenüber handeln, um so die neue Schöpfung zu beginnen. So wie Gottes Wind im Buch

Ezechiel die toten bleichen Knochen des jüdischen Volkes wieder belebte, so stellt nun Lukas in seiner Pfingstgeschichte (Apostelgeschichte 2) vor Augen, was Jesu Geschenk des Geistes seinen leblosen und hoffnungslosen Jüngern vermittelte. Ein gewaltiger, stürmischer Wind kam über sie, und sie kamen zum Leben. Das äußerste und letzte Geschenk, das Jesus der Welt gab, war das Geschenk des Leben spendenden Geistes.

Oben haben wir davon gesprochen, dass die Geschichten von der wunderbaren Geburt Jesu als Einleitungsgeschichten anzusehen sind. Das heißt, durch sie versuchten die Verfasser der Evangelien, den theistischen Gott aus dem Himmel heraus und auf die Erde herab zu bringen, damit ihre Gotteserfahrung in Jesus Sinn bekam. Jetzt müssen wir wieder auf die Geschichten am Ende des Lebens Jesu blicken, aber diesmal nicht auf seine Rückkehr zum Himmel, die wir bereits untersuchten, sondern speziell auf die Erzählungen, die Ostergeschichten genannt werden.

Wenn wir die Auferstehungsgeschichten lesen, bemerken wir zuerst die Steigerung des Wunderhaften auf sehr viele verschiedene Weisen. Auferstehung konnte bedeuten, dass das Grab leer war. Ein riesiger Stein wurde auf wundersame Weise vom Eingang des Grabes entfernt. Engelsbotschafter, die früher seine Geburt angekündigt hatten, kamen jetzt vom Himmel, um zu verkünden, dass er von den Toten erweckt wurde (siehe Markus 16,1–8; Matthäus 28; Lukas 24; Johannes 20). Einmal wird von diesem auferstandenen Jesus gesagt, dass er seinen Jüngern aus den Wolken des Himmels erschien (Matthäus 28,16–20). Der Grund dieser Theophanie war die Beauftragung der Jünger, in alle Welt zu gehen, zu lehren und zu taufen. Der Geist, sagte dieser Jesus, sollte zur Taufformel gehören. Noch später wird der auferstandene Jesus so dargestellt, als habe er die Macht, zu erscheinen und zu verschwinden, wie er will (Lukas 24,13–35), dass er einen der Jünger einlud, seinen Körper zu berühren, um zu garantieren, dass er kein Gespenst ist (Lukas 24,39), als könne er in ein verschlossenes und verriegeltes Obergemach eintreten

(Johannes 20,19ff.), dass er Thomas einlud, seine Wunden mit der Hand zu untersuchen (Johannes 20,27) und dass er schließlich sich zum Himmel erhob (Apostelgeschichte 1,1–11). Diese physischen Details, die den Abschied Jesu von dieser Welt begleiteten, wurden mit den Jahren immer mehr gesteigert. Das war eine andere Weise zu sagen, dass Gott und Jesus eine Einheit erreicht hatten, die über sein irdisches Leben hinausging.

Die Verfasser dieser Texte versuchten innerhalb ihrer begrenzten Möglichkeiten auszudrücken, dass sie in dem besonderen Leben der Geist-Person Jesus nicht nur Gott, sondern auch ein Bild von dem sahen, dem jeder von uns in unserem vollendeten Geistesleben gleichen könnte. Sie betrachteten Jesus als das Abbild der Bestimmung, die für alle offen stand, die Empfänger des Heiligen Geistes sind. Sie wiesen darauf hin, dass die Geist-Person Jesus in jedem von uns entdeckt werden kann, in dem Maße, wie wir uns täglich selbst neuen menschlichen Höhen öffnen. Das waren überraschende Ansprüche. Als dieses unglaubliche Leben zu einem gewaltsamen und vorzeitigen Ende kam, nahm man an, dass die göttlichen Qualitäten, die in Jesus erfahren worden waren, nun die umschlossen, die ihm nachfolgten, und sie dessen bewusst machten, dass die Gegenwart des Geistes, die sie bei Jesus kannten, jetzt eine Wirklichkeit war, die sich in ihnen selbst manifestierte. Als Empfänger des Geistes von Jesus waren sie in einer neuen Weise lebendig. Es war dieselbe Qualität des Lebens, die sie glaubten in Jesus gefunden zu haben, und so riefen sie in der Kraft dieses neuen Lebens: »Jesus lebt!«

Im Lauf der Zeit veränderten buchstabengläubige Menschen diese Verkündigung in Erzählungen über seine leibhaftige Auferstehung. Das war und ist geradezu unvermeidbar, wenn man versucht, von Gott und vom Geist mit unseren begrenzten, menschlichen Worten zu sprechen. In der Kraft der geisterfüllten Erfahrung kamen die Jünger zu dem Glauben, dass der Tod weder über diesen Jesus bestimmen noch ihn behalten konnte. Im Laufe der Zeit wurde dieses Glaubensbewusstsein auch als Geschichte von einem leeren Grab erzählt, das Jesu Körper nicht im Tod behalten konnte. Als die Jahre vergingen und diese Geschichten immer wieder erzählt wurden, wurden sie zweifellos immer weiter ergänzt. Im Lauf der Zeit wurden Geschichten hinzugefügt, die beschrieben, wie Engel vom Himmel herabkamen, um den Stein wegzurollen, der das Grab verschloss. Als nächstes wurde von einem Erdbeben berichtet, das die Welt erschüttert haben soll, um den dramatischen Augenblick zu kennzeichnen, als die Jünger erkannten, dass der Geist, der in Jesus war, jetzt das Wesen ihrer eigenen Existenz ausmachte. Aus dem Grab in unbegrenzte Freiheit tretend und jede Schranke menschlichen Lebens überwindend, trat die Geist-Person in Erscheinung, bis sie dergestalt wahrgenommen wurde, dass sie Gottes Heiligen Geist persönlich über die Jünger ausgegossen hatte.

Verdeckt von den vorherrschenden theistischen Gottesbildern zeigt sich in uns eine göttliche Gegenwart, die Geist genannt wird und die am großartigsten in Jesus von Nazaret erscheint. Wir finden unseren Geist von seinem Geist berührt, unser Leben durch sein Leben erhöht, unser Sein durch sein Sein auf eine neue Ebene erhoben. Die Jünger sahen sich dazu gedrängt, mit dem eingeschränkten Wortschatz der Gottesvorstellungen in der jüdischen Welt des ersten Jahrhunderts deutlich zu machen, dass sie in Jesus von Nazaret eine Gegenwart Gottes angetroffen hatten, die in bestimmter Weise mit dem Geist verbunden war.

So beginne ich mit dieser Einsicht. Ich stelle fest, dass Jesus eine Geist-Person ist, das heißt eine Weise der Gottesgegenwart. In dieser Feststellung finde ich meinen Ansatzpunkt, der mir den Zugang zu seiner Bedeutung öffnet. Jenseits der Grenzen des Theismus, die uns so lange Schranken setzten, erkennen wir eine Aufsehen erregende Offenbarung Gottes mitten im menschlichen Leben. Und Jesus, die Geist-Person, steht im Zentrum dieser Offenbarung. Vielleicht ist das der Grund, warum wir ihn als einen Gottesträger gesehen haben. Vielleicht ist das der Grund, warum wir dazu geneigt waren, die Sprache der Inkarnation zu verwenden.

Mit dieser nichttheistischen Ausrichtung, die Jesus als die Geist-Person erkennen lässt, sind wir nun bereit, die Geschichten des Evangeliums neu zu betrachten und hinter ihrem buchstäblichen Verständnis ihrem eigentlichen Sinn nachzugehen. Wir suchen nicht nach überweltlichen Beschreibungen, die Zeichen eines Gottes sind, der herabgekommen ist. Stattdessen suchen wir nach einem Menschsein, durch das die Bedeutung Gottes, der in der Mitte des Lebens ist, offenbart werden kann. Das kann eine aufregende Reise werden.

8 Was denkt ihr über den Christus? Wo das Menschliche am Göttlichen teilhat

Was denkt ihr über den Christus? Wer ist Christus für dich oder für mich? Hat das Leben des ersten Jahrhunderts noch eine Bedeutung für uns heute? In welchem Sinn können wir Jesus, wenn überhaupt, Erlöser nennen? Ist er ein Vorbild, das wir auswählen, um ihm nachzueifern? Gibt es noch etwas darüber hinaus?

Können wir tatsächlich das tun, was ich vorgeschlagen habe? Können wir Christus aus dem theistischen Rahmen der Vergangenheit lösen, in dem er entweder als eine himmlische Gottheit, die als eine Art göttlicher Besucher zur Erde kam, oder als ein menschliches Wesen, das irgendwie die Macht eines übernatürlichen Gottes besaß, dargestellt wird? Können wir immer noch in irgendeinem Sinn von ihm als dem »einzigen Sohn« des himmlischen Vaters reden?

Wenn das alles für unsere Zeit keine Möglichkeiten mehr sind, bleibt dann noch irgendetwas übrig, durch das wir das Wesen und nicht nur die Lehre dieses Jesus unserer postmodernen Welt vermitteln können? Wie können wir heute über die Bedeutung seines Kreuzes sprechen, ohne dass wir in seinem Tod eine Art Opfer sehen? Ist im Symbol des Kreuzes mehr als nur eine menschliche Tragödie wahrzunehmen? Ist mit diesem Kreuz irgendeine rettende und Leben verheißende Bedeutung verbunden? Und wenn das so ist, welche ist es dann? Es muss doch sicher eine Möglichkeit geben, mit der Gläubige im Exil vernünftig auf diese bohrende Frage antworten können.

Gibt es eine solche Antwort nicht, sollten wir uns vielleicht dem Unausweichlichen beugen und zugeben, dass wir uns gerade nicht nur in einer Periode des Exils befinden, sondern dass wir die Todesschmerzen der verehrungswürdigen Religion erleben, die wir einst Christentum nannten.

Meine Kritiker werden trotz meiner gegenteiligen Proteste

sicher vortragen, dass das, was ich in meiner Laufbahn getan habe und mit diesem Buch tue, nichts weniger ist als der Versuch, eine neue Religion zu errichten – und eine humanistische dazu. Sie werden vorschlagen, dass ich Mut haben und zugeben solle, dass das Christentum sich wie viele andere Religionen zuvor einfach allmählich aufgelöst hat, und dass ich mich vom Leben der Kirche zurückziehen solle. Warum, fragen sie, sollte ich oder irgendjemand sonst sich die Mühe machen, sich diesem quälenden Prozess der Umformung, des neuen Überdenkens, des neuen Interpretierens und Revidierens zu unterwerfen? Das sind berechtigte Sorgen.

Ich trete in diesen Prozess ein, weil ich diesen Christus nicht aufgeben kann, es mir aber auch nicht möglich ist, bequem mit seiner traditionellen Interpretation zu leben. Ich kann mir nicht vorstellen, dass die herkömmliche Deutung Jesu alle Möglichkeiten erschöpft hat. Ich kann ohne große Schwierigkeiten diese Erklärungen zur Seite schieben, aber ich kann die Christuserfahrung nicht aufgeben, die diese theistischen Erklärungen von gestern hervorrief. Ich finde, dass diese Macht Christi noch immer unaufgebbar ist.

Ich bin von Generationen von Gläubigen bewegt, deren Leben von Jesus bereichert, ja sogar verändert wurden. Meine eigene Erfahrung ist, dass meine Beziehung zu Jesus mir immer wieder über Grenzen hinweg geholfen hat. Deshalb will ich ihn nicht loslassen, bis ich die Bedeutung seines Lebens mit neuer Intensität unersucht habe. Ich will von diesem Nachforschen nicht ablassen, bis ich zu einer Ebene der Wahrheit gelangt bin, die jenseits der bedrohlichen Verteidigungshaltung des gegenwärtigen theologischen Establishments liegt. Ich will offen nach jeder Möglichkeit suchen, mit der ich Jesus zutreffender erklären kann. Vielleicht war er ein missverstandener Zelot, ein unglückliches Opfer oder ein getäuschter Narr. Aber das kann ich mir nicht vorstellen. Etwas zieht mich immer wieder zu ihm zurück. Er kann auch eine Form der Gegenwart Gottes gewesen sein, vielleicht sogar einer fortbestehenden – wenn ich nur herausfinden könnte, wie sich dies in einer Sprache ohne die theistischen Gottesbilder der Vergangenheit vermitteln lässt!

Der einzige Weg, den ich kenne, um diesen Fragen nachzugehen, ist die Untersuchung der menschlichen Natur Jesu, der Substanz, die unter den theistischen Erklärungen zu finden ist. Was gab es im eigentlichen Leben dieses Mannes und auch in seinem Tod, das dazu führte, dass er von seinen jüdischen Zeitgenossen als das Passahlamm verstanden wurde, das die Macht des Todes brach? Warum sahen ihn seine frühen jüdischen Anhänger als das Opferlamm des Yom Kippur, das die Trennung zwischen Gott und dem menschlichen Leben überwand, oder als den Sündenbock des alten Israel, der Träger der Sünde wurde und so die Sünden vom Volk wegnahm? Was gab es im Zusammenhang mit der Kreuzigung, das bewirkte, dass sie von Jesus als dem unschuldigen Opfer oder dem leidenden Knecht sprachen, indem sie das Bild aufnahmen, das im 6. Jahrhundert v. Chr. in den Schriften eines unbekannten Propheten, den wir heute Deuterojesaja nennen, geschaffen worden war (Jesaja 40–55)? Was geschah nach der Kreuzigung, das dieselben jüdischen Menschen zu dem Glauben veranlasste, Gott habe ihm das wahre, göttliche Sein verliehen und er deshalb mit dem Bild des Menschensohnes aus dem Buch Daniel identifiziert werden sollte (Daniel 7,13), der eines Tages auf den Wolken als letzter Beauftragter des Gerichtes Gottes wiederkehren würde? Was gab es da in der Gesamtheit seines Lebens, das dem Verfasser des Johannesevangeliums den Anstoß gab, ihn mit dem präexistenten Logos oder Wort Gottes – einem göttlichen Hervortreten – in Verbindung zu bringen? Dieses Logos-Bild wurde aus den Schriften eines jüdischen Philosophen des ersten Jahrhunderts namens Philo und von den älteren Verfassern des Buches der Sprichwörter abgeleitet (Sprichwörter 3,19–20), die von der »Weisheit« in sehr ähnlicher Weise sprachen.

Wurden all diese Bilder rein zufällig auf Jesus angewandt? Haben die ersten Gläubigen einfach die Christusgeschichte geschaffen, um ihre eigenen biblischen Erwartungen zu erfüllen?

War der Wunsch die Mutter der Erfindung, oder gab es in seinem Leben etwas so Wirkliches, so Zeitloses, so Offenbarendes und so Transzendentes, dass man auf all diese Bilder nicht verzichten konnte, auch wenn sie unzulänglich blieben? Warum war es unvermeidlich, dass diejenigen, die den Heiligen Gott anbeteten, darauf bestanden, dass sie Gott in ihm trafen? Wenn die eng um ihn gelegten theologischen Strukturen der Antike zusammenbrechen, wie es nach meiner Meinung in dieser Generation geschieht, werden uns diese Fragen dazu zwingen, noch unter den Trümmern nach der Bedeutung von Jesus zu suchen. Wir suchen weiter nach dem offenbarenden Augenblick, den die Menschen in ihm erfahren haben, nach diesem Blitz des Wunders, der sie zu ihrer Gottessprache trieb, und nach der Substanz, auf der der theistisch-theologische Überbau der Lehre, der Dogmen und der Glaubensbekenntnisse später errichtet wurde.

Selbst wenn die Aufgabe zu Ende gebracht wäre, herauszufinden, was Menschen in ihm fanden, müssen wir uns noch einer in gleicher Weise beunruhigenden Frage stellen: Traf ihre und unsere Erfahrung wirklich zu, oder wurden wir alle durch unseren uranfänglichen Wunsch getäuscht, zu entdecken, dass wir in dieser weiten und unpersönlichen Welt nicht allein sind? So tauchen wir nun in die Jesusgeschichte ein.

Es gibt letztlich nur zwei Stellen, an welchen wir nach der Person Jesu suchen können. Einmal handelt es sich um die Evangelien selbst. Können wir trotz des übernatürlichen Bezugsrahmens der Evangelisten etwas über den Menschen Jesus erkennen? Die zweite Möglichkeit besteht in der Untersuchung der Wirkungsgeschichte seines Lebens. Es ist vielleicht schwerer, die eigentliche Person Jesu von den Interpretationen seines Lebens zu trennen, die im Verlauf der Geschichte zu den unterschiedlichsten Antworten führten. Aber wir müssen es versuchen. Können wir beurteilen, wie es dazu kam, dass dieses Leben die Menschheit oder bestimmte einzelne Personen auf eine höhere Ebene des Seins rief, einlud oder drängte?

Das johanneische Material im Neuen Testament bringt zum

Ausdruck, dass Liebe nur ein anderer Name für Gott ist (1 Johannes 4,8). Hat Jesus diesen Namen auf einer neuen Ebene verwirklicht? In den Evangelien wird er sicher als einer dargestellt, der über die Schranken hinauszureichen vermochte, die der Bedeutung der Liebe so oft gesetzt sind. So suchen wir zuerst zu verstehen, wie es dazu kam, dass die Verfasser der Evangelien bemerkten, dass in der Gegenwart Jesu die Schranken zu weichen begannen, die Menschen voneinander trennten.

In der Welt, in der Jesus lebte, trennte eine Kluft stereotyper Vorurteile die Juden von den Samaritern. Sie aßen nicht zusammen, sie beteten nicht zusammen, sie heirateten nicht untereinander, sie hielten sich nicht einmal am gleichen Ort auf, wenn es sich vermeiden ließ. Doch in den Evangelien wird gezeigt, dass bei Jesus der Samariter geachtet und geheilt wird (Lukas 17,11–19), und dass ein Samariter, der die Forderungen des Gesetzes befolgte und Barmherzigkeit übte, sogar viel mehr ein Kind Abrahams war als der jüdische Priester oder der Levit (Lukas 10,29–37). Das waren überzeugende Beispiele dafür, wie Schranken überwunden und Menschen einbezogen wurden. So erfuhr der Stellenwert der Liebe auf dramatische und bedeutsame Weise eine Ausweitung.

Die Trennung zwischen Juden und Heiden ging noch weiter als die Trennung von Juden und Samaritern. Mit dieser Trennung ist eine lange und schmerzhafte Geschichte gewalttätiger Auseinandersetzung verbunden. Über Jahrhunderte war Absonderung Teil jüdischer Überlebenstechnik. Sie schloss jede Vermischung aus. Im Dienst dieses Überlebenswillens wurden Heiden für Juden als unrein erklärt. Sie galten als die Unbeschnittenen, als diejenigen, die die Speisegesetze nicht beachteten und überhaupt von den heiligen Forderungen der Tora nichts wussten. Die Verbindung mit Heiden würde deshalb Juden verderben und sie unrein machen. Deshalb waren sie für die jüdische Gemeinde und wahrscheinlich in gleicher Weise auch für den jüdischen Gott inakzeptabel. (Es muss dazu bemerkt werden, dass die Heiden die Juden vergleichbar negativ charakterisierten.)

Doch Markus stellte in seinem Evangelium dar, dass Jesus nach der Speisungsgeschichte auf die heidnische Seite des Sees hinüberging, um die Speisung der Menge in der Wüste zu wiederholen. Diesmal, heißt es, reichten sieben Laib Brot für viertausend Menschen aus (Markus 8,1–10).[59]

Von ihm wurde auch gesagt, dass er sich der syrophönizischen Frau zuwandte, einer anderen Heidin, und ihre Tochter heilte (Markus 7,24–30). Die Evangelien erzählen, dass Jesus den Knecht eines römischen Hauptmanns heilte und dann noch bemerkte, dass dieser einen Glauben hatte, wie er ihn in Israel noch nicht gefunden hatte (Matthäus 8,5–10; Lukas 7,1–10). Das Markusevangelium beschließt die Passionsgeschichte damit, dass ein heidnischer Hauptmann vor dem Kreuz als erster die Bedeutung des Todes Jesu versteht: »Wahrhaftig, dieser Mensch war Gottes Sohn« (Markus 15,39).

Matthäus war vielleicht der jüdischste unter den Evangelisten. Er stellte die Jesusgeschichte zwischen zwei erläuternde Texte wie in einen Rahmen. Zunächst erzählt er, dass bei der Geburt Jesu Heiden kamen, die bekannt waren als Weise oder Magier, und dem jüdischen Messias Geschenke brachten. Diese Magier wurden, wie Matthäus sagt, von einem Stern geleitet, einem himmlischen Zeichen, das für die ganze Welt sichtbar war. Dahinter steht die Absicht zu verdeutlichen, dass Heiden zum Licht dieses Christus gezogen werden (Matthäus 1,2). Nach Jesu Tod führte Matthäus diese Vorstellung noch weiter. Er zeigt, wie der auferstandene Christus seine Jünger beauftragt, in alle Welt zu gehen, und das heißt, weit über die Grenzen hinaus, die damals die Juden von den Heiden trennten (Matthäus 28,16–20).

In der zweiten Genealogie Jesu, die im Neuen Testament Aufnahme fand (Lukas 3)[60], sagt Lukas, dass Jesus von Adam abstammt, wie jeder andere Mensch. Auf diese Weise brachte er zum Ausdruck, dass er allen Menschen gehört, auch den Heiden. So gibt es bei Jesus keine Schranke, die ein Kind Gottes vom anderen trennen könnte. Lukas trägt diesen Punkt noch stärker in der Pfingstgeschichte (Apostelgeschichte 2) vor, in der der Heilige Geist auf die Vertreter aller Nationen auf Erden ausgegossen wird: »Parther, Meder, Elamiter und die Bewohner von Mesopotamien …«. Dieselbe Geschichte erzählt, dass der Heilige Geist die Sprachbarriere beseitigte, die in hohem Maße zur Teilung der menschlichen Familie beigetragen hatte. In der Gegenwart des Heiligen Geistes war die menschliche Gemeinschaft allumfassend. Das war im Judäa des ersten Jahrhunderts eine überraschende These. Mit Jesus hatte es etwas auf sich, das seine Nachfolger von Jerusalem bis in den äußersten Winkel der Welt trieb.

In der Welt, in der Jesus lebte, gab es auch kulturelle Grenzen: Frauen wurden als Menschen zweiter Klasse und Kinder als der Fürsorge Gottes unwürdig angesehen. Doch von Jesus wird berichtet, dass er mit der Frau am Brunnen sprach, dass er ihre Fragen beantwortete, sie in einen Dialog zog, ihre Vorurteile herausforderte und sie sogar einlud, Gott »im Geist und in der Wahrheit« anzubeten (Johannes 4,7–30). Er nahm eine Reihe von Frauen in die Jüngerschaft auf, angeführt von Maria von Magdala, die mit ihrem eigenen Einkommen Jesus und die Schar der Jünger unterstützten (Lukas 8,3). Als die Kirche geboren wurde, waren im Obergemach Frauen mit dabei, die zu den ersten Empfängern des Geistes gezählt wurden (Apostelgeschichte 1,14). Sogar Paulus nahm etwas von Jesus auf, als er erklärte, dass in Christus »nicht Mann noch Frau ist« (Galater 3,28). Diese größere kulturelle Revolution scheint mit Jesus identifiziert worden zu sein. Und sie ist so mächtig, dass religiöse Gruppen sich selbst heute noch bemühen, sie zu unterdrücken.

Als seine eigenen Jünger Kinder daran hinderten, zu ihm vorzudringen, heißt es, dass er seine Jünger getadelt und verkündet hat, die kleinen Kinder sollten zu ihm kommen, denn »Menschen wie ihnen gehört das Reich Gottes« (Markus 10,13–14). Tatsächlich ging er so weit zu sagen, dass wir nicht in das Reich Gottes hineinkommen können, wenn wir es nicht wie kleine Kinder empfangen (Markus 10,15).

Es gab zur Zeit Jesu auch kultische Schranken, die andere ausschlossen. Einige Leute wurden als rituell unrein erklärt und waren deshalb nicht würdig, mit anderen Menschen in Kontakt zu kommen. Die Menstruation war nach der Tora eine Quelle solcher Unreinheit (Levitikus 12,2; 18,19). Wenn der Zyklus der Frau, der nur ein paar Tage dauert, sie für diese Zeit unberührbar machte, wie viel abstoßender war dann eine Frau mit chronischen Blutungen? Doch das Evangelium zeigt, dass Jesus die Berührung, die nach damaliger Auffassung verunreinigend war, nicht scheute. Er kam dieser Frau mit Liebe entgegen und heilte sie (Markus 5,24–34). Wir bemerken auch, dass er einen als unrein geltenden Leprakranken berührte und ihn wieder in die menschliche Gemeinschaft zurückführte (Markus 1,40–41). Sogar kultische Unreinheiten verschwinden vor ihm.

Als nächstes wird von Jesus berichtet, dass er in einer Welt, die Geisteskrankheit als dämonische Besessenheit sah, einem geistig gestörten Mann gegenüberstand, der verbannt bei den Grabhöhlen lebte und nicht mit Seilen und Ketten gebunden werden konnte. Jesus hat selbst dieses Leben in die Ganzheit zurückgerufen (Markus 5,1–13).

Die Göttlichkeit, die für Jesus in Anspruch genommen wird, gilt einer Person, die eine Botschaft in sich trug, die verkündete und lebte, dass niemand durch Religion, Stammeszugehörigkeit, Kultur, Kult, Ritual oder Krankheit von der Liebe Gottes getrennt werden kann. Wenn Liebe ein Teil dessen ist, was Gott ist oder wer Gott ist, dann kann sicher von Jesus gesagt werden, dass er gottgemäß lebte. Die Evangelien zeigen, dass er dies in beständiger Intensität tat. Es war, als ob seine Quelle der Liebe keine menschliche Grenze kannte. Sie war unerschöpflich. Sie spendete Leben. Als man dies schließlich bemerkte, nahm man an, dass die im Leben Jesu gegenwärtige Liebe so tief dem Sinn Gottes entsprach, dass diese Liebe darauf zurückzuführen ist, dass eine überirdische Gottheit in ihn eingegangen war.

Als die Geschichte seines Lebens in der frühen Tradition der Evangelien aufgeschrieben wurde, gewann ein anderer Aspekt seines Menschseins die Aufmerksamkeit der Menschen. Er besaß die unirdische Fähigkeit, völlig offen für eine andere Person zu sein. Menschen, die in sein persönliches Leben eintraten, erfuhren das, was Paul Tillich als das »ewige Jetzt« beschrieb.[61] Es war, als ob in der vollkommenen Aufmerksamkeit Jesu die Zeit still stünde. Er war fähig, sich selbst in einem bemerkenswerten Maß anderen zu geben. Das kann in seinem Gespräch mit dem reichen Jüngling beobachtet werden (Markus 10,17–22; Matthäus 19,16–22; Lukas 18,18–23) und mit der Frau, die beim Ehebruch ertappt worden war (Johannes 8,1–11).[62] Es zeigte sich auch in der Erzählung vom Dialog mit Pontius Pilatus nach seiner Verhaftung (Markus 15,1–5; Matthäus 27,15–26; Lukas 23,1–25), mit den Soldaten, die ihn folterten (Markus 15,16–20; Lukas 23,32–38) und mit dem reuigen Verbrecher am Kreuz (Lukas 23,39–43). Man muss in sich selbst sehr stark sein, um sein Leben für jemand anderen so tief und so völlig hingeben zu können. Das war noch ein anderer Aspekt seines Menschseins, der der Aufmerksamkeit nicht entging. Es war ein bezeichnender Teil dessen, was Jesus war, und so musste es auch gedeutet werden. So schlugen Interpreten vor, dass diese Qualität seines Lebens vielleicht erkennen ließ, dass er auf irgendeine Weise an der unendlichen Tiefe des Lebens Gottes teilhatte.

Sein Menschsein wurde auch derart dargestellt, dass er die wesentliche, aber seltene Qualität wahrer Freiheit an den Tag legen konnte, nämlich die Freiheit, unter allen Umständen sich selbst treu zu sein. Eine der ekstatischen Äußerungen des Paulus fing diesen Aspekt im Leben Jesu ein. Der Apostel schrieb: »Zur Freiheit hat Christus uns befreit« (Galater 5,1). Dieses Bild der Freiheit wurde in einer Erzählung der letzten Tage des Lebens Jesu in einzigartiger Weise gemalt. Die Evangelien erzählen davon, dass Jesus, als er zum Passahfest nach Jerusalem zog, wie ein König begrüßt wurde, der im Namen des Herrn kam, und Menschen ihre Kleider auf seinem Weg ausbreiteten (Markus 11,1–10; Matthäus 21,1–9; Lukas 19,29–38). Sie winkten mit Palmzweigen, um seine Ankunft zu begrüßen. In diesen Erzählungen erkennen wir die bemerkenswerte Gabe seiner Freiheit. Es wäre für Jesus so einfach und menschlich so nahe liegend gewesen zuzulassen, dass diese Akklamationen die Bedürfnisse seines Ego befriedigen, ihn von seiner Bestimmung abbringen und sogar seine Humanität beschädigen. Lob und Beifall der Menge bilden eine verführerische Droge, von der man weiß, dass sie einige große Menschen süchtig werden ließ. Der Darstellung der Evangelien zufolge nimmt Jesus dieses Willkommen entgegen, aber weicht von seinem Weg weder nach rechts noch nach links ab. Das ist das Bild von einem, der wusste, wer er war. Er besaß die Freiheit, er selbst zu sein. Das Lob der Menschen trug für sein Selbstbewusstsein nichts aus. Eine Woche später wurde diese Freiheit in einer Erzählung des Evangeliums aus einer anderen Perspektive beleuchtet. Jetzt waren die Beifallsrufe verstummt. Jesus sah sich offener Feindschaft gegenüber. Zuerst ging es vor Gericht um sein Leben. Dann wurde er verurteilt, ohne die Möglichkeit zu haben, Schutz vor Grausamkeit oder Beschimpfung zu fordern. Schließlich war er ein sterbender Mann, auf dem Kreuz ausgestreckt, von wo es kein Entrinnen mehr gab.

Wenn unser Leben bedroht ist, wenn es uns gewaltsam genommen wird, wenn wir zum Opfer der Aggression anderer werden, wenn die Beschimpfung einer Masse über uns ausgegossen wird, dann wollen die allermeisten Menschen sich wehren, sich verteidigen, angreifen, fluchen, plädieren, hadern, winseln oder weinen. Wie wir schon bemerkt haben, ist Selbsterhaltung vielleicht auf der tiefsten Ebene der menschlichen Psyche verankert. Wieder einmal zeichnen die Evangelien ein Bild von Jesus als einen bemerkenswert freien Mann. Er hatte die Freiheit zu vergeben, zu ertragen, war frei zu leben und frei zu sterben. Die äußeren Umstände hatten sein Leben nicht erschüttert. Das war und ist ein überraschendes Bild. Es ist unbedeutend, ob irgendeines dieser Bilder in einem wörtlich Sinn genau zutrifft. Tatsächlich geben sie Eindrücke von seiner Person wieder. Und als die Verfasser der Evangelien sie aufschrieben, begründeten sie erregende, unvergessliche, seltene Einblicke in die Tiefe des Menschseins Jesu. Es war deutlich, dass in seinem Leben eine enorme Kraft wirkte.

Zum Schluss ein Blick auf die Darstellung seiner Beziehung zu seinen Jüngern. Wie es in einem Text heißt, waren sie von ihm aus einer größeren Zahl ausgewählt worden, nachdem er die ganze Nacht mit Gebet und Meditation verbracht hatte (Lukas 6,12–16). Er hatte sich dieser Gruppe der Zwölf intensiv gewidmet. Die Evangelien zeigen, wie er sich von der Menschenmenge abwendet, um sich auf die Gruppe seiner Jünger zu konzentrieren. Als sie die Bedeutung eines Gleichnisses nicht verstanden, erklärte er es ihnen allein (Markus 4,10–20; Lukas 8,9–15; Matthäus 13,10–23). Wenn sie nicht verstanden, worum es in seinem Leben ging, versuchte er es ihnen zu verdeutlichen, ohne sie wegen ihrer Unwissenheit zu beschämen (Apostelgeschichte 1,7; Johannes 20,27; 6,68).[63] Wenn diese Jünger ihn im Stich ließen, was immer wieder geschah, hörte er nicht auf, sich ihnen liebevoll zuzuwenden. Seine Lebensgeschichte in den Evangelien wurde so gezeichnet, als sei ihr Ziel zu zeigen, dass nichts, was jemand tat, und nichts, was jemand war, ihn von der Liebe Gottes trennen konnte. Als diese Jünger ihn verließen, liebte er die, die ihn verließen. Als einer von ihnen – wie es heißt – ihn verleugnete und ein anderer ihn betrog, liebte er den Verleumder und den Betrüger. Als seine Feinde ihn beleidigten, liebte er seine Beleidiger. Als sie ihn töteten, liebte er die, die ihn töteten. Was kann man noch mehr tun, um den Gott, der Liebe ist, auszuleben?

Sein Tod war nach der Deutung in den Evangelien Selbsthingabe. Er war zum Tode verurteilt worden, aber den Evangelien zufolge gab er sein Leben sogar dann hin, als man es ihm nahm. Er vergab den Soldaten (Lukas 23,34). Er tröstete die Töchter Jerusalems, die um ihn weinten (Lukas 23,28). Er gab dem reuigen Verbrecher Zuversicht (Lukas 23,43), und es wird sogar gezeigt, wie er vom Kreuz für seine Mutter sorgte. Wieder kommt es nicht darauf an, wie detailgenau diese Bezugnahmen sind. Als die Glaubensgemeinschaft ihre Berichte vom Leben Jesu schrieb, waren dies die menschlichen Eigenschaften, die hinter der theistischen Interpretation der Bedeutung des Jesus von Nazaret lagen. Hier war ein ganzer Mensch, der ein ausgefülltes Leben führte.

Er liebte verschwenderisch und hatte unter allen Umständen den Mut zu sich selbst. So war er ein menschliches Abbild des als Quelle des Lebens, Quelle der Liebe und Urgrund des Seins verstandenen Gottes.

Wenn wir einmal den theistischen und übernatürlichen Rahmen hinter uns gelassen haben, in dem sein Leben durch Jahrhunderte steckte, bleibt uns ein bemerkenswertes Bild eines Menschen, der in der Tat alle menschlichen Grenzen hinter sich zu lassen schien.

Untersucht man den Weg, den dieses Bild durch die Geschichte nahm, findet man heraus, dass der Schwung, den Jesus vermittelte, die Gemeinschaft, die seinen Namen trägt, weiterhin dazu drängt, über alle menschlichen Schranken hinweg die Reise nach vorn fortzusetzen. In ihrem Drang, eine weltweite Gemeinschaft zu bilden, hat die Kirche Jesu Christi ständig die Barrieren der Vorurteile überwunden. Heiden waren letztlich in der Kirche willkommen. Die Sklaverei wurde schließlich beendet. Der Segregation und der Apartheid wurde das Rückgrat gebrochen. Frauen erreichten Macht und kirchliche Stellungen. Geisteskranke Menschen wurden schließlich verstanden, als kranke Menschen und nicht als Verrückte behandelt. Menschen, die Depressionen zum Suizid geführt hatten, wurden endlich auf kirchlichen Friedhöfen bestattet. Geschiedene wurden schließlich nicht mehr verworfen, sondern erhielten eine zweite Chance zu Heirat und zum Glück. Linkshänder wurden schließlich verstanden und so angenommen, wie sie waren: Man zwang sie nicht mehr gegen die Funktionsweise ihres Gehirns zu einer unnatürlichen Umstellung. Schließlich wurden auch Lesben und Homosexuelle in der Kirche willkommen geheißen, ohne dass man von ihnen den Willen zur »Besserung« oder ein schuldbeladenes Zölibat als Preis für ihre Zulassung forderte. Selbst die kirchlichen Einschränkungen für die Stellung, die ehrliche und offene Homosexuelle in der Kirche einnehmen können, wenn sie es wagen als Paar zu leben und zu lieben, wurden beseitigt. Natürlich gab es im Verlauf der christlichen Geschichte schwierige

Zeiten, Zeiten der Ablehnung, der Rückschläge und dunkle Kapitel. Aber letztlich hat die Macht Christi in dieser Gemeinschaft der Gläubigen die Oberhand behalten und die Türen der Kirche für die geöffnet, die einmal ausgeschlossen waren. Dieses Merkmal des Menschen Jesus von Nazaret, das auch in den Evangelien gefunden wird, drängt in der Kirche von Generation zu Generation immer wieder nach vorn.

Wenn wir diese Befunde weiter betrachten, müssen wir noch eine andere Frage stellen, die in der theistischen Welt von gestern nie auf den Tisch gekommen wäre: Schließen sich die Qualitäten, die wir menschlich und göttlich nennen, gegenseitig aus? Durchdringen sie einander? Ist das Göttliche einfach die Tiefendimension des Menschlichen? Oder sind diese beiden Größen vielleicht zwei Seiten derselben Münze? Das ist eine neue theologische Grenze, und es lohnt sich, ihr nachzugehen.

Einige religiöse Denker vertreten die Meinung, dass alle diese modernen Versuche, das Heilige neu zu sehen, letztlich nichts anderes sind, als der Absturz des transzendenten Andersseins Gottes in den flachen Sinn der Immanenz Gottes. Diese Immanenz ist flach, weil sie der einzige Aspekt Gottes ist, den Menschen vermutlich begreifen können. Dies ist jedoch nicht mein Verständnis, weder von Immanenz noch von Transzendenz.

Transzendenz, wie sie konservative Denker verstehen, ist nach meiner Meinung nur ein Aspekt des theistischen Denkens der Vergangenheit, der seine ursprüngliche Bedeutung verloren hat. Ich glaube zum Beispiel nicht, dass die Transzendenz sich im Konzept eines überirdischen Gottes erschöpft, der von einem günstig gelegenen, übernatürlichen Ort auf diese Welt einwirkt. Ich sehe die Transzendenz eher als eine zusätzliche Dimension des Heiligen. Die Immanenz Gottes mag mit solchen menschlichen Qualitäten wie Liebe, der Qualität des Lebens und der Bejahung der Existenz identifiziert werden. Man nähert sich Gott zuerst in diesen sehr menschlichen Erfahrungen. Aber wenn wir einmal die Schranken überschritten haben, die unser Menschsein begrenzen, und zur Unendlichkeit der Quelle des Lebens selbst gelangt sind, dann wird *Transzendenz* das Wort, das die endlose Tiefe des Lebens symbolisiert, die uns dann offen steht. Immanenz steht für den Ort, an dem es zum Kontakt zwischen dem Menschlichen und dem Göttlichen kommt. Transzendenz steht für die unauslotbare göttliche Tiefe, wenn sie berührt ist. Das menschliche Leben kann in die Unendlichkeit Gottes eingehen, weil die Unendlichkeit Gottes im Herzen jedes menschlichen Wesens gefunden werden kann. Die beiden sind nicht verschieden. Menschlichkeit und Göttlichkeit fließen zusammen. Das wollte Tillich zum Ausdruck bringen, wenn er Gott »den unendlichen und unerschöpflichen Urgrund allen Seins« nannte. Das ist es auch, meine ich, was der johanneische Verfasser zu sagen versuchte, wenn er behauptete: »Gott ist Liebe; und wer in der Liebe bleibt, der bleibt in Gott« (1 Johannesbrief 4,16). Das versuchten auch die Mystiker von Meister Eckhart bis John A. T. Robinson[64] zu vermitteln, wenn sie zum Ausdruck brachten, dass Jesus sich in seiner Art nicht von dir und mir unterschied. Er unterschied sich im Maß, nämlich in dem Maß, in dem das Gottesbewusstsein in ihm zur Fülle kam. Er war nach Robinsons Worten beides, »der Mann für andere« und »das menschliche Antlitz Gottes«.[65]

Wir erinnern uns nun an unseren früheren Versuch, von Gott in unpersönlichen Kategorien als dem Urgrund des Seins, der Quelle des Lebens und der Quelle der Liebe zu sprechen. Jetzt wollen wir versuchen, in diesen Kategorien von Jesus zu sprechen.

In der Existenz Jesu sehen wir eine Offenbarung des Urgrundes des Seins. In seinem Leben sehen wir eine Offenbarung der Quelle des Lebens. In seiner Liebe sehen wir eine Offenbarung der Quelle der Liebe. Dieses waren die Aspekte seiner menschlichen Gegenwart, die sein Leben so Ehrfurcht gebietend und so überzeugend machte, dass Menschen dazu getrieben wurden, über ihn in der Sprache der theistischen Bilder der Antike zu schreiben. So wurde er begrüßt als »der Sohn Gottes«, der Fleisch geworden war, und später sogar als die zweite Person der Heiligen Dreieinigkeit. Dies war die einzige Form, in der jüdische Christen, die im ersten Jahrhundert die neutestamentlichen Texte verfassten, und die späteren Christen im vierten und fünften Jahrhundert, die die Glaubensbekenntnisse formulierten, ihre Erfahrung sinnvoll in dem Rahmen zum Ausdruck bringen konnten, auf den allein sie sich mit ihren Voraussetzungen und mit ihrer Weltsicht beziehen konnten.

Ja, Gott ist für mich wirklich, intensiv wirklich, aber Gott ist kein Wesen – überweltlich, übernatürlich oder theistisch –, zu dem ich Zugang suche. Gott ist eher eine Gegenwart, die in der Fähigkeit zu leben, in der Fähigkeit zu lieben und im Mut zum Sein in der Tiefe meines Lebens entdeckt wird. Jesus, der Lebendige, der Liebende, der unter allen Umständen Mut zu sich selbst hatte, war und ist das Leben, in dem Gott in menschlicher Gestalt in den Grenzen unserer Endlichkeit gesehen werden konnte und noch immer gesehen werden kann. Wenn man Transzendenz übersetzen kann als unendliche Tiefe, wenn Immanenz als der Ort gesehen werden kann, an dem wir Zugang zu dieser Tiefe finden können, und wenn die Figur des Christus erläutert werden kann als das Leben, in dem Transzendenz und Immanenz zusammenkommen, dann haben wir einen neuen Weg gefunden, die Bedeutung der Trinität zu verstehen. Das Kreuz Jesu offenbarte, dass man Leben vollkommen weggeben kann, wenn man es besitzt, oder wenn man in Berührung mit der Quelle des Lebens steht oder vielleicht eins mit ihr ist. Der Weg des Kreuzes wird so zum Weg ständiger Verletzlichkeit. Es war Jesu Sein, das volle Menschsein Jesu, das letztlich die Bedeutung Gottes offenbarte. Es ist das Sein eines jeden von uns, unsere volle Menschlichkeit, die uns schließlich auch mit der Bedeutung Gottes verbindet.

So bedeutet, ein Jünger von Jesus zu sein, nicht, dass man Glaubensbekenntnisse in vorgegebenen Formen über die Realität des theistischen Gottes ablegt, von dem man annimmt, er sei in unsere Welt gekommen und habe eine Zeit lang in der Person Jesu unter uns gelebt. Es verlangt nur von mir, durch ihn gerüstet zu sein, die Gegenwart Gottes in ihm nachzuahmen, indem ich voll lebe, verschwenderisch liebe und den Mut habe, all das zu sein, zu dem Gott mich schuf. Es bedeutet nicht, dass ich mich vom Leben abwende, um Kontakt zum Heiligen zu finden, denn das Heilige ist in mir. Es bedeutet, dass ich mit Gott in dem Maße in Verbindung komme, in dem ich mein Leben, meine Liebe und mein Sein für andere weggeben kann. Ich beginne zu verstehen, dass man Gott nicht verehren kann, ohne zugleich für das Leben anderer zu wirken. Dieser Weg zu Gott öffnet mir auch die Wahrheit der Weisheit aller Zeiten, die zeigt, dass wir im Geben empfangen, im Vergeben befreit werden, im Lieben geliebt werden, und letztlich, dass wir im Sterben die Fülle des Lebens finden.[66]

Ich kann diesem nichttheistischen Gott oder diesem offenbarenden Christus nicht dienen, es sei denn, ich versuche, eine Welt zu bauen, in der alle Schranken für volles Menschsein einer jeden Person beseitigt sind. Deshalb darf in meinen Augen kein Vorurteil in der Gemeinschaft, die sich selbst »der Leib Christi« nennt, geduldet werden. Denn jedes Vorurteil, sei es auf die Rasse, die Volkszugehörigkeit, das Geschlecht, die sexuelle Orientierung, den Kult oder die rituelle Reinheit gegründet, ist letztendlich ein Dolch, der genau auf das Herz dieser frohen Botschaft zielt, die dem Leben Christi entspringt.

Ist dies dann ein göttlicher Christus? Handelt es sich um eine Darstellung der Bedeutung Jesu, die ausreicht, die Kontinuität mit der Tradition des Christentums herzustellen? Ich glaube das, aber es liegt letztlich nicht an mir, dies zu sagen. Vielleicht erweist es sich auch als gar nicht so schrecklich wichtig. Aber in der augenblicklichen Situation ist es für mich wenigstens ein Hoffnungsschimmer, der mir einen Weg über den Tod des Theismus hinaus zu einem Verständnis des Christentums und des christlichen Lebens zeigt, das das Exil überleben kann. Es ist eine Vision, vielleicht eine minimale Vision, ein Ort, an dem man beginnen kann, eine Antwort auf die Frage: »Wer ist Christus für mich?« zu finden.

Wenn ich nach Worten suche, mit denen ich diese Überzeugung in einem überzeugenden Konzept weitergeben kann, stoße ich immer wieder auf johanneische Texte. Dort finde ich Worte, die ich brauchen kann. Dort wurde Jesus mit den Worten zitiert: »Ich bin der Weg, die Wahrheit und das Leben« (Johannes 14,6). Da ist Jesus für mich der Weg in das Herz Gottes, den Urgrund des Seins. Jesus ist für mich die Wahrheit, in der ich mein Leben mit theologischer und menschlicher Aufrichtigkeit leben kann. Jesus ist für mich das Leben, das uns allen bekannt gemacht hat, was der Sinn des Lebens ist. So nenne ich ihn den »Herrn«, nenne ich ihn »Christus« und unterstreiche, dass er es ist, wo ich Gott treffe.

9 Der Sinn des Gebets in einer Welt ohne überweltliche Gottheit

»Womit soll ich vor den Herrn treten, wie mich beugen vor dem Gott in der Höhe? Soll ich mit Brandopfern vor ihn treten, mit einjährigen Kälbern? Hat der Herr Gefallen an Tausenden von Widdern, an zehntausend Bächen von Öl? Soll ich meinen Erstgeborenen hingeben für meine Vergehen, die Frucht meines Leibes für meine Sünde?« (Micha 6,6–7). Diese Worte des Propheten Micha wurden im 8. Jahrhundert v. Chr. geschrieben.

»Diese Nacht schliefen mein Mann und ich überhaupt nicht. Wir weinten und weinten. Im Stillen hatten wir mit dem Universum darum gerungen, dass die nächste Sonographie einen normalen Befund brächte. Wir boten unsere eigenen Körperteile zum Tausch an – Augen, Arme, Füße. Das Universum war taub. Am nächsten Tag nannte uns der Arzt in einer benachbarten Universitätsklinik die vorläufige Diagnose: Es war Klumpfuß, so schwach auch die Untersuchungsergebnisse noch waren.« (*New York Times*, 26.11.1966). Diese Worte standen in einem Artikel mit dem Titel: »Ultraschall und Wut: Die Prüfungen einer Mutter« von Natalie Angier.

Diese beiden Episoden, die 2800 Jahre auseinander liegen, zeigen, was mit menschlichen Gebetsübungen im Laufe der Zeit geschah, die zwischen den Menschen aus der vormodernen Welt voller Wunder, Mirakel und Magie und den Menschen aus der postmodernen Zeit des Pragmatismus, des Wissens und der wissenschaftlichen Erklärungen liegt. Bei Micha war Gott ein überweltliches Wesen, dem Opfer und Gebete dargebracht werden konnten in der Hoffnung, dass dieser Göttliche den Lauf der Geschichte verändern würde. In dem Artikel der *Times* wurde Gott mit dem unpersönlichen Universum gleich gesetzt, das taub war gegenüber den Bitten und den Opferangeboten der schwachen Bittsteller. Jedoch trotz des Zusammenbruchs der traditionellen Glaubensperspektive ließen sich die Bittsteller in beiden

Fällen nicht davon abhalten, ihre tiefsten Sehnsüchte auszusprechen und mit der Gottheit zu verhandeln, die sie einstmals kannten, und ihr bestimmte Angebote zu machen. Diese Menschen, wie ihre einfachen Vorfahren, suchten nach ein wenig Kontrolle über ihr Schicksal, obgleich sie wussten, dass diese Taktiken, die von einer anderen Zeit geborgt waren, nichts bewirken würden. Für Menschen ist es nicht leicht, ihre schwache Existenz anzunehmen und mit einer Welt fertig zu werden, über die sie keine Macht mehr haben. In den Gebeten, die Menschen Jahrhunderte lang gesprochen haben, können wir die menschlichen Hoffnungen und Ängste erkennen. Aber wir können auch sehen, wie sich der Verlust des Vertrauens in die religiöse Institution deutlich zeigt. Ich habe den Verdacht, dass der homo sapiens ebenso sehr ein betender Mensch ist, wie er ein religiöser Mensch ist. Aber können wir noch persönliche Gebete sprechen, wenn es keinen theistischen Gott gibt, der uns Antwort geben kann? Können wir jetzt als Glaubende im Exil beten? Kann das Gebet eine Aktivität sein, die es über das Exil hinaus geben wird?

Wenn meine Erfahrung typisch ist, werden wir mit dem Gebet auf dem Weg vom theistischen Glauben zu unserer nichttheistischen, unbekannten, aber doch gläubigen Zukunft die größten emotionalen Schwierigkeiten erleben.

Ich wollte immer ein betender Mensch sein. Ich habe mich nach dem Gefühl einer sofortigen Verbindung mit dem Göttlichen gesehnt. Doch länger, als ich sogar mir selbst zuzugeben bereit war, hatten Gebete zu einem überweltlichen höchsten Wesen wenig oder gar keine Bedeutung für mich. Meine erste Mutmaßung war, dass dies auf einen wesentlichen Mangel in meiner eigenen geistlichen Entwicklung zurückzuführen sei, und dass ich nur härter und härter daran arbeiten müsse, diese Schwierigkeiten zu überwinden. So habe ich wie der alte Jakob mit diesem Engel, nämlich der Bedeutung des Gebets, lebenslang gekämpft, und ich bin eigentlich auch jetzt noch nicht bereit, ihn loszulassen, bevor er mich gesegnet hat (Genesis 32,22–32).

Im Laufe meines Lebens habe ich jede Gebetsanweisung oder

jedes Gebetbuch gelesen, das ich in meine Hände bekommen habe. Meine eigene Bibliothek hat ein eigenes Regal für Gebetbücher, die einmal meine Aufmerksamkeit erweckten, aber jetzt aussortiert wurden. Ich richtete mir in meinem Arbeitszimmer eine Gebetsecke ein. Ich stattete sie mit einem Gebetsstuhl aus, der mich daran erinnern sollte, dass dies mein Gebetsplatz war, wo ich ganz konkret vor Gott in der Höhe knien konnte. Ich habe meine Fürbitten und meine besonderen Gebetsanliegen mit verschiedenen Gebetsordnungen organisiert. Zu diesen Gebetszeiten habe ich regelmäßig für die Geistlichkeit der Diözese von Newark, ihre Familien und ihre Gemeinden gebetet. Einmal habe ich mir sogar ein Kreuz auf meine Armbanduhr geklebt, damit es mich jedes Mal, wenn ich nach der Zeit sah, daran erinnerte, ein Gebet zum Himmel zu schicken, das mich mit Gott in Verbindung hielt, von dem ich hoffte, dass er ein überirdischer Kompass sei, der mein Leben leitet. Ich war immer mit großem Ernst bestrebt, ein Mensch zu sein, der in einem deutlichen Bewusstsein des Göttlichen lebt und deshalb des Friedens inne werden sollte, der aus der Verbindung mit dem himmlischen Gott kommt. Ich glaubte wirklich, dass Disziplin und Ausdauer mich zu diesen Zielen führen würden. Meine Kirche ermutigte dieses Streben mit den einfachen Hinweisen auf die zentrale Bedeutung des Gebets im Leben des Gottesvolkes.

Meine Bestrebungen, dieses Ziel zu erreichen, waren durchaus bekannt. Als ich in den frühen fünfziger Jahren Theologie studierte, bekamen die älteren Studenten die Gelegenheit, vor dem gesamten Lehrkörper und den Studenten in ihrer Klasse zu predigen. Als ich an der Reihe war, wählte ich das Fürbittgebet als mein Thema und breitete meine Vorstellungen und meine, wie ich befürchte, noch irgendwie unreifen Überzeugungen vor diesem nicht immer wohlwollenden Gremium aus. Diese Predigt war mein erster, formeller und schriftlicher Versuch, in meinem lebenslangen Bestreben, einen Sinn in der Bemühung zu finden, die man Gebet nennt.

Später habe ich als junger Priester in der Passionszeit regelmäßige Studientreffen in verschiedenen Gemeinden über das Gebet organisiert und mich dazu gezwungen, sie zu leiten. Als ich in den frühen siebziger Jahren mein erstes Buch schrieb, habe ich diesen ständigen inneren Kampf unter dem Titel *Honest Prayer* (Aufrichtiges Gebet) behandelt. Mein Arbeitstitel war mehr als enthüllend. Er lautete: *Wie man das Vaterunser in einer religionslosen Zeit betet.* In einem anderen Buch habe ich dieses Thema wieder aufgenommen. Es hieß: *Into the Whirlwind* (In den Wirbelwind) und wurde in den frühen 1980er Jahren geschrieben, und ich war immer noch ein Suchender. Trotz all dieser manchmal verrückten, doch wenigstens immer beharrlichen Bemühungen, konnte ich dem Gebet, wie man es traditionellerweise verstand, für mich keinen Sinn abgewinnen. Der wahre Grund dafür, so glaube ich, war nicht meine geistliche Unfähigkeit, sondern dass der Gott, zu dem zu beten ich gelehrt worden war, mehr und mehr aus meiner Sicht verschwand. Ich nehme an, dass ich nicht in der Lage gewesen wäre, dies zuzugeben, selbst wenn es mir bewusst gewesen wäre. Vielleicht gibt es viele, die diesen Kampf in sich selbst bemerken und sich bewusst werden, dass sie auf einer ähnlichen Reise sind.

Wenn man neue theologische Fragen aufwerfen will, muss man sich ausreichend dessen bewusst sein, dass die alten theologischen Lösungen bankrott sind. Ich musste zum Beispiel zu dem Schluss kommen, dass ich nie wieder in der gleichen Weise würde beten können, in der meine Glaubensväter beten zu können glaubten. »Aber es muss doch sicherlich einen anderen Weg geben«, sagte ich mir immer wieder.

Die Bitte: »Herr, lehre uns beten«, ist nicht neu. Sie scheint in jeder Generation aufzukommen. Die Versuchung liegt darin zu denken, dass es eine Methode gibt, die für alle Zeiten funktioniert, und die wir nur herausfinden müssen. Es gibt sie nicht, und selbst Jesu Worte können das aufzeigen.

Als vor zweitausend Jahren die Jünger Jesu zu ihm gesagt haben sollen: »Herr, lehre uns beten« (Lukas 11,1), antwortete er, wie es heißt, mit den Worten: »Wenn ihr betet, so sprecht: ›Unser

Vater (im Himmel), dein Name werde geheiligt.‹« (Matthäus 6,9; Lukas 11,2). Wie tief wir vom Gott der Vergangenheit getrennt sind, wird überaus deutlich, wenn wir der überraschenden Tatsache ins Auge sehen, dass wir in unserer Zeit unmöglich an der gleichen Stelle beginnen können, an der Jesus meinte, dass seine Jünger beginnen könnten.

Die Antwort Jesu ging zum Beispiel von Annahmen aus, die wir heute nicht mehr teilen können. Zunächst nahm er an, dass Gott eine Person war, die als »Vater« angeredet werden konnte. Zum zweiten nahm er an, dass dieses göttliche Wesen außerhalb des Lebens war, oder »im Himmel«. Und schließlich nahm er an, dass diese männliche Gottheit sich daran erfreute, dass wir die Heiligkeit ihres Namens anerkennen. Das alles waren Aspekte des theistischen Glaubenssystems, das es einfach nicht mehr gibt. Die Vorstellung einer persönlichen Gottheit, die die Angelegenheiten der einzelnen Menschen von einem erhabenen, überirdischen Ort lenkt und beobachtet, der eingreift, belohnt und straft, ist erledigt. Heute fliegen Menschen mit Flugzeugen und Raumschiffen durch den entmythisierten Himmel. Wir katalogisieren die Bewegungen der Sterne und Planeten genau. Wir sagen mit präziser Genauigkeit Sonnen- und Mondfinsternisse voraus und berechnen die Wiederkehr des Halleyschen Kometen. Moderne Männer und Frauen haben heute keine brauchbare Vorstellung von Gott als eines übernatürlichen, himmlischen Wesens.

Als sei das nicht bereits genug dafür, dass wir uns von Jesu Antwort auf die Frage nach dem Gebet distanzieren, so geht er weiter davon aus, dass die theistische Gottheit sich durch die Schmeicheleien ihrer Untertanen erfreut. Die erste Bitte in dem so genannten Modellgebet ging dahin, dass Gott vor allem anderen seinen Namen geheiligt sehen wollte. Das liefert uns noch eine weitere Einsicht in den traditionellen Inhalt unserer Gebete und unsere sterbende theistische Vergangenheit.

Wir lernen recht früh die soziale Lektion, dass wichtige Menschen Achtung und Ehre begehren. So wurden Titel erfunden, mit denen man den Leuten Respekt erweisen kann, die dazu bestimmt waren, in unserem Leben Autoritäten zu sein. Wir lernten »Euer Ehren« zu den Menschen zu sagen, die richterliche Gewalt ausüben. »Eure Majestät«, »Eure Exzellenz«, »mein Führer« und »Eure Lordschaft« waren Titel, die wir unseren Königen, unseren Kaisern und unseren Diktatoren zuordneten. »Euer Gnaden«, »Eure Heiligkeit«, »Euer Hochwürden«, »Heiliger Vater« und viele andere ehrwürdige Titel haben wir denen verliehen, von denen man annahm, dass sie Gott repräsentierten. »Mein Herr«, »gnädige Frau«, »Euer Wohlgeboren« sind Anreden, die auch heute in einigen Gesellschaften denen gegeben werden, die einen bestimmten Status erreicht haben.

Es war leicht, diese menschliche Praxis mit größerem Nachdruck in die alten Gebetsformen einzubeziehen. Wenn Menschen sich an diesen ehrenden Titeln erfreuten und positiv auf sie reagierten, um wie viel mehr würde Gott, der über das Universum regierte, dadurch bewegt sein und zu unseren Gunsten handeln und uns Güte und Barmherzigkeit erweisen, wenn wir ihm mit ähnlicher Ehrerbietung begegnen. So füllten wir unsere theistischen Gebete mit schmeichelnden Titeln für den, dessen Name geheiligt werden sollte. Wir nannten diesen Gott »allmächtig«, »ewig«, allbarmherzig«, »liebend«, »gerecht«, und daneben gab es unzählige, andere würdigende Worte.

Menschen wollten sich auch dessen vergewissern, dass dieser theistische Gott wusste, wie sehr wir seine göttliche Macht achteten. So fügten wir unseren Gebeten die Sätze hinzu, die Gott darüber informieren sollten, an was wir genau dachten, was wir glaubten, wünschten oder hofften, dem er entsprechen sollte. »Gütig bist du und voller Barmherzigkeit«, sagten wir. Gott war »langsam im Zorn und die Quelle großer Güte« oder »eher zum Hören bereit als wir zum Beten«. Man muss nur die Seiten der Gebetbücher irgendeiner der westlichen religiösen Traditionen aufschlagen, um zu entdecken, wie sich solche Aussagen fast endlos wiederholen. Das erscheint uns heute als ein fremdartiges Gebetsmuster, besonders wenn diese Sätze zu bestimmten Augenblicken unseres Gottesdienstes hervorgehoben und kühn in einer Reihe von Feststellungen vorgetragen werden. Sie passen einfach nicht in unsere Erwartungshorizonte.

So stehen wir vor der Tatsache, dass moderne Männer und Frauen bei der gegenwärtigen Suche nach dem Sinn des Gebets keine Hilfe finden, wenn sie den Antworten folgen, die Jesus gegeben haben soll. Selbst die Orientierungspfosten unserer christlichen Vergangenheit helfen im Exil nicht mehr. Auch das Gottesverständnis des Vaterunsers kann für uns heute kein brauchbares mehr sein.

Unsere post-moderne Welt hat sich weit von den übernatürlichen Behauptungen des Theismus entfernt. Wir leben in einem anderen Realitätsverständnis, und wir besitzen andere Erfahrungen das Leben wie das Universum betreffend. Deshalb ist es unvermeidbar, dass wir andere Fragen stellen. Wenn wir ausrufen, »Herr, lehre uns zu beten«, dann geschieht das innerhalb einer Welt, die keinen Grund hat zu glauben, dass als Antwort auf menschliche Gebete je irgendeine Gefahr beseitigt, irgendeine Krankheit geheilt, irgendeine Naturkatastrophe abgewandt oder irgendein Krieg gewonnen wurde. Wenn wir uns weiterhin darauf einlassen, so zu handeln, müssen wir lernen, dass dies in einem Universum geschieht, in dem die theistische Gottesvorstellung bestenfalls naiv und im schlimmsten Fall unglaubwürdig geworden ist. Können wir dann so weiter beten, wenn wir tief im Innersten wissen, dass die Himmel leer sind und es da keinen göttlichen Beschützer gibt, an den wir unsere Worte richten können? Dies gehört zu den Fragen, die sich im Exil stellen.

Ich beginne mit meinem Versuch, das Gebet für diejenigen, die im Exil leben, wiederherzustellen, indem ich den letzten Nagel in den Sarg des Theismus einschlage. Ich tue das in der Überzeugung, dass nur der vollkommene Tod des Theismus uns dazu befähigen wird, zu neuer Orientierung zu gelangen. Der Theismus ist für mich nicht nur intellektuell und theologisch am Ende, er ist auch moralisch bankrott. Er ist deshalb für mein weiteres Ringen unbrauchbar, ein Mann des Gebets im traditionellen Sinn zu sein. Dies ist mir jedoch erst in einer tief emotionalen Zeit meines Lebens und der damit verbundenen Erfahrung mit dem Gebet zu einem theistischen Gott deutlich geworden.

1981 wurde bei meiner Frau Joan ein nach aller Wahrscheinlichkeit tödlicher Krebs diagnostiziert. Weil wir eine gut bekannte und öffentlich beachtete Familie in New Jersey waren, wurde diese Information fast sofort öffentlich bekannt. Religiöse Aktivitäten unserer Leute und unserer Freunde waren schnell mobilisiert. Gebetsgruppen durch die ganze Diözese und sogar in ökumenischer Zusammensetzung setzten den Namen meiner Frau auf ihre Gebetslisten für besondere Anliegen. Ihr Name wurde regelmäßig in den Gottesdienstgebeten fast aller Kirchen ausgesprochen. Besorgnis, Fürsorge und Liebe wurde uns beiden durch diese Handlungen verdeutlicht, und wir nahmen diese Fürsorge mit tiefer Anerkennung an. Eine Verbesserung schien erreicht worden zu sein, und Joan lebte nach ihrer Diagnose noch sechseinhalb Jahre. Das war mehr als alles, was die Ärzte uns je in Aussicht gestellt hatten. Als die länger andauernde Wiederherstellung erkennbar wurde, begannen die Leute, die am meisten Interesse zeigten und deren Gebete am intensivsten waren, sich die Lebensverlängerung als ihren Erfolg zuzurechnen. »Unsere Gebete haben gewirkt«, nahmen sie für sich in Anspruch. »Gott gebraucht unsere Gebete, um diese böswillige Krankheit in Schach zu halten.« Vielleicht gab es da noch die alte, aber unausgesprochene Annahme, dass diese Krankheit ein Werk des Teufels war und dessen übles Werk durchkreuzt wurde durch die Kraft Gottes, die durch die Gebete des Gottesvolkes bewegt worden war.

Trotz meiner Dankbarkeit für die umfassende Liebe, die diese Menschen für meine Frau und mich zeigten, konnte ich mir nicht helfen, durch ihre Erklärungen beunruhigt zu sein. Nehmen wir einmal an, dass die Frau eines städtischen Müllarbeiters in Newark, New Jersey, der Stadt mit dem wahrscheinlich geringsten Pro-Kopf-Einkommen in den Vereinigten Staaten, die gleiche Diagnose erhalten hätte. Weil er nun keine bekannte Person ist, die mit einem großen Netzwerk von Leuten verbunden ist, sozial prominent, im Blickpunkt der Presse, wäre die Krankheit seiner Frau nie öffentlich beachtet worden. Nehmen wir an, dass er kein religiöser Mensch ist und deshalb keine Gebetsgruppen mit persönlichen Fürbitten in Hunderten von Kirchen für seine Frau eingetreten wären. Würde das den Verlauf ihrer Krankheit beeinflussen? Würde sie nach ihrer fatalen Diagnose weniger lang leben, mehr Schmerzen erleiden und einen schweren Tod sterben? Wenn das so wäre, würde das nicht bedeuten, dass wir Gott nicht nur eine recht eigensinnige Natur zuordnen, sondern auch ein Wertesystem, das durch das Ansehen einer Person und deren weltlichen sozialen Status bestimmt ist. Könnte ich daran interessiert sein, einen Gott anzubeten, der meine Frau deshalb anders behandelte, weil wir Möglichkeiten im Leben wahrnehmen konnten, die dem Müllarbeiter nicht zur Verfügung standen? Will ich der Gottheit ein Verhaltensmuster zuordnen, das auf den jeweiligen gesellschaftlichen Status abgestimmt ist? Wenn es das ist, wohin das Gebet zu einer theistischen Gottheit führt, dann ist die Suspendierung eines so verdrehten Konzeptes der organisierten Religion kein Verlust, sondern eher ein Gewinn.

Endlich war ich von dem Wunsch frei, den Sinn des Gebets innerhalb dieses traditionellen Bezugsrahmens zu suchen. Ich rang nicht mehr länger darum, das Muster zu meinem Muster zu machen. Das war ein schmerzlicher Augenblick, aber es war auch ein Augenblick enormer Entlastung. Es entspricht meiner jetzigen Überzeugung. Wenn das Gebet ein Teil meines Lebens bleiben soll, dann muss ich an einem neuen Ort beginnen, der vor allem eine neue Sicht auf Gott braucht.

In meinem Versuch, die Erfahrung des Gebetes wiederaufzubauen und erneut zu gestalten, beginne ich damit, zu versichern, dass da etwas tief in mir ist – und ich vermute, auch tief in jedem anderen – das fordert, dass wir mit der Quelle des Lebens in Verbindung treten. Vielleicht ist es das, was der Liederdichter die Liebe nannte, »die mich nicht gehen lassen will«. Vielleicht ist es nur eine Illusion, doch ob Illusion oder Wirklichkeit, wir wissen, dass es da ist. Es ist wie das geheimnisvolle Zentrum des Lebens, das weder beschrieben, noch verleugnet werden kann. Es ist etwas, das über mich hinausreicht, doch es versucht immer, mich in der Tiefe meines eigenen Seins zu treffen. Es ist eine Gegenwart, die mich in die Ganzheit ruft. Es ist etwas Mächtiges, das sich meinem Bewusstsein einprägt und mich einlädt, die Schranken meiner Sicherheit und sogar die Schranken meiner menschlichen Natur hinter mir zu lassen. Es ist etwas, was mich zur Gemeinschaft und zur Fürsorge für andere bewegt. Ich rede diese Gegenwart mit Du an, nicht weil sie ein personales Wesen ist, sondern weil sie mich fortgesetzt zu einem tieferen Verständnis meines Personseins zu rufen scheint. Wenn ich versuche, vernünftig über diese Gegenwart zu sprechen, verstumme ich fast, und wende mich daher wieder dem Porträt von Jesus von Nazaret in den Evangelien zu. Ich suche dort jedoch nicht nach seiner wörtlichen Instruktion zum Gebet. Ich suche eher den Aspekt seines Lebens, der sein Empfinden, mit dem zu leben, was heilig ist, artikulierte. Ich suche zu verstehen, wie diese Gegenwart in ihm zum Ausdruck kam.

So entdecke ich in diesen Texten, dass Jesus eine Art Exilant des ersten Jahrhunderts war. Offensichtlich bewegte er sich auch jenseits oder doch wenigstens außerhalb der religiösen Formeln seiner Tage. Ich höre ihn, wie er dieser Welt ankündigt, dass in seinem Leben das Reich Gottes kommt oder bereits gegenwärtig ist (Markus 1,15; Matthäus 4,17; Lukas 4,43). Dann höre ich, wie er nahe legt, dass dieses Reich vielleicht in denen von uns ist, die dessen Prinzipien in sich aufnehmen (Lukas 17,21). Ich sehe ihn dargestellt, wie er lehrt, dass die Kennzeichen des Reiches Gottes nicht Sieg oder Gerechtigkeit sind, sondern eher die Aufhebung der Zeichen menschlicher Gebrochenheit. Im Reich Gottes, so soll er gesagt haben, werden die Tauben hören, die Blinden sehen und die Lahmen gehen (Lukas 7,18–23; Jesaja 35,5–7).

Dies ist ein Bild der Gegenwart Gottes im menschlichen Leben, das sich selbst in seiner ganze Fülle manifestiert. »Das ist, was Gott ist«, will ich sagen, »und im Gebet erfährt man die Begegnung mit Gott.« Das Gebet ist die bewusste Intention, sich zu der Tiefe des Lebens und der Liebe in Beziehung zu setzen und dadurch selbst Kraft zu gewinnen, die Fülle der Schöpfung in einem anderen zu unterstützen. Gebet ist das Angebot unseres Lebens und unserer Liebe, einfach indem wir unsere Freundschaft und unsere Akzeptanz teilen. Gebet ist der Ruf an mich, mein Sein mit dem Sein eines anderen zu verbinden und ihm so den Mut zu vermitteln, etwas zu wagen, zu riskieren und in einer anderen Weise zu sein, vielleicht innerhalb einer völlig neuen Dimension des Lebens. Gebet ist also meine aktive Opposition gegen jene Vorurteile und Stereotype, die das Person-Sein und das Wesen eines anderen einschränken. Gebet ist die geeignete politische Handlung, um eine Gesellschaft zu bauen, in der Chancen ausgeglichen werden können und niemand dazu gezwungen ist, den Status quo als sein oder ihr Schicksal anzunehmen. Gebet erkennt aktiv an, dass in jedem Menschen eine unverfügbare Mitte ist, die nicht verletzt werden darf. Gebet stellt sich den dringenden Lebensfragen, denen wir alle im Wissen darum gegenüberstehen, dass wir im Leben einer großen Zahl von Kräften unterworfen sind, über die wir keine Kontrolle haben. Gebet ist, von diesen Umständen nicht eingeschüchtert, sondern dazu ermuntert zu werden, ihnen mit Mut zu begegnen. Gebet ist die Fähigkeit, die Gebrechlichkeit des Lebens anzunehmen und umzuformen, selbst wenn wir durch sie zu Opfern oder von ihnen getötet werden. Gebet enthält die Abkehr von der Illusion, dass wir das Zentrum des Alls sind oder dass unser Leben für eine überirdische Gottheit so wichtig ist, dass diese Gottheit eingreift, um uns zu schützen. Gebet ist der Ruf aus einer kindischen Abhängigkeit zu spiritueller Reife.

So kann ich tiefes, reiches und volles Leben und Gebet fast nicht unterscheiden. Vielleicht, so schließe ich ab, ist es das, was der Apostel Paulus meinte, wenn er sagt: »Betet ohne Unterlass« (1 Thessalonicher 5,17) oder »beständig«, wie es in einer anderen Übersetzung heißt. Wir sollen so leben, dass alles, was wir sagen und tun ein Gebet ist, das andere zum Leben, zur Liebe und zum Sein ruft.

Ich kann es mir nur vorstellen, könnte es aber nie garantieren, dass, wenn wir das Leben so lebten, ein enormes Maß spiritueller Energie in der gesamten Politik der Gesellschaft ausgelöst würde. Ich kann mir vorstellen, dass diese Energie ein Mittel ist, das Ganzheit und vielleicht sogar Heilung bringen kann. Aber ich vertraue niemandem, der sich bemüht, genau zu erklären, wie es wirkt, oder der für sich den Erfolg seiner Wirksamkeit beansprucht. Ich weiß nur, dass dadurch, dass ich meine Liebe, meine Besorgtheit, meine Fürsorglichkeit in Worten und in Taten zum Ausdruck bringe, eine Veränderung bewirkt werden kann. Ich habe Beispiele dafür gesehen, wie Leben verändert, wie durch diese Kraft Gebrochenheit geheilt wurde. Ich habe erlebt, dass die Todesangst, wenn nicht der Tod selbst, verschwanden, wenn die sterbende Person die Liebe eines anderen Menschen in ihrer Angst verspüren konnte. Ich habe neben Krankenhausbetten »gebetet«, ohne je Gott anzureden, weil Gott so tief ein Teil der ehrlichen, offenen und wirklichen Gespräche war, die ich mit Sterbenden führen konnte. Gebet bedeutet, da zu sein, Liebe zu teilen, das Leben der Transzendenz zu öffnen. Es besteht nicht notwendigerweise aus Worten, die zum Himmel gerichtet werden. Vielleicht ist das der Schlüssel zu dem, was unsere Vorfahren unter besonderen, beantworteten Gebeten verstanden. Vielleicht sind wir Menschen viel stärker miteinander verbunden, als wir je dachten. Vielleicht fließen die positiven Gedanken und die Energie des Mitgefühls durch Verbindungen, die sie weitertragen, die wir nicht verstehen, und wirken sich auf das Leben des anderen aus. Diese Veränderungen scheinen mir wunderbar nur im Rahmen unseres begrenzten Wissens zu sein. Ich weiß nur, dass es natürlich ist, sich anderen zuzuwenden, zu lieben und für andere zu sorgen, und dass wir uns unvermeidbar dazu gedrängt fühlen, diese Aspekte des Lebens auch mit Worten auszudrücken.

Deshalb ist es das genaue Gegenteil von Gebet, wenn wir uns von anderen so entfremdet fühlen, dass wir sie absichtlich aus unserer Vorstellung ausgliedern oder so gefühllos sind, dass wir aufhören, uns um irgendjemanden außerhalb unseres persönlichen Lebenskreises Sorgen zu machen. Eine solche Haltung macht uns unwillig, der Einladung zu folgen, uns einen größeren Bereich des Lebens zu erschließen. Wenn wir Ablehnung oder Gefühllosigkeit empfinden, verschließen wir uns, wir verkümmern und leben ein gebrochenes Leben, statt vollständige Menschen zu sein. Jeder von uns ging schon einmal durch dieses Schattenland.

Als der Theismus unangefochten war und Gott als ein Wesen außerhalb unseres Lebens angesehen wurde, wurde das Gebet ganz natürlich zu einem Rückzug von dieser Welt, damit wir uns auf den Gott konzentrieren konnten, der außerhalb unserer Welt war. Wir sangen von diesem Rückzug in solchen Liedern wie »Take Time to Be Holy« (Nimm dir Zeit, um heilig zu sein). Die Kirche weitete im Lauf der Zeit die Gelegenheiten zum Rückzug aus und nannte sie »stille Tage«, »Wallfahrten« und »Retraiten«. Jedes dieser Worte verweist auf verborgene Annahmen. *»Stille Tage«* erweckt den Eindruck, dass Gott im Alltagsgeschäft nicht gefunden werden könne, sondern eher in der Erfahrung von Ruhe und Stille, weshalb wir uns in die Stille zurückzogen. *»Wallfahrten«* gehen von der Annahme aus, dass man vom Lebensablauf Abstand gewinnen müsse, um einen heiligen Ort zu besuchen, wie etwa die Insel Iona, wo Gott in einzigartiger Weise gegenwärtig sein soll. *»Retraiten«* bedeuten, dass man vom Leben einen Schritt zurücktreten müsse, um dem Heiligen zu begegnen. Religiöse Menschen fördern diese Aktivitäten weiterhin, als ob sie noch wirkten. Aber es gab eine Revolution in unserer Einstellung zum Gebet, die zu der Revolution in der Theologie passt, die durch das Ende des Theismus anzeigt ist. Letztendlich sind diese Praktiken nur die verglühende Asche der theistischen Auffassungen.

Mich haben diese Aktivitäten nie angezogen, obwohl ich den Grund dafür nicht wusste. Stille Tage haben mich jedes Mal bis zum Einschlafen gelangweilt. *Wallfahrten* waren immer von dem

Versprechen eines besonderen spirituellen Erlebnisses begleitet, das mich fast immer enttäuschte. Schon das Wort *Retraite* (wörtlich: Rückzug) allein stieß mich ab. Ich wollte immer, dass die Kirche nach vorn geht. Ein Rückzug war nach meiner Vorstellung nie ein Weg zum Sieg.

Erst als ich den Theismus zur Seite gelegt hatte, erhielt die Erfahrung, Gott in der Einsamkeit zu suchen, einen Wert. Dieser entsprach aber nahezu dem völligen Gegenteil der Weisheit der kirchlichen Tradition.

Jahrelang habe ich die ersten beiden Stunden des Tages in meinem Studierzimmer verbracht. Ich habe versucht, dies als meine Zeit zum Gebet in Anspruch zu nehmen. Während dieser Zeit sitze ich selbstbewusst in Gottes Gegenwart. Ich studiere die heiligen Schriften als eifriger Sucher. Ich lese ständig, und ich schreibe, wenn es mich dazu drängt. Ich lasse mir den Tagesablauf durch den Kopf gehen, die Möglichkeiten, die auf mich zukommen, die Menschen, die ich treffen werde, die Fragen, mit denen ich mich auseinander setzen muss. Diese Zeit war für mich immer besonders wertvoll. Aber sie änderte sich, als ich schließlich aufhörte, mir einzubilden, dass sie für mich eine heilige Gebetszeit sei. Ich betrachte sie nicht mehr als Gebetszeit. Mein Leben und mein Wortschatz haben sich um 180 Grad gewendet. Ich nenne diese Zeit jetzt Zeit zum Nachdenken oder Vorbereitungszeit. Sie ist mir immer noch wichtig, aber ich suche da nicht mehr die Gemeinschaft mit Gott. Meine heilige Zeit, meine Verpflichtung, ein betender Mensch zu sein, kommt später am Tag. Sie kommt, wenn ich lebe und mich auf das Leben anderer einlasse. Gebet ist die Bewegung der Offenheit für all das, was Leben sein kann, und das Handeln, das es in Fülle bringt. Gebet bedeutet, dass man sich hineinversetzt in den Schmerz und die Freude eines Menschen. Gebet ist, was ich tue, wenn ich verschwenderisch, leidenschaftlich und wunderbar lebe und andere einlade, so mit mir oder wegen mir zu leben.

Gebet ist auch das Ringen um menschliche Gerechtigkeit. Es ist der Kampf darum, die tödlichen Stereotype zu beseitigen, die

Ignoranz der Vorurteile zurückzudrängen und die Heiligkeit Gottes in der Schöpfung zu beschützen. Gebet ist der gemeinsame politische Akt, der dazu dient, die Möglichkeiten so anzugleichen, dass alle Privilegierten und alle Unterprivilegierten die selbe Chance haben, heil zu sein. Sich diese Dinge bewusst zu machen ist eine Voraussetzung des Gebets.

So stürme ich mit meinen Fürbitten nicht mehr privat die Tore des Himmels ein, von wo aus Gott die vertrauten Dinge meiner Welt lenken soll. Ich beginne nicht damit, indem ich »Vaterunser im Himmel«[67] sage. Ich glaube nicht, dass es ein Wesen gibt, eine übernatürliche Gottheit, die meiner Welt gegenübersteht und versucht, durch ihr Eingreifen meinem Leben und dieser Welt ihren göttlichen Stempel aufzudrücken. Die Gottheit, die ich anbete, ist eher ein Teil dessen, was ich selbst individuell und gesellschaftlich bin. Deshalb kann das Gebet nie vom Handeln getrennt werden.

Wenn ich mich in den Dimensionen und Aktivitäten des Lebens bewege, bete ich. Gebet kann also nie eine Bitte darum sein, dass ich von meiner Verantwortung für die Welt entbunden werde, davon entbunden werde, reif oder ein Gottesträger für andere zu sein. Gebet ist die Anerkennung, dass Heiligkeit in der Mitte des Lebens gefunden wird, und geht mit der entschiedenen Absicht einher, auf diese Heiligkeit hin zu leben, indem wir sie gestalten und weitergeben.

Hier gibt es keine Magie! Hier ist kein Raum für religiöse Institutionen oder selbst ernannte göttliche Mittler, in dem sie Macht gewinnen können, indem sie vorgeben, sie könnten diesen Markt mit Beschlag belegen. Hier gibt es keine Sicherheit, keine Möglichkeit, wie es im Spiritual heißt, deine Hand in die Hand dessen zu legen, der die Berge schuf. Da gibt es keine ewigen Arme unter uns, die darauf warten, uns aufzufangen, wenn wir fallen. Da gibt es nur den Ruf, offen zu sein für die Tiefe des Lebens und so zu leben, dass wir diese Tiefe offenbaren.

Ist das genug, meine Identität als Beter zu rechtfertigen? Ich kann nur so darauf antworten, dass ich sage, dass es für mich so ist. Ich lade andere dazu ein, dies zu testen, indem sie es ausprobieren, es leben, es riskieren, denn das ist die einzige Möglichkeit, Beten zu lernen, die ich jetzt kenne. Aber es ist meine Überzeugung, dass Heiligkeit dazu da ist, dass sie gefunden wird. Gott ist die Gegenwart, in der ich lebendig werde. Mein Gebet ist jetzt aufrichtig, und es ist ein wesentlicher Teil von mir.

10 Eine neue Grundlage für eine Ethik in einer neuen Zeit

Was geschieht, wenn wir aus unserer Vorstellungswelt die überirdische theistische Gottheit entfernen? Dieser Frage möchte ich mich jetzt zuwenden! Von der theistischen Gottheit nahm man an, dass sie der Urheber der Gesetzesordnung ist, die das menschliche Verhalten bestimmen sollte. Zu ihr gehörte das Bild des himmlischen Richters, mit Augen, die alles sehen, und einem Buch, in dem alle Taten und Untaten getreu festgehalten werden. Wenn wir Gott nicht länger als den ansehen, der, je nachdem wie wir es verdient haben, zeitliche oder ewige Belohnungen oder Strafen austeilt, bleibt dann noch eine Grundlage für eine Ethik übrig?

Zu den Volkssagen der meisten alten Völker gehört auch eine Erzählung, deren Ziel es ist, den Augenblick festzuhalten, an dem eine bestimmte Nation ihre Gesetze erhielt, nach denen ihr Zusammenleben geordnet wurde. Diese Gesetze, so heißt es zumeist, sollen diktiert oder auf irgendeine andere Weise aus göttlicher Hand empfangen worden sein. Die meisten von uns sind mit der jüdischen Version dieser Tradition vertraut. Es soll auf dem Berg Sinai geschehen sein, als die Israeliten durch die Wüste zum verheißenen Land zogen. Das Ergebnis war die Gabe der Tora, die die Zehn Gebote enthielt.

Diese biblische Geschichte ist im Buch Exodus (19–20) festgehalten. Sie ist mit dramatischen Einzelheiten angefüllt, die die Vorstellung einer theistischen Gottheit widerspiegeln. Zuerst wird gesagt, dass die Wolke des himmlischen Vaters als Zeichen der göttlichen Gegenwart über dem heiligen Berg lag. Als nächstes werden gewaltige wundersame Zeichen beschrieben, die aus dem Himmel kamen – Donner und Blitz, und dazu die Erschütterung des Berges durch gewaltige Beben. Dann wurde in einem Akt kultischer Reinigung das Volk instruiert. Dazu gehörte das Gebot, nicht zu nahe an den besonderen Berg heranzukommen. Der Abstand verlieh dieser Situation Zauber.

Nachdem die Bühne schließlich vollkommen aufgebaut war, wurde Mose, der von Gott erwählte Führer, eingeladen, sich dem Berg zu nähern, alleine hinaufzuklettern und in die Wolke hineinzukommen. Wie uns die Autoren mitteilen, diktierte Gott innerhalb dieser Szene Mose die heiligen Gesetze, die die Tora formten.

Als Cecil B. DeMille den Film mit dem Titel »Die Zehn Gebote« zuerst 1923 und dann wieder 1956 schuf, hat er diese mysteriösen Symbole mit Darstellungen außergewöhnlicher, wunderbarer Kräfte angereichert. In der Version von 1956 wurde Gottes Finger zu einem feurigen Griffel, der unmittelbar Buchstaben in den Steintafeln, die der von Charlton Heston gespielte Mose hielt, hinterlassen konnte. Es war eine unvergessliche Szene, und weit mehr, als man heute geneigt ist anzunehmen, wurde das Mose-Bild durch Heston geformt. Dieser Film fing jedoch genau die einfachen Annahmen über die Heiligkeit der Gesetze ein, nach denen die Israeliten lebten. Fast alle antiken Völker spürten, dass ihre Staatsgesetze im absoluten Willen einer Gottheit verankert sein mussten. Die Menschen schienen instinktiv zu wissen, dass es wesentlich auf die Absicherung durch göttliche Macht ankam, damit menschlicher Gehorsam erreicht wurde.

Die Mythologie einer göttlichen Quelle der Ethik jedoch, die durch einen Gott, der alles sieht, verstärkt wurde, ist durch die alten Texte selbst als völliger Unsinn enthüllt worden. Ein sorgfältiges Studium dieser Texte offenbart nichts weniger als Stammesvorurteile, Stereotypen und die begrenzten Kenntnisse ihrer Schöpfer. Das gilt sicher für die Tora und noch mehr für den Teil der Tora, den wir die Zehn Gebote nennen. In diesem vertrauten und ehrwürdigen Text finden wir Vorstellungen und Einstellungen, denen Gehorsam zu leisten, sich heute die meisten Menschen weigern würden. Es ist auch ganz offenkundig, dass diese »göttlichen Gesetze« nicht dazu bestimmt waren, den Willen des universalen Gottes zu offenbaren, noch waren sie dazu geeignet, ewig zu bestehen. Obwohl die Zehn Gebote noch von vielen religiösen Menschen begrüßt werden, haben sie doch ihre alte Kraft verloren. Viele von denen, die ihnen noch Lippendienste weihen, können nicht angeben, welche Gebote in den Zehn Geboten enthalten sind oder welche davon sie absolut nicht befolgen. Tatsächlich müssen einige Aspekte der Zehn Gebote sofort als unmoralisch bloßgestellt und aus den ethischen Leitlinien entfernt werden, denen heute noch jemand folgen sollte.

Der erste Hinweis in der Bibel darauf, dass diese Gebote eher menschlichen als göttlichen Ursprungs sind, kann darin gesehen werden, dass sie regelmäßig verletzt wurden, wenn es darum ging, sie auf Menschen außerhalb der jüdischen Welt anzuwenden. Die Zehn Gebote halten die Menschen zum Beispiel an, kein falsches Zeugnis abzulegen. Mose wird aber so dargestellt, dass er bei seinen Verhandlungen mit den Ägyptern genau das tut, und es heißt zudem, dass Gott ihm das vorgeschlagen habe (Exodus 3,18). Mose unternimmt nach diesem Text den Versuch, den Pharao davon zu überzeugen, dass das Sklavenvolk sich nicht aufmachen wolle, um die Freiheit zu suchen, die ihm Gott am brennenden Dornbusch versprochen hatte (Exodus 3,7–12). Mose sagt vielmehr, dass sie nur für drei Tage in die Wüste wandern wollen, um dort Gott zu verehren, wonach sie – vermutlich – wieder in die Sklaverei zurückkehren würden. Das glaubten weder Mose noch der Pharao (Exodus 5,1–3). Jedoch handelte es sich deutlich um falsches Zeugnis und somit um eine Verletzung der heiligen Gebote.

Ein anderes Gebot sagt: »Du sollst nicht töten« oder »Du sollst nicht morden«, aber Josua wird nachgesagt, dass er fünf gefangene kanaanäische Könige ermordete (Josua 10,22–27). Von Samuel heißt es, dass er einen anderen König namens Agag »mit dem Schwert in Stücke schlug« (1 Samuel 15,32–33). Von Gott liest man, dass er Israel befahl, in den Krieg gegen zwei Völker zu ziehen und in diesen Kriegen »jeden Mann, jede Frau und alle Kinder« seiner Feinde zu erschlagen (1 Samuel 15,1–13; Richter 21,8–13). Noch nicht einmal der Gott der Bibel scheint sich ernsthaft an das Gebot »Du sollst nicht töten« zu halten.

Diesen moralisch erschütternden biblischen Episoden ist gemeinsam, dass die Betroffenen keine Juden waren. Dieses Gesetz hat wenig vorzuweisen, um den Anspruch zu rechtfertigen, göttlich zu sein, wenn man glaubte, dass es nur dazu bestimmt war, Beziehungen innerhalb des eigenen Volkes zu regeln. Doch genau diese Einschränkung zeigt sich in dem, wie diese Zehn Gebote in biblischen Zeiten befolgt wurden. Diese Gebote haben jüdisches Handeln gegenüber anderen Nationen deutlich nicht beeinflusst. Diese Gesetzte stellten keine allgemein geltende oder göttlichen Ordnung dar.

Diese Gebote spiegelten auch die patriarchalische Mentalität der alten Völker wider, die annahmen, dass eine Frau Eigentum des Mannes war. Diese sexistische Einstellung wird offenkundig im letzten Gebot: »Du sollst nicht begehren«, und sie begegnet auch in dem Gebot »Du sollst nicht ehebrechen«. Der ganze Text des Gebotes lautet: »Du sollst nicht nach dem Haus deines Nächsten verlangen. Du sollst nicht nach der Frau deines Nächsten verlangen, nach seinem Sklaven oder seiner Sklavin, seinem Rind oder Esel oder nach irgendetwas, das deinem Nächsten gehört« (Exodus 20,17). Man beachte bitte, dass nirgends in der Tora ein Verbot aufgeschrieben ist, das verbietet, den Ehemann deiner Nachbarin zu begehren!

Der Grund dafür ist, dass der Ehemann kein Eigentum war, wohl aber seine Frau. Der Nachbar war männlich. Sein Besitz war in einer dem Wert nach absteigenden Reihenfolge aufgestellt. Zuerst kam sein Haus, dann seine Frau, dann seine Sklaven an dritter Stelle, dann sein Rind, sein Esel und seine anderen Besitztümer. Diese seltsame Auffassung von der Frau als Eigentum des Ehemannes zeigt sich heute noch in vielen Hochzeits-Zeremonien, die in christlichen Kirchen gefeiert werden, in denen ein Mann »die Frau weggibt« an einen anderen Mann, als wäre sie männlicher Besitz.

Das siebte Gebot gegen Ehebruch war eingebunden in eine Gesellschaft, die Polygamie praktizierte und nicht Monogamie. Ein Mann konnte so viele Frauen besitzen, wie er sich leisten konnte. In seiner ursprünglichen Bedeutung verbot dieses Gebot, dass ein Mann im Ehebruch die Besitzrechte eines anderen Mannes verletzte. Der Beweis dafür, dass dies die ursprüngliche Bedeutung dieses Gebotes war, lässt sich darin finden, dass nach dieser Verhaltensregel, ein jüdischer Mann keinen Ehebruch beging, wenn er eine sexuelle Verbindung mit einer unverheirateten Frau einging. Hier war es eher ein Vergehen gegen das Eigentum ihres Vaters, für das der Schuldige mit einer Geldstrafe belegt wurde, die den finanziellen Verlust des Vaters wieder ausgleichen sollte. Der Vater hatte einen Eigentumsverlust erlitten, weil er keinen angemessenen Brautpreis mehr erzielen würde, da seine Tochter nur noch ein »beschädigtes Gut« war. Eine Gesetzesordnung, die Menschen so behandelt, als seien sie Eigentum, muss sofort als unmoralisch erklärt und aufgegeben werden. Teile der Zehn Gebote gehören gewiss in diese Kategorie.

Darüber hinaus hat die Geschichte gezeigt, dass diese angeblich göttlichen Gebote immer dann missachtet wurden, wenn ihre Befolgung unbequem wurde. Wenige der Zehn Gebote werden heute noch beachtet, sosehr auch Politiker und Prediger sie als letzte Grundlage für eine menschliche Ethik hervorheben. Einige dieser aufgegebenen Gebote sind leicht zu identifizieren. Wir kennen keine Verbote in Gesetzen oder auch in der Praxis gegen geschnitzte Bilder, und unsere Kirchen sind voll davon, von Kreuzen über Kruzifixe zu Tabernakeln, Schreinen, Ikonen und den Kreuzwegstationen. So ist das Bilderverbot irrelevant geworden.

Unsere Gesellschaft verlangt nicht mehr, dass Zivilvereinbarungen »im Namen Gottes« beschworen werden, so dass ein Angeklagter nicht mehr beschuldigt werden konnte, »den Namen Gottes missbraucht« zu haben. Heute werden Vereinbarungen mit juristisch abgesicherten Dokumenten getroffen und durch Gerichte geschützt. Ohne diesen Zusammenhang zu beachten, haben wir den Vorschlag eingebracht, dass das dritte Gebot sich mit Profanität auseinander setzt. Profanität mag blasphemisch oder geschmacklos sein, aber sie hat nichts damit zu tun, dass der »Name Gottes missbraucht wird«.

Neunzehnhundert Jahre lang haben Christen mit Ausnahme der kleinen Gruppe der Sieben-Tage-Adventisten den Sabbat, also den Samstag, nicht gehalten oder auch nur den Versuch gemacht, ihn zu halten. Es ist schwierig, übertriebene Ansprüche im Blick auf den göttlichen Ursprung der Gebote aufzustellen, wenn diese so weitgehend aufgegeben wurden.

In noch anderen Fällen zeigt sich, dass der Gott, der, nehmen wir es einmal an, diese göttlichen Gesetzte verfasst hat, sich als unfähig erweist, die Komplexität des modernen Lebens vorherzusehen. Zum Beispiel: Ist Abtreibung Mord? Einige werden vertreten, dass es so ist. Aber handelt es sich auch um Mord, wenn das Leben der Mutter bedroht ist? Ist es Mord, wenn es in den ersten drei Monaten geschieht, bevor der Fötus das Stadium der Lebensfähigkeit erreicht? Ist es Mord, wenn die Schwangerschaft Folge einer Vergewaltigung oder von Inzest ist? Ist es Mord, wenn die Geburt des Kindes die geistige Gesundheit der Mutter oder die wirtschaftliche Grundlage der Familie zerstören würde? Ist es Mord, wenn Tests ergeben, dass der Fötus missgebildet ist? Ist es Mord, wenn es sich um eine zufällige Schwangerschaft handelt, die ein älteres Ehepaar jenseits der Wechseljahre betrifft? Ist es Mord, wenn eine geeignete Geburtenkontrolle eine Schwangerschaft nicht von vornherein verhinderte. Es ist nicht meine Absicht, diese Fragen hier zu diskutieren, sondern nur aufzuzeigen, wie sowohl die moderne Medizin als auch die medizinische Technologie uns Möglichkeiten anbieten, die die alte Welt, in der die Zehn Gebote entstanden, sich nicht vorstellen konnte. Diese alte Ordnung der Ethik ist deutlich ein Produkt ihrer Zeit. Wenn wir weiterhin beanspruchen, dass ein theistischer Gott auf welchem Weg auch immer persönlich der Autor dieser Regeln war, dann müssen wir der Tatsache ins Auge sehen, dass der Gott, auf den wir Anspruch erheben, sich nicht dessen bewusst war, dass eines Tages die technische Revolution die Welt prägen und erweisen würde, dass Gottes alte Gesetze grundlegend unvollständig waren.

Wenn wir uns dem anderen Ende des Lebenslaufs zuwenden, werden die Fragen noch komplizierter. Früher ereilte der Tod den

Menschen aufgrund verschiedenster Umstände und Krankheiten schnell. Nicht so heute. Die moderne Medizin hat den Tod in einst unvorstellbarer Weise zurückgedrängt. Durch Beatmungsgeräte wird die Lungenfunktion stabilisiert, Herz- und Kreislaufmaschinen erhalten den Herzschlag aufrecht, und Nahrungsmittel werden intravenös verabreicht. Ist ein so atmender Körper dasselbe wie Leben? Ist es Mord, wenn man diesen Prozess beendet? Dieser Schluss wird heute von einigen religiösen Stimmen bejaht, während andere darüber debattieren, ob eine vom Arzt unterstützte Selbsttötung moralisch erlaubt sein kann. Es ist wiederum nicht meine Absicht zu versuchen, diese Fragen zu lösen. Ich will nur zeigen, wie wenig angesichts heutiger ethischer Problemstellungen die alte Ordnung, die wir die Zehn Gebote nennen, ausreicht, um diese Fragen zu beantworten.

Die ethische Debatte ist heute sehr komplex, und die alten religiösen Ordnungen sind nicht in der Lage, Licht in diese Komplexität zu bringen. Eine größere religiöse Gemeinschaft lehnt Geburtenkontrolle und aktive Familienplanung ab. Aber die Übervölkerung hat bereits zu massiven Hungersnöten in den Ländern geführt, die nicht mehr in der Lage sind, ihre wachsende Bevölkerung zu ernähren. Ist für unsere Generation unter diesen Umständen das Unterlassen von Geburtenkontrolle überhaupt eine moralische Option? In den vom Hunger betroffenen Ländern retten heute humanitäre Hilfeleistungen Leben, aber genau diese Maßnahmen beschwören den Tod der nächsten Generation herauf, wenn das Bevölkerungswachstum keine Einschränkung erfährt – die Moralität der humanitären Aktivitäten wird unter diesen Umständen jedenfalls fragwürdig.

In der ganzen Welt diskutiert die christliche Kirche über Fragen der Sexualethik besonders heftig. Aus dieser Debatte ist ein Verständnis der Homosexualität erwachsen, welches die Definitionen und Stereotype der Vergangenheit herausfordert. In dieser Debatte berufen sich die Verteidiger der traditionellen Mentalität auf etwas, das sie »die klare Lehre der Schrift« nennen. Vor kurzem wurde in der Beilage einer größeren Zeitung in Florida eine Studie zu diesem Thema veröffentlicht.[68] Unter den schärferen Aussagen einer Reihe religiöser Führer befanden sich die folgenden: »Homosexualität ist ein Gräuel für Gott. Sie ist eine gemeine Sünde, die ein schnelles Urteil findet.« »Die Texte im Buch Levitikus sind deutlich … Sie verbieten einfach homosexuelles Verhalten. Es ist unzweideutig, was sie zu sagen versuchen … Die frühe Kirche verstand sich auch dahingehend, dieses Verbot der Homosexualität aufrecht zu erhalten.« Der anglikanische Bischof von Pensacola bildete im Blick auf diese fragwürdige biblische Analyse keine Ausnahme. Er sagte: »Ich bin noch davon überzeugt, dass die grundlegende Lehre der Schrift über die Sexualität aussagt, dass alle allein stehenden Christen zum Zölibat berufen sind … dazu berufen sind, sich von sexuellen Kontakten außerhalb der christlichen Ehe zu enthalten.« Er versuchte, einen barmherzigen Hinweis zu ergänzen, der ihn von seinen auf die Homosexuellen einschlagenden Kollegen trennen würde und der der breiten Tradition des anglikanischen Erbes verpflichtet ist, und fuhr fort zu sagen: »Ich mache bei diesem Ruf zum Zölibat keinen Unterschied zwischen Homosexuellen und Heterosexuellen.« Es war ein gut gemeinter Versuch, aber er hat den guten Bischof nicht vor seiner sexuellen Naivität oder seiner biblischen Ignoranz bewahrt.

Andere religiöse Führer katholischer und evangelikaler Herkunft und sogar aus gemäßigten Kreisen haben ähnliche Erklärungen abgegeben. Sie alle behaupten, dass es eine klare Sexualethik in der Heiligen Schrift gibt. Jedoch die Diskussion hält an, weil zum einen die Aussagen in der Heiligen Schrift zur Sexualität nicht durchweg übereinstimmen, und zum anderen die Autorität der Texte, die wörtlich zitiert werden können, ernstlich in Frage gestellt wird. Früher wurde die Bibel in dieser Weise gebraucht, aber dieser Gebrauch hat nicht die Oberhand behalten. In der Vergangenheit wurden biblische Texte zitiert, um die Sklaverei zu rechtfertigen, um gegen bestimmte Behandlungen von Krankheiten zu kämpfen, um zu verhindern, dass Frauen ordiniert werden können, indem man sie als zweitrangig einstufte. Wir scheinen zu vergessen, dass die Verteidiger jeder dieser archaischen Thesen für sich in Anspruch nahmen, nach »der klaren Lehre der Schrift« zu handeln.

In einer Streitschrift, die für diesen Umgang mit der Heiligen Schrift ebenso außergewöhnlich wie verheerend war, dokumentierte Professor Walter Wink von der Fakultät des Auburn Theological Seminars Inkonsistenz bezüglich der biblischen Aussagen alle menschlichen Sexualpraktiken betreffend.[69] Die Bibel, so schrieb er, verbot die folgenden sexuellen Handlungen, die wir ebenso verurteilen: Blutschande, Vergewaltigung, Ehebruch und Sodomie. Aber die Bibel verdammte auch, fuhr Wink fort, die folgenden Handlungen, die wir heute entweder allgemein erlauben oder wenigstens nicht allgemein verurteilen: Geschlechtsverkehr während der Menstruation, Zölibat, Heirat mit Nichtjuden, Benennung der Geschlechtsorgane, Nacktheit unter bestimmten Bedingungen, Masturbation und Geburtenkontrolle und noch weitere Dinge dieser Art. Die biblische Stimme Gottes wird heute als nicht direkt vernehmbar angesehen, wohingegen man in der Vergangenheit annahm, dass die Bibel unanfechtbar sei, weshalb eine Diskussion nicht erlaubt war.

Weiterhin bemerkte Wink, dass die Bibel die folgenden Verhaltensformen erlaubte, die wir heute ablehnen: Prostitution, Polygamie, Leviratsehe, Geschlechtsverkehr mit Sklaven, Konkubinat, Behandlung der Frauen als Eigentum und eine sehr frühe Heirat (für Mädchen mit elf bis vierzehn Jahren).

Ferner erklärte er, dass »Jesus die Scheidung verbot, das Alte Testament sie aber anerkannte«. Zusammenfassend stellte Wink fest, dass wir mit nur vier der in der Bibel genannten Verhaltensformen übereinstimmen, mit sechzehn aber nicht.

Wenn also religiöse Führer die Unterstützung der Schrift für ihre eigene Menschenfeindlichkeit in Anspruch nehmen, wird ganz deutlich, dass sie etwas anderes als die Wahrheit bewegt. Im Blick auf bestimmte Sexualpraktiken ist die Bibel ein vieldeutiges Dokument. Vielleicht können das diejenigen nur schwer begreifen, die sich selbst als »Bibeltreue« bezeichnen. Von einer umfassenden Kenntnis der Bibel her findet man keine zuverlässigen Aussagen zu den hier in Rede stehenden Punkten. Eine der biblischen Stellen, die dazu zitiert wird, um die klare Verurteilung der »Sünde der Homosexualität« aufzuzeigen (Römer 1), konfrontiert uns sogar mit der seltsamen Vorstellung, dass wer Gott nicht angemessen verehrt, von ihm der Homosexualität ausgeliefert wird! Das ist eine dermaßen bizarre Vorstellung, dass sie sofort gestrichen werden müsste, selbst wenn sie vom Apostel Paulus ausgesprochen wurde. Sie ist keinesfalls die einzige paulinische Aussage, die wir verworfen haben. Er bestand auch darauf, dass die Frauen in der Kirche zu schweigen haben, dass sie nur nachts mit ihren Ehemännern sprechen und ihr Haupt bedeckt halten sollten.

Behauptungen wie die, dass Gott die so genannten göttlichen Gebote eigenhändig auf Stein geschrieben habe, und ebenso exzessive Ansprüche, die für die Bibel im Allgemeinen erhoben werden, etwa dass die Bibel auf irgendeine Weise »das unfehlbare Wort Gottes« sei, können heute nicht mehr verteidigt werden, ganz gleich, wer solche Ansprüche reklamiert und in welcher Variante.

In der Vergangenheit dachte man nicht nur, dass diese Gesetze von Gottes eigener Hand geschrieben wurden, sondern man nahm auch an, dass derselbe Gott auf der Grundlage dieser Gesetze seine Rolle als Richter beim Jüngsten Gericht ausüben werde. Diejenigen, die seine Gebote hielten, würden angemessen belohnt, diejenigen, die gegen die Regeln verstießen, würden hart bestraft werden. Dieses System hat eine mächtige Kontrolle über das menschliche Verhalten ausgeübt.

Ein ethisches System, das sich auf diese Prämissen gründet, ist in unserer Zeit ganz offensichtlich zum Scheitern verurteilt. Man kann sich mit den ethischen Fragen der heutigen Generation nicht schlüssig auseinander setzen, indem man eine zwei- bis viertausend Jahre alte Autorität zitiert, die in Anspruch nimmt, Gottes letztes Wort zu diesen Themen zu sein. Die Behauptung, »aber die Zehn Gebote stellen fest« oder »aber die Bibel lehrt«, erscheint nicht mehr als adäquat. Solche Ansprüche entscheiden heute keine Diskussionen. Alles, was sie heute noch bewirken, ist klar zu stellen, dass diejenigen, die diese Taktik anwenden, nichts mehr zur heutigen ethischen Debatte beizutragen haben. Es gibt heute keine glaubwürdige überweltliche Gottheit, auf deren anerkannten Willen wir unsere ethischen Entscheidungsfindungen gründen könnten. Keine himmlische Elternfigur erlässt Regeln, nach denen unser Leben regiert wird, und setzt sie durch. Kein göttliches und ewiges Gesetz wurde je an den Himmel oder auf Steintafeln geschrieben. Der Gott, von dem man einstmals behauptete, er unterstütze solch primitive Ansichten, ist durch den Lauf der Zeit und die Explosion des Wissens von uns genommen und zerstört worden.

Der Tod des theistischen Gottes hat die traditionelle Grundlage der Ethik aufgelöst. Das ist die Schlussfolgerung, die wir ziehen müssen. Das ist auch der Grund dafür, dass ethische Fragen in unserer Gesellschaft so intensiv diskutiert werden. Es ist für viele erschreckend, wenn sie begreifen, dass wir in einem moralisch neutralen Universum leben. Einige reagieren darauf, indem sie panisch ihr Vergnügen suchen. Einige versuchen, ihrer Furcht vor moralischer Bedeutungslosigkeit in der Welt des Alkohols und der Drogen zu entfliehen. Einige sinken auf die tiefste Ebene der Verzweiflung und verfallen in Depression oder begehen gar Suizid. Einige versuchen, sich vor dem beunruhigenden Gefühl der Leere zu schützen, indem sie religiös hysterisch werden. Sie scheinen zu denken, dass es genüge, bestimmte religiöse Sätze mit Nachdruck und mit scheinbarer Sicherheit herauszuschreien, um sich davon überzeugen zu können, dass alles noch so ist, wie es immer war. Wir haben es hier mit Signalen dafür zu tun, dass die Welt einen Sinnverlust erlitten hat. Wir wissen nicht mehr, wie wir angemessen vom Falschen sprechen sollen. Vor allem aber spiegelt unsere Verwirrung den Tod des theistischen Gottes wider, in dem alle unsere Sicherheiten einmal gegründet waren.

Wenn wir eine neue Basis für die Ethik errichten wollen, müssen wir lernen, auf einen anderen Ort zu blicken. Wir blicken, glaube ich, nicht aus unserem Leben hinaus auf eine überirdische, objektiv beglaubigende Autorität, sondern eher auf das tatsächliche Zentrum und den Kern unseres Menschseins. Wir kommen zu diesem Kern, indem wir eine Reihe völlig anderer Fragen stellen als bisher. Das sind keine an Gott gerichtete Fragen, sondern Fragen nach unserem Menschsein wie zum Beispiel: Was gibt uns Leben? Was erhebt uns zur Ganzheit? Was umfängt unser Sein? Was führt uns in die Transzendenz? Was ruft uns über unsere Grenzen hinaus? Was sind unsere letzten Werte? Diese Fragen lassen uns nach Antwort suchen, nicht indem wir den Blick auf den leeren Himmel richten, sondern auf die Tiefe unseres eigenen Seins. Es steht zu hoffen, dass uns diese Suche zu einigen neuen Möglichkeiten führen wird. Sie wird uns unter anderem erkennen lassen, dass keine wie auch immer geartete Unterdrückung unserer Menschlichkeit eine Tür zum Leben sein kann. In keinem Lebensbereich wird Moral durch Drohen und Verneinen erreicht. Die Unterdrückung sexueller Energie zum Beispiel, die lange zur traditionellen Ethik gehörte, hat nicht zu einem erfüllteren Leben geführt. Es kam nur zu einem Gegenschlag, und sexuelle Energie wurde schrankenlos ausgelebt. Auch das ist für unser eigentliches Menschsein zerstörerisch. Wenn der Wert menschlicher Sexualität unterdrückt wird, kehrt sie als Pornographie zurück. Wenn wir versuchen, Sexualität aus der Liebe zu eliminieren, erreichen wir nur, dass Liebe aus der Sexualität herausfällt.[70] Ethik und Moral müssen über diese falsche Dichotomie hinausgehen.

Sicher ist menschliches Glück ein wünschenswertes und sogar begehrenswertes Ziel im Leben. Aber die Suche nach einer Basis für die Ethik in unserer Menschheit wird zeigen, dass die Fülle des Lebens nicht in der Suche nach unserem eigenen Glück begründet sein kann. Die Erfahrungen der menschlichen Existenz zeigen stattdessen, dass Glück dann gefunden wird, wenn wir auf das Glück und das Wohlbefinden anderer aus sind. Strebe ich nach Glück als meinem Ziel, entdecke ich, dass mein Individualismus nichts anderes ist als ein Geschenk der Gemeinschaft, in der ich lebe. Ich kann meine eigene Bestimmung nicht erreichen außer als Teil des Schicksals meiner durch wechselseitige Abhängigkeit gekennzeichneten Welt. So bin ich beides gleichzeitig, nämlich frei und gebunden. Mein eigenes Wohlbefinden kann ich nur unter den Bedingungen des Wohls der Gemeinschaft suchen. Das Ergebnis dieser humanistischen Suche nach der ethischen Norm ist, dass so etwas wie ethische Objektivität in Erscheinung tritt. Der Versuch, Schmerz in einem anderen Leben zu verursachen oder zu vergrößern, ist »objektiv« verkehrt. Wenn ich das tue, werde ich unvermeidlich auch selbstzerstörerisch. Solches Handeln richtet sich, wenn man so sagen will, gegen die Gesetze des Universums, die wir einmal die grundlegenden Gesetze Gottes genannt haben.

Also besteht die Freiheit, ich selbst zu sein, in einer Wechselbeziehung zur Achtung der Bedürfnisse der anderen. Diese beiden Werte kommen aus dem Kern unseres Menschseins. Beide tragen uns in einem individuellen und einem gemeinschaftlichen Empfinden gegenseitiger Abhängigkeit. Beide werden als notwendige und gleichgewichtige Ziele angesehen, die wir um unseres Menschseins willen ernst nehmen müssen. Solche Tugenden kommen jedoch nicht von einem überirdischen Gott. Sie kommen eher aus der menschlichen Tiefe, wo wir die Bedeutung Gottes schließlich werden suchen müssen.

Ein zweiter, menschlicher Grundwert folgt dieser Freiheit auf dem Fuß. Es ist der objektive Wert des Wissens. Eine reife menschliche Person wird die Vernunft brauchen, um das Wohlergehen der ganzen Menschheit in den Blick zu bekommen. Wenn die Vernunft zum Beispiel einsieht, dass die Färbung der Haut das Ergebnis eines Anpassungsprozesses ist, der einigen Menschen erlaubte, in einem Klima zu überleben, in dem sie starker Sonneneinstrahlung ausgesetzt sind, dann sind Vorurteile, die auf dieser Hautfärbung beruhen, eine Manifestation von Ignoranz. Es wird daher unmenschlich, diese Ignoranz als Grundlage sozialer oder wirtschaftlicher Diskriminierung zu gebrauchen und so fortgesetzt gegen objektives Wissen zu verstoßen. Wenn Linkshändigkeit als ein Ergebnis dessen anzusehen ist, wie das Gehirn einer Minderheit strukturiert ist, dann wird es unmenschlich zu versuchen, Linkshänder umzupolen. Auch das wird zu einer Manifestation von Ignoranz.

Wenn eine homosexuelle Orientierung im Zuge der Entwicklung der Gehirnforschung neurochemischen Prozessen zugeordnet und als ein normaler Bestandteil des sexuellen Spektrums des menschlichen Lebens erkannt wird, dann wird es unmenschlich, die sexuelle Orientierung eines Menschen als Basis für beständige Vorurteile zu benutzen. Ein Urteil, das den Wert und das Wohlbefinden eines homosexuellen Menschen beeinträchtigt oder den Möglichkeiten einer solchen Person Grenzen setzt, geht auf Ignoranz zurück. Da es sich so verhält, tritt ein dritter menschlicher Grundwert ins Blickfeld. Es ist objektiv falsch, so zu handeln, dass Unwissenheit verursacht oder vermehrt wird, die zu einer Einschränkung oder Zerstörung des Menschseins eines anderen führt.

Tugend wird in Weisheit, im Wissen und in der Offenheit gegenüber dem Wesen der Wirklichkeit selbst gefunden. Dies sind Werte, die erkannt werden können, wenn man in die Tiefe des Lebens eindringt, um eine neue Basis für die Ethik zu finden.

Wenn Freiheit, Wissen und Weisheit als objektive Werte anerkannt werden, dann wird die Ausbreitung dieser Werte für alle zu einem ethischen Imperativ von höchstem Rang. So werden alle Formen eines einschränkenden Stammesbewusstseins, jeder Versuch, menschliche Feindschaft zu vermehren oder zu verstärken, jeder Versuch, die Erweiterung des Bewusstseins einzuschränken, als offenkundiges Übel erkannt. So ist der höchste Wert, der aus der Tiefe unseres Menschseins erwächst, die Ausweitung der Grenzen der menschlichen Erfahrung. Die Steigerung des Seins, die Vertiefung des Lebens eines jeden Menschen und die Befreiung jeder Person zu der aus ihr hervortretenden Liebe, werden Teil des letzten und objektiven Maßstabs zur Bestimmung richtigen Verhaltens. Das sind die Tugenden, die aus dem Leben selbst erwachsen. Sie sind nicht außerhalb des Lebens oder in der Autorität eines Wesens außerhalb des Lebens begründet.[71]

Vor einigen Jahren sprach ich zu einer Gruppe anglikanischer Geistlicher in der Krypta einer englischen Kathedrale. Mein Thema waren die sich verändernden Muster des menschlichen Sexualverhaltens, einschließlich der Frage nach der Homosexualität. Der damalige Bischof dieser Diözese machte mir klar, dass er die Diskussion dieses Themas nicht gut hieß, und deshalb war er nicht anwesend. Die Geistlichen, die gekommen waren, waren mit wenigen Ausnahmen die teilnahmsloseste Gruppe von Menschen, die ich je getroffen habe. Weder lachten sie noch waren sie zornig. Weder stimmten sie zu noch lehnten sie die Ausführungen ab, die an vielen anderen Orten, wie ich aus persönlicher Erfahrung wusste, eine große Bandbreite emotionaler Reaktionen provozierten. Diese Geistlichen erinnerten mich an Kinder, die sowohl körperlich als auch seelisch so oft von ihren Eltern und Lehrern oder anderen Autoritätspersonen geschlagen worden waren, dass sie auf nichts mehr reagierten, es sei ihnen denn ausdrücklich erlaubt worden.

Viele »christliche« Gruppen haben unter dem Vorwand, die Werte der Familie zu fördern, körperliche Züchtigung als ein Erziehungsmittel unterstützt. Sie sollte den rebellierenden Geist eines Kindes brechen oder seine »Erbsünde« zügeln. Nach meiner Meinung haben wir es hier nicht mit einem Familienwert zu tun. Hier geht es vielmehr darum, ein Kontrollsystem aufzurichten, das die Anpassung der Kinder auf Kosten ihres Lebens und ihrer Kreativität zum Ziel hat. In meinen Augen handelt es sich auch um eine Verletzung der Gegenwart Gottes in jedem Menschen.

Ich traf eine Erwachsenenversion des gleichen Syndroms in einer ökumenischen Versammlung von Geistlichen in Auckland, Neuseeland, an. Ich sprach zu dieser Gruppe über das Thema einer wirksamen Führung. In der folgenden Diskussion erzählte ein junger neuseeländischer Pastor davon, wie er in einem anderen Teil der Welt gehört hatte, dass ein Bischof einen jungen Priester öffentlich lobte. Der Bischof empfahl diesen Priester als Beispiel für eine wirkungsvolle Führung, sagte ihm eine glänzende Zukunft voraus und schloss seine Bemerkungen mit den Worten: »Ich hoffe, dass ich lang genug lebe, um Sie als Bischof dieser Kirche zu sehen!«

»Das würde in Neuseeland nie passieren«, fuhr dieser Pastor fort. »Und wenn es doch geschähe, würde es für diesen Priester jede Chance für seinen zukünftigen Erfolg und die Aussicht auf eine Führungsposition zerstören.«

»Warum das?«, fragte ich.

»Weil wir in Neuseeland von dem ›Syndrom des hohen Mohn‹ infiziert sind.«

»Was ist das?«, fragte ich.

»In diesem Land«, fuhr er fort, »wird es als unangemessen angesehen, aufzufallen und seinen Kopf über die Masse zu erheben. Der Herdentrieb, nicht Führerschaft wird belohnt. Wenn eine Mohnpflanze höher wächst als die anderen im Feld, wird ihr regelmäßig der Kopf abgeschlagen.«

Ich bin sicher, dass es Menschen gibt, die eine solche Einstellung christlich nennen würden. Ich nicht. Denn sie steht in tiefem Widerspruch zu meinem Verständnis einer Ethik, die auf der Überzeugung beruht, dass Gott in jedem Leben gegenwärtig ist und dieses Leben dazu ruft, die Fülle seines einzigartigen Wesens zu erreichen. Es ist letztlich und objektiv richtig, so glaube ich, Leben zu erweitern und zu intensivieren. Es ist letztlich falsch, glaube ich, so zu handeln, dass Leben beschädigt oder das Potential eines Menschen eingeschränkt wird.

Wenn die Grundlage zur Bestimmung dessen, was richtig und was falsch ist, nebulös oder konfus wird, wie das meiner Meinung nach der Fall ist, wenn traditionelle Maßstäbe, von denen man annahm, dass sie den Willen einer übernatürlichen Gottheit widerspiegelten, verblassen und man sich fragt, ob irgendwelche Werte geblieben sind, mit denen man das Verhalten beurteilen kann, dann schlage ich vor, dass wir in die Tiefe unseres Menschseins blicken, um das Verhalten zu identifizieren, welches das Leben erweitert, und es gut nennen, und auch das Verhalten identifizieren, welches Leben einschränkt, und es böse nennen. Wir könnten auch im Evangelium den Abschnitt lesen, der sagt, dass das Leben und das Verhalten nur danach beurteilt werden, welche Früchte sie bringen.

Gibt uns diese Position nur ein humanes ethisches System? Ich denke nicht. Wenn wir nur anfangen können, die Möglichkeit zu begreifen, dass der Heilige Gott nicht außerhalb des Lebens, sondern vielmehr der Grund des Lebens selbst ist, das Sein ist, in dem alles Sein eingewurzelt ist, dann können diese scheinbar humanen Werte als ewig und letztlich in Gott wurzelnd erkannt werden. Ein solcher Gott jedoch ist kein theistischer Gott. Es ist ein Gott, dessen Sein hervortritt, in dem Maße wie alles Sein Bereicherung erfährt, dessen Leben offenbar wird, in dem Maße wie alles Leben gelebt wird, dessen Liebe sich kundtut, in dem Maße wie alle Liebe geteilt wird, und dessen Identität offenbar wird, wenn alle Schranken brechen und Gemeinschaft gebildet wird.

Die Belohnung, die einem solchen ethischen System entspricht, besteht nicht in motivierendem Segen oder dem Vermeiden ewiger Strafe. Der Gewinn besteht einfach darin, dass man tut, was recht ist. Es ist die Belohnung, die aus einem Leben erwächst, das intensiver wird, einem Leben, das bejaht wird, einem Sein, das vertieft wird, einer Liebe, die immer zurückfließt und den Geber bereichert. Der radikale englische Theologe Don Cuppitt nennt dies »Solare Ethik«. Solare Ethik bedeutet, dass man sich entschließt, wie die Sonne zu leben, das heißt, das zu tun, wozu man erschaffen ist, ohne auf Anerkennung, Fortbestand oder Belohnung zu achten.[72] Die Sonne kennzeichnet so etwas wie Reinheit, und sie bleibt auch dann die Sonne, wenn sie sich in ihrem Verbrennungsprozess aufzehrt. Es gibt entsprechend Reinheit in Bezug auf das menschliche Leben, das zum Sein geschaffen wurde, sowohl im Leben als auch im Tod. Gewiss muss die Ethik des Exils auch dieses Reinheitsprinzip beinhalten.

Ethik muss befreit werden von der Taktik, menschliches Verhalten zu kontrollieren, indem man ihm den Willen irgendeiner überirdischen Gottheit aufzwingt. Christliche Ethik muss in der Zukunft direkt mit dem Recht verbunden sein, das Selbstsein zu erkunden, mit der Ermutigung zu leben, zu lieben, und damit, einfach für die Sache des Lebens, Liebens und Seins da zu sein.

Eine letzte unbeantwortete ethische Frage im Exil liegt noch vor uns, und diese ist grundlegend. Ist das, was ich und andere die Tiefe des Seins genannt haben, eine Realität oder eine Illusion? Gibt es diese Kraft, aus der unser Sein hervorkommt, wirklich? Ist sie personal zu verstehen? Kann sie Gott genannt werden, wenn sie nicht von uns getrennt ist, nicht beeinflusst oder eingreift? Muss Gott als Person verstanden werden, um Gott zu sein? Muss Gott »eine Person« sein, um »persönlich« genannt zu werden? Oder kann man sagen, dass je tiefer wir in das eindringen, je leidenschaftlicher wir lieben, je mehr wir den Mut zum Sein entdecken, desto mehr offenbaren wir Gott – einen Gott, der jetzt als die letzte Realität, das Wesen des Seins verstanden wird? Kann der Prozess, unser wahres und wirkliches Ich zu werden, jetzt als ein neuer Weg angesehen werden, das zu verstehen, was die Bibel zu sagen versucht, wenn sie davon spricht, dass wir als Gottes Abbilder erschaffen wurden? War es nicht diese Qualität der Eigenpersönlichkeit – die Fähigkeit zu leben, zu lieben und zu sein –, die im Leben Jesu beobachtet wurde, die bewirkte, dass die Menschen in ihm die Gegenwart Gottes wahrnahmen? Ist das nicht das, was die Jünger über ihn zu sagen versuchten, wenn sie sagten: »Du bist der Christus, der Sohn des lebendigen Gottes«?

Wenn wir diese Möglichkeiten ergreifen, oder wenigstens willens sind, diese winzigen Ansätze zu erkunden, die uns zu einem anderen Denken über Gott führen, und wenn wir den Heiligen Gott nicht als eine Person, sondern als die Tiefe und den Grund des Lebens selbst verstehen, dann wird die ethische Aufgabe der Kirche eine völlig andere. Christliche Ethik wird nicht in einem System der Verhaltenskontrolle gefunden, begegnet vielmehr in dem Ruf zu erfülltem Leben. Die Aufgabe der Kirche ist es deshalb, nicht das Leben zu richten, sondern das Bewusstsein zu erweitern, Ignoranz und Vorurteile zu demaskieren, und die Schranken vor Fülle und Ganzheit des Lebens zu beseitigen. Die Aufgabe der Kirche besteht darin, den Menschen zu helfen, die Tiefe ihres eigenen Menschseins auszuloten, wo die Transzendenz, das Mysterium, das Sein und auch die Liebe entdeckt werden, und diese Qualitäten, die in der Mitte des Lebens gefunden werden, in die Welt zu vermitteln. Die Mitte des Lebens nenne ich Gott.

Dieser Gott ist kein Vater und keine Mutter, die mich für meine Tugenden belohnen oder für meine Mängel bestrafen wollen. Dieser Gott ist eher eine Macht, eine Gegenwart, die mich zur Verantwortung ruft, zum Erwachsensein, zum Selbstvertrauen und zu einem Leben für andere und dazu, zum Wohlergehen der ganzen Menschheit beizutragen. Dieses unendliche Jenseits in der Mitte meines Lebens lädt mich immer wieder ein, meine Ängste aufzugeben, in die Unendlichkeit einzutreten und in die Zeitlosigkeit Gottes einzugehen. So bete ich an diesem Schrein, und zur gleichen Zeit übernehme ich Verantwortung für mein Leben und, so weit ich kann, für das Leben dieser Welt. Von hier aus entwickelt sich die Ethik. Solange ich Leben besitze, will ich es tief, reich und voll leben. Ich will, indem ich mich diesen ethischen Prinzipien überantworte, keinen Lohn für meine Verpflichtung erwarten, außer den Lohn eines gut gelebten Lebens. Mein Versagen oder meine Mängel will ich nicht irgendeinem überirdischen Gott anlasten, denn Gott ist ein Teil dessen, was ich bin. Ist diese Idee so ungewöhnlich, dass sie unannehmbar ist? Für mich ist sie es nicht, denn ich bin ins Exil gegangen. Der theistische Gott, dessen Wille die Ethik der Vergangenheit begründete, ist tot. Deshalb drängt mich meine Suche nach der Grundlage einer Ethik, die mich über das Exil hinausführt, wieder dahin zurück, wo ein nichttheistischer Gott gefunden und Christus neu definiert wurde. Meine Reise durch das Exil beginnt Form anzunehmen.

11 Zeichen des Wandels in der Kirche heute

Überall in der christlichen Welt von den dicht besiedelten Stadtgebieten bis zu entlegenen Dörfern stehen die Gebäude, die Kirchen genannt werden. *Kirche* ist ein merkwürdiges Wort. Im Schottischen wird sie *kirk* genannt. Der Nachname des dänischen Philosophen Sören Kierkegaard heißt wörtlich übersetzt »Kirchhof«. Dieses eine Wort *Kirche* wird in unserer Sprache zur Beschreibung einer außerordentlichen Vielfalt verschiedener Gebäude gebraucht, die von den großartigen, mittelalterlichen Kathedralen bis zu einem einfachen Fachwerkgebäude reicht. Kirchen können mit den feinsten und teuersten Kunstwerken geschmückt sein, sie können aber auch ganz schlicht sein und nicht einmal verputzte Wände aufweisen. Einige sind so schön, dass sie Verwunderung auslösen, und andere sind mit der Handarbeit eines städtischen Graffitikünstlers bedeckt. Kirchen können exquisite bunte Glasfenster haben, die das Licht der Welt filtern, oder sie können einfache Glasfenster haben, durch die man die Wirklichkeit der Schöpfung Gottes sehen kann. Verschiedentlich habe ich Vorlesungen in der Kirche von Galilee, Nevada, gehalten. Ihre offene Rückwand erlaubte den Gottesdienstbesuchern, auf den Lake Tahoe und das Gebirge der Sierra Nevada in Kalifornien zu blicken. In einer anderen Kirche konnte man durch die klaren Fenster den Mississippi sehen, der an Memphis in Tennesee vorbeifließt.

Einige der Kirchengebäude werden für das Wohlbefinden der Gottesdienstbesucher geheizt oder gekühlt. In anderen versammeln sich die Menschen im Winter um einen bauchigen Ofen und wedeln im Sommer mit Fächern, auf denen die Reklame des örtlichen Beerdigungsunternehmens steht, um mit der Hitze fertig zu werden. Einige Kirchen prunken mit gepolsterten Kinositzen und sind mit indirekten und automatisch gesteuerten Beleuchtungskörpern ausgerüstet. Andere bieten harte Holzbänke an und den Gottesdienstraum erhellen bloße Glühlampen an hängenden Strippen. Doch unabhängig vom Alter, der Größe, der Form oder der Ausstattung dieser Gebäude wird jedes sofort als Kirche erkannt. Sie sind als Kirche irgendwie von selbst erkennbar.

Vielleicht ist das Erkennungszeichen ein Kirchturm, der zum Himmel weist, oder ein Turm, der verkündet, dass »unser Gott eine feste Burg« ist. Vielleicht ist es das schräge Dach oder die Form der Fenster oder ein Friedhof, der um das Gebäude herum angelegt wurde, der die Kirche erkennbar macht. Wie auch immer eine Kirche gebaut ist, so ist sie doch so sehr ein Teil unserer Welt, dass wir sie kaum beachten, wenn wir an ihr vorbeigehen. Sie ist in der Tat ein Teil unserer sozialen Umgebung, ein vertrautes Möbelstück in unserem kulturellen Haushalt.

In diesen Kirchengebäuden sind zwei Funktionen zu Hause. Die erste und wahrscheinlich die wichtigste ist, dass sich hier die Menschen Woche um Woche am Sonntag zum Gottesdienst versammeln. Die liturgische Form dieser wöchentlichen Gottesdienste unterscheidet sich je nach der Tradition. Aber die meisten von ihnen schließen ‚solch vertraute Elemente ein wie das Singen von Liedern und die Verlesung von Bibeltexten, eine Predigt und Gebete. In mehr liturgisch geprägten Kirchen gehört zum Gottesdienst normalerweise ein Sakramentsteil. Dieser wird Messe oder Eucharistie oder Heilige Kommunion oder Abendmahl genannt.

Hinter jeder dieser Handlungen steht die unausgesprochene Annahme, dass der Gottesdienst in irgendeiner Form das Mittel ist, durch das die Menschen unten mit dem Gott oben in der Höhe in Verbindung treten. Der Schwung dieser Gebäude nach oben ist dazu bestimmt, das Bewusstsein der Menschen geradezu physisch nach oben zu dem überirdischen Gott zu lenken. Die Lieder, die die Gottesdienstbesucher singen, erzählen vom Kommen dieses überirdischen Gottes in diese Welt, dem Leben dieser Gottesgestalt in dieser Welt und von ihrem Abschied aus der Welt. Man muss nur einmal ein Gesangbuch durchblättern, um solche Titel wie »O komm, o komm, Emmanuel«, »Jesus ist kommen, Grund ewiger Freude«, »Wir danken dir, Herr Jesu Christ, dass du gen Himmel g'fahren bist« zu entdecken. Die Worte dieser Hymnen dringen in unsere Vorstellungen ein, bilden unsere Überzeugungen und formen unser Gottesverständnis weit mehr, als wir annehmen. Jesus erscheint dabei als ein himmlischer Besucher, der nur menschlich zu sein schien: »Seht die gute Zeit ist nah, Gott kommt auf die Erde«. Wenn diese Hymnen nicht von einer übernatürlichen Gottheit handeln, die in unsere Welt eingreift, wie könnten sie dann unsere Sehnsucht nach göttlicher Begleitung zum Ausdruck bringen: »Wir danken dir, Herr Jesu Christ, dass du für uns gestorben bist und hast uns durch dein teures Blut gemacht vor Gott gerecht und gut...« Andere sprechen von unserer Furcht vor Entfremdung, indem sie unsere Bitten um Vergebung und Erneuerung zum Ausdruck bringen: »Gott Vater, höre unser Bitten: teil diesem Kind den Segen mit, erzeig ihm deine Gnade, lass's sein dein Kind, nimm weg sein Sünd, dass ihm dieselb nicht schade.« In der mehr evangelikalen Tradition kommt der Ausdruck des Sieges dazu, wenn wir dem Gott singen, dessen »Liebe mich erhoben hat« oder der »unsere Füße auf höheren Grund gesetzt hat«. Zu diesen Liedern gehört es auch, dass sie Gott schmeicheln. So heißt es dann, dass Gott unsterblich, unsichtbar, der einzig Weise ist, oder dass seine Größe gepriesen wird. Manchmal werden große theologische Auseinandersetzungen »parfümiert« und dann dürfen sie sich auch ins Gesangbuch einschleichen. Man denke an Martin Luthers Worte, die ursprünglich gegen den Papst geschrieben wurden: »Der Fürst dieser Welt, wie sau'r er sich stellt, tut er uns doch nicht; das macht, er ist gericht': ein Wörtlein kann ihn fällen.« Dieses eine, kleine Wort hieß für Luther *allein*. Für ihn geschah die Erlösung »allein« durch Glauben, nicht durch Werke, auf die das Ablasswesen des Vatikans aufgebaut war, gegen das Luther kämpfte. Doch heute werden diese Worte auf den Satan bezogen, und so wird diese Hymne selbst in katholischen Kirchen fröhlich gesungen. Die Marienverehrung, die Anglikaner in den Tagen der Reformation theologisch ablehnten, hat nichtsdestotrotz ihren Weg in den anglikanischen Gottesdienst gefunden. Im zweiten Teil des Liedes mit dem Titel »Ye Watchers and Ye Holy Ones« (Ihr Wächter und ihr Heiligen) täuschen Worte vor, dass Maria höher steht als die Engel: »O higher than the cherubim, more glorious than angels, lead their praises, thou bearer of eternal word, most gracious magnify the Lord« (O höher als die Cherubim, glorreicher als die Engel, leite ihren Lobgesang, du Trägerin des ewigen Worts, aufs würdigste verherrliche den Herrn). Die anglikanischen Katholiken müssen über ihren Coup gelächelt haben. Aber heute singen auch Protestanten diesen Vers ohne Bedenken. Die Kirche schließt meist in irgendeiner Form die Dinge wieder ein, die einmal ausgeschlossen waren, selbst solche, die mit Nachdruck ausgeschlossen worden waren.

Die Schriftlesungen, die in den Gottesdiensten vorgetragen werden, sind auch mit den Vorstellungen einer theistischen übernatürlichen Gottheit angefüllt, die in die Welt und in unsere Angelegenheiten aktiv eingreift. In der Tat besteht historisch gesehen das Hauptziel der Versammlung zum Gottesdienst darin, den Gottesdienstbesuchern die Möglichkeit zu geben, etwas über das Wesen Gottes zu lernen, von dem man glaubte, dass er alle Aspekte des Lebens und unseres Schicksals kontrolliert. Die Gläubigen nennen diese Schriften »das Wort Gottes«. Die Predigt ist dazu bestimmt, es auszulegen und das »Wort Gottes« zu verdeutlichen. Sie erfüllt diesen Zweck von Woche zu Woche.

Die eucharistische Liturgie soll, wie bereits erwähnt, das Kreuzigungsdrama, in dem Jesus, der Retter, den Preis für die Sünde bezahlt haben soll, vergegenwärtigen, um unsere Erlösung zu sichern. Diese Liturgie birgt manches Wort, das für unsere modernen Ohren sehr fremd klingt. Wir vernehmen den Widerhall der Worte vom Essen des Fleisches und vom Trinken des Blutes. Er entspricht der Vorstellung, dass Gott für uns ein Opfer dargebracht wurde. Manchmal lösen diese Worte großes Unbehagen bei uns aus, wenn wir über sie nachdenken und ihren Sinn erfassen. Die Worte scheinen aus einer fremden Welt zu kommen. Das führt dazu, dass diese Bilder ihren wörtlichen Sinn verlieren, und so ihr Schrecken erträglich wird.

In allen Traditionen der christlichen Welt nimmt heute die Teilnahme an diesen regelmäßigen Gottesdiensten am Sonntag Morgen ab. Die Erklärungen für diesen Rückgang richten sich tendenziell nach dem jeweiligen Interesse dessen, der sie abgibt. Festzustellen ist aber, dass es einzelne Ausnahmen gibt, etwa wenn ein charismatischer Kleriker den Himmel und die Erlösung verspricht, das Bedürfnis nachzudenken ausgeschaltet wird (»man muss nur Glauben haben«) und eine Zeit lang Begeisterung und wachsende Zahlen erreicht werden. Doch diese Art von Aktivität kann selten auf den Nachfolger im gleichen Dienst übertragen werden, und bald stimmt die Zahl der Menschen, die diese Kirchen wieder verlassen, mit derjenigen überein, die zunächst angezogen wurden. Doch trotz dieses Rückgangs hat das Muster des regelmäßigen Sonntagsgottesdienstes auf dem Land noch Macht. Er zieht immer noch an. Er wird immer noch als ein Teil des Lebens angesehen. Er spielt immer noch eine lebendige, soziale Rolle, was heute eher für kleine Städte zutrifft als für Großstädte.

Eine andere Gelegenheit, die Menschen in diese kirchlichen Strukturen zieht, sind die Gottesdienste, die mit den Wendepunkten des individuellen Lebenslaufs verbunden sind. Die Erfahrung einer Geburt zum Beispiel wird in der Liturgie des Taufgottesdienstes aufgenommen. Die Reife wird mit einer Art kirchlichem Pubertätsritus gefeiert. Die natürliche Neigung zu Liebe und Partnerschaft wird mit Hochzeitsfeierlichkeiten begleitet. Bei Krankheit gibt es verschiedene Besuchsriten einschließlich der Krankensalbung, und nach dem Tod folgt der Trauergottesdienst, der manchmal Requiem genannt wird und zuweilen auch einfach Beerdigung heißt. Auch wenn die Kirche ihre Anziehungskraft als sonntäglicher Versammlungsort für regelmäßige Gottesdienste bereits lange verloren hat, zieht sie noch Menschen zu den Zeremonien an, die individuelle Passage-Riten anbieten, die im Kirchenleben humorvoll Zeremonien zum »hatching, matching, dispatching« (Brüten, Paaren, Verabschieden) genannt werden.

Aber werden diese Zeremonien weitergehen, und wird es auf der anderen Seite des Exils eine Kirche für die Besucher der Sonntagsgottesdienste geben? Kann diese Institution überleben? Hat sie noch irgendeinen Sinn, wenn die Vorstellung des in das Leben eingreifenden theistischen Gottes verschwunden ist? Sicherlich kann sie nicht so weitergeführt werden, als seien ihre Voraussetzungen noch intakt. Welche Veränderungen werden nötig sein, wenn die Kirche in ein Leben auf der anderen Seite des Exils übergeht? Wie werden die Liturgien gestaltet und wie die Kirchen umgebaut oder gebraucht werden? Wenn es unser Schicksal ist, in einer Welt zu leben, in der Menschen nicht mehr vorgeben können, dass sie sich in einer liturgischen Feier zu einer himmlischen Eltern-Gestalt in Beziehung setzen, die alles in Ordnung bringt oder die Gläubigen belohnt und straft, wie immer sie es verdienen, gibt es dann eine Zukunft für diese Strukturen, die wir Kirchen nennen oder für die Gottesdienste und liturgischen Feiern?

Wenn ich von diesen Fragen spreche, muss ich mit meinem eigenen Zeugnis beginnen. Private und öffentliche Gottesdienste bilden weiterhin einen wichtigen Teil meines Lebens, auch dann, wenn ich immer weiter ins Exil gerate. Ich denke, dass das nicht einfach damit erklärt werden kann, dass mir der Gottesdienstbesuch zur Gewohnheit geworden ist. Als Bischof nahm ich mit großer Regelmäßigkeit an etwa zwei- bis dreihundert gemeinsamen Gottesdiensten jährlich teil und leitete sie auch. In Gottesdiensten spreche ich auch heute noch die traditionellen Gebete meiner Glaubensgemeinschaft, trotz ihres seltsamen, altertümlichen und manchmal buchstäblich unglaublichen Inhalts. Ich bekenne meine Sünden noch. Ich nenne Gott noch meine tiefsten Sehnsüchte und Bitten. Ich bringe meine tiefe Dankbarkeit zum Ausdruck. Ich höre noch auf die Lesungen aus der Heiligen Schrift, die weiterhin meine Aufmerksamkeit wecken, obwohl einige Abschnitte ohne Zweifel bizarr und sogar anstößig sind.

Bei Esra höre ich zum Beispiel, dass für ausländische Frauen die Scheidung vorzusehen ist (Esra 9,10). Meine eigene Frau ist eine naturalisierte Bürgerin der Vereinigten Staaten. Paulus erklärt mir, wie Sklaverei milder und erträglicher gemacht werden kann (Kolosser 3,22; 4,1). Mitglieder meiner Diözese stammen von Sklaven ab, deren Narben in ihren Seele noch spürbar sind. Der Timotheus genannte Verfasser der Pastoralbriefe schrieb, dass Frauen sich unterwerfen müssen. Ihnen wird verboten zu lehren oder irgendeine Autorität über Männer zu haben. Sie können gerettet werden, wenn sie Kinder gebären. Ich kann mir nicht vorstellen, dass die Frauen, die ich kenne, diesen Vorstellungen entsprechen. Die Tora sagt, dass Homosexuelle hingerichtet werden müssen (Levitikus 20,13), dass Kinder, die ihren Eltern trotz Züchtigungsmaßnahmen ungehorsam sind, zu steinigen sind (Deuteronomium 21,18–21), und dass Menschen, die falschen Göttern dienen, ausgetilgt werden sollen (Deuteronomium 6,14–15; 8,19; 30,17–18). Die Evangelien erzählen mir, dass Krankheit von einem Dämon verursacht wird, der ausgetrieben werden muss (Lukas 4,35.41; Markus 2,1–12). Der Historiker, der das Buch der Könige schrieb, informiert mich darüber, dass die militärische Niederlage direkte Folge des Verstoßes gegen die Gebote Gottes ist (2 Könige 24,3). Manche Worte, Handlungen und Traditionen in den Gottesdiensten verbiegen und verdrehen meinen Geist, wenn ich versuche, diese Worte in die Welt einzupassen, in der ich lebe. Doch ich bleibe bei meinem Gottesdienst.

Ich muss zugeben, dass die meisten meiner Schwierigkeiten mit den Worten und Konzeptionen der Gottesdienste von der Tatsache herrühren, dass diese die theistische Definition Gottes unterstreichen. Ich bin kein Theist im traditionellen Verständnis dieses Wortes. Ich glaube, dass ich seit den frühen fünfziger Jahren, in denen mein theologisches Leben von dem schon erwähnten Gelehrten namens Paul Tillich geprägt wurde, kein Theist mehr bin. Tillich und seine akademischen Partner bildeten eine Generation von Geistlichen aus. Aber sie selbst blieben in den

Universitätsräumen und besprachen die theologische Revolution einzig untereinander. Sie machten sich keine Gedanken darüber, wie sich ihre Vorstellungen auf den einfachen Gläubigen, den Menschen in der Kirchenbank oder auch den Ordinierten auswirken, der täglich mit diesen Menschen zu tun hat.

Ich war zuerst Gemeindepfarrer und wurde erst später Bischof. Ich stand den Menschen meiner Gemeinden gegenüber, leitete ihre Gottesdienste und predigte ihnen Sonntag für Sonntag. Ich taufte, konfirmierte, traute, beerdigte und beriet Menschen, für die ich Verantwortung trug. So verbrachte ich mein Leben damit, dass ich das nichttheistische Denken Tillichs da fortentwickelte, wo es auf die theistischen Traditionen des christlichen Glaubens traf. Der größte Teil des Brückenbaus zwischen der theistischen Vergangenheit und der nichttheistischen Zukunft wurde von Pfarrern geleistet, die wie ich bereit waren, ihr Leben auf der scharfen Schneide dieser schmalen Trennlinie zu leben. Wir haben unser Leben damit verbracht, dass wir Aufrichtigkeit in unserem gottesdienstlichen Handeln suchten. Wir bedachten und interpretierten die liturgischen Worte und Symbole täglich neu und versuchten, die Kirche, der wir dienten und die wir liebten, in eine mögliche und realistische Zukunft zu führen. Ich habe den Verdacht, dass dies für viele von uns manchmal eine einsame Berufung war.

Aber heute ist diese Revolution in das Leben der Menschen eingedrungen, die noch zum Gottesdienst kommen. Zeichen dieser Revolution begegnen ungeordnet in allen Konfessionen verstreut und verschaffen sich vielfältigen Ausdruck.

Meine Aufgabe ist es, diese Anhaltspunkte zusammenzustellen, ihre Bedeutung bewusst zu machen und die provozierende Botschaft zu lesen.

Als erstes fällt auf, dass in diesen mehr als fünfzig Jahren in den liturgisch orientierten Kirchen der Welt die Altäre von der Hinterwand des Chors entfernt wurden. Die Priester feiern die Eucharistie oder lesen die Messe so, dass sie sich umgedreht haben und nun die Gemeinde ansehen. Diese Veränderung vollzog sich still, doch fast überall. Jüngere Geistliche bestehen absolut darauf. Die Veränderung wurde von den verschiedensten Perspektiven her erklärt und gerechtfertigt. Einige versuchten zu zeigen, dass es sich um die Rückkehr zu den einfachen Formen der frühen Kirche handelte. Andere beschritten kompliziertere Wege des theologischen Nachdenkens, um diese Veränderung zu erklären und zu rechtfertigen.

Es ist eine Tatsache, dass dieselbe theologische Verschiebung, die die Vordenker dieses Jahrhunderts dazu brachte, nicht mehr von Gott in übernatürlichen Kategorien zu denken, in unmerklicher Weise in die Überlegungen der einfachen Kirchenmitglieder eingegangen ist. Der Gott, der »da oben« oder »da draußen« war, ist deutlich verblasst. Von daher gehen auch die gottesdienstlichen Formen zurück, die zum Ziel hatten, der überirdischen Gottheit zu begegnen oder sie zu verkörpern. So wurden die Altäre in das Zentrum der Gottesdienstgemeinde gerückt. Priester, die Gott zugewandt die Liturgie leiteten, wandten sich jetzt um und der Gemeinde zu als dem Ort seiner Gegenwart. Das Reich Gottes, von dem man einmal annahm, dass es vom Himmel herabkäme, sieht man jetzt mitten unter den Menschen. Der Übergang zu Gottesdienstformen, die dem Exil entsprechen, hat begonnen.

Ein zweites Zeichen der Veränderung ist in der Tatsache zu sehen, dass die Menschen im Gottesdienst begonnen haben, sich von ihren Knien zu erheben. Man sah die kniende Haltung für den Gläubigen als angemessen an, der sich der überirdischen Gottheit wie einstmals einem König näherte. Es entsprach der Weise, in der ein Knecht seinem Herrn oder ein Bettler dem begegnete, von dem er seine nächste Mahlzeit erhielt. Es war auch die Haltung, in der Onkel Tom seinem Meister begegnete. Sie stammt aus den überirdischen Bildern des Theismus. Aber noch einmal, ohne dass man genau weiß warum, beginnt die kniende Haltung langsam, aber ganz bewusst zu verschwinden. Mehr und mehr stehen die Gottesdienstbesucher auf, um zu beten oder auch ihre Sünden zu bekennen. Die meisten von ihnen sind sich dessen nicht bewusst, was diese Veränderung verursacht. Sie wissen nur, dass sie es als richtig empfinden. Ich behaupte, dass hier einfach eine Antwort auf die Wahrnehmung heraufdämmert, dass es keinen Gott »da draußen« gibt und wir deshalb damit anfangen müssen, nach Gott in uns selbst zu suchen. Wird es nicht schnell ein unpassendes Verhalten, vor etwas zu knien, das ein Teil von uns selbst ist? So nimmt das Knien in den liturgischen Kirchen überall ab.

Ein drittes Zeichen dieser Bewusstseinsveränderung zeigt sich in dem heute überall auftauchenden Bedürfnis, die Liturgien zu verändern. Eine Standardform des Gottesdienstes ist aus fast allen Kirchen verschwunden. In zahlreichen Gemeinden werden den Gottesdienstbesuchern so viele liturgische Hilfen gegeben, wenn sie an der Kirchentür eintreffen, dass für diese ein ganzer Loseblatt-Ordner nötig erscheint. Experimentelle Liturgien breiten sich aus. Die Veränderung von Worten in alten Liturgien ist Routine geworden. Wir beginnen sogar damit, die Bedeutung einiger Worte in Frage zu stellen, die in der Vergangenheit einfach auswendig aufgesagt wurden. Traditionellerweise wurden die Gläubigen mit den Worten »Der Herr sei mit euch« zum Gottesdienst eingeladen, als ob der Gott außerhalb unseres Lebens vor der ausgesprochenen Bitte nicht hätte anwesend sein können. Jetzt aber beginnen experimentelle Liturgien die Worte zu ersetzen durch »Der Herr ist mit euch«, durch eine Feststellung, die nur ins Bewusstsein gerufen wird. Einst rief das Kyrie eleison Gott um Gnade an, als ob es göttliches Vorrecht einer kapriziösen Gottheit wäre, sie nicht zu gewähren, falls sie nicht darum gebeten würde. Jetzt beginnen wir stattdessen mit einem Gebet, in dem wir dafür danken, dass es der eigentlichen Natur Gottes entspricht, barmherzig zu sein, und wir ständig in der göttlichen Fürsorge geborgen sind, die durch unsere Fürsorge für andere und ihre Fürsorge für uns zum Ausdruck kommt. Einst schlossen wir in unseren Beerdigungsgottesdienst und in viele unserer Fürbittgebete eine Bitte an Gott ein, sich des Verstorbenen oder desjenigen »zu erinnern«, dem die Fürbitten galten. Das war eine

Sprache, die wörtlich genommen besagt, dass Gott ohne unsere Bitten vielleicht vergesslich sein könnte, als ob der göttliche Geist rücksichtlich seines hohen Alters in die frühen Stadien der Senilität eingetreten sei. Jetzt werden diese Worte langsam aber sicher aufgegeben und eine neue Sprache beginnt sich durchzusetzen, in der von Gott als dem Urgrund unseres Lebens, als uns tragende Gegenwart, als dem Sein, unter dem unser Menschsein entsteht, gesprochen wird.

Ein viertes Anzeichen dieser Veränderung unseres Bewusstseins taucht auf, wenn wir einen längeren Blick auf die Geschichte werfen und die Veränderungen im Wortschatz unseres Gebetbuches überprüfen. Aus den modernen Gebetbüchern sind die Gebete verschwunden, die nahe legten, dass Bitten die Wetterkarte beeinflussen könnten, die Gebete, die Krankheit für eine göttliche Sündenstrafe hielten, auch die Gebete, die zeremonieller Reinigung von Frauen nach der Geburt ihres Kindes gewidmet waren, sowie diejenigen, die Gott unserer eigenen Nation so tief verbunden sahen, dass deren Erfolg als der Wille Gottes erschien. Das bedeutet nicht, dass die Reinigung unseres Gebetbuchs abgeschlossen ist. Weit entfernt! Die Spuren der alten tribalistischen und theistischen Haltungen sind noch da, aber deren grobe und offenkundige Artikulationen sind deutlich zum Schweigen gebracht worden. Unsere offiziellen Revisionen der Bücher, die im Gottesdienst gebraucht werden, zeigen, dass Gott in zunehmendem Maß von uns nicht mehr als eine überweltliche Macht angesehen wird, die durch die Gebete der Gläubigen manipuliert werden kann.

Ein fünftes Anzeichen wird sichtbar, wenn wir Revue passieren lassen, was mit dem Leben der Ordinierten innerhalb dieser Generation geschah. Wir stellen zuerst fest, dass die elterlichen Worte, die einst für die Kirche und die Geistlichen gebraucht wurden, verschwinden. Wir sprechen nicht mehr von der »Mutter« Kirche. Tatsächlich ist die Formulierung »Mutter« Kirche nicht ohne heftige Kritik geblieben, nicht zuletzt von Frauen, die darüber erzürnt sind, was »Mutter« Kirche ihnen über die Jahrhunderte angetan hat. Die heilige Mutter, zu der wir alle gehören sollen, ist im Blick auf dieses ihr Vorurteil deutlich unter Beschuss.

Gleichzeitig wird die Autorität ausgehöhlt, die einst mit dem Titel »Vater« für die Priester verbunden war. Der feierliche Klang dieses Wortes hat sich zunehmend abgeschwächt. In den Konfessionen, die mit der Ordination von Frauen zum Priesteramt begonnen haben, werden Anreden wie »Mutter Maria« oder »Mutter Elisabeth« gehört. Das ist eine vertrauliche Form der Anrede, und doch versucht sie, weiter an der alten, nach elterlichem Muster verstandenen priesterlichen Macht festzuhalten. Zweifellos wird sie sich nicht durchsetzen.

Wir haben oben festgestellt, dass die priesterliche Macht aus dem einzigen, aber primitiven Anspruch geboren wurde, dass die so bezeichnete heilige Person zwischen dem theistischen Gott oben und den schwachen Menschen unten vermitteln sollte. Die priesterliche Person nahm die Fähigkeit und die Berechtigung in Anspruch, Gottes Wege im menschlichen Leben zu erklären. Die so bezeichnete heilige Person deutete den Sinn der Krankheit wie die Botschaft, die in den Kräften der Natur beschlossen war, die beide als Ausdruck des göttlichen Willens erklärt wurden. Um die Menschen vor Gefahren in schwierigen Augenblicken des Lebens zu schützen, versuchte der Priester das Volk zu befähigen, den Willen Gottes so zu verstehen, dass es die göttlichen Empfindlichkeiten nicht verletzte, wodurch eine Tragödie hätte heraufbeschworen werden können. So beanspruchten die Priester die Macht zu entscheiden, wie Gott richtig zu verehren ist und was Gott im Blick auf das ethische Verhalten der Menschen verlangt. In einer Zeit des Glaubens begegneten die Menschen diesem Anspruch mit erstaunlicher Zustimmung.

Als die Macht der Priesterschaft wuchs, entwickelte sich die Auffassung, dass der Priester auch die Fähigkeit besaß, Sünden zu vergeben und Segen zu vermitteln. Im Lauf der Zeit bedeutete diese Macht, dass der Priester als jemand angesehen wurde, der das ewige Schicksal eines Menschen in Händen hielt. So wurde der Priester als letzter Richter über das angesehen, was im Augenblick des Todes geschah. Der Sünder, der gebeichtet hatte und dem die Sünden vergeben wurden, konnte die Belohnung der himmlischen Seligkeit empfangen, während der unbußfertige Sünder, dem nicht vergeben worden war, der Strafe und sogar ewiger Qual überantwortet sein konnte.

Auf dem Höhepunkt der priesterlichen Macht wurde der Anspruch erhoben, dass dieser theistische Gott nur durch die autorisierten Sakramente der etablierten Kirche handeln könne. Diese Sakramente waren die einzigen Mittel der Gnade für alle Menschen, aber nur der legitim autorisierte und ordinierte Priester konnte sie verwalten. Außerhalb der Kirche, so lautete der Anspruch, gab es kein Heil, weil es außerhalb der Kirche keine priesterliche Absolution und deshalb auch keine Vergebung, keine sakramentale Gnade und keinen priesterlichen Segen geben konnte. Es war ein starkes und geschlossenes System. Der himmlische Vatergott wurde durch die ordinierte Vaterfigur repräsentiert. Der Theismus war in der männlichen Priesterschaft inkarniert.

Im neunzehnten Jahrhundert fügte man dieser beeindruckenden kirchlichen Struktur den Eckstein hinzu, indem der Papst, der Stellvertreter Christi genannt und als oberster Priester angesehen wurde, der jedweden priesterlichen Dienst erst rechtsgültig machte, von der römisch-katholischen Kirche als unfehlbar erklärt wurde, wenn er in Sachen des Glaubens und der Moral ex cathedra spricht. Insgesamt repräsentierte die Struktur die Entwicklung des ursprünglichen Anspruchs, dass der Schamane eines Stammes allein über die Fähigkeit verfügte, den Willen und die Wünsche der theistischen Gottheit der gläubigen Welt zu erklären.

Heute bricht diese Superstruktur des kirchlichen Privilegs vor unseren Augen zusammen. Ihr Fall ist unvermeidbar, denn sie war auf der theistischen Voraussetzung aufgebaut, die in unseren Tagen nahezu völlig ausgehöhlt ist. Es wird etwa ein Jahrhundert dauern, bis die kirchliche Struktur erkennt, dass das wirksame

Prinzip ihres Lebens nicht mehr besteht. Aber Zeichen des Hinscheidens sind schon gegeben. Der Verlust der priesterlichen Autorität und des priesterlichen Respekts, der in unserer Gesellschaft um sich greift, ist nur eines davon. Macht wie Respekt sind überall geschwunden, außer bei besonders fügsamen, abergläubischen und reaktionären Gläubigen. Niemand ist sich jedenfalls heute im Leben der Kirche des Abschieds von dieser Macht bewusster als die Ordinierten.

Diese Realität hat gegenwärtig die priesterliche Identität in eine große Krise gestürzt, die sich von den katholischen Priestern zu den protestantischen Pastoren ausgebreitet hat. Sie manifestiert sich bei den Geistlichen, die eine Rechtfertigung für ihre Existenz in untergeordneten Beschäftigungen suchen. Im dreizehnten Jahrhundert war ein Priester, der seine priesterliche Rolle hätte rechtfertigen müssen, unvorstellbar. Aber heute sehen wir Priester und Pastoren, die sich in die Rollen von Sozialarbeitern, Psychotherapeuten oder geistlichen Direktoren werfen. Wir sehen eine rasche Zunahme nicht angestellter Geistlicher, die in weltlichen Berufen arbeiten. Weit mehr als es das religiöse Establishment wahrnimmt, gibt es für mich in zunehmendem Maße Anzeichen für die Tatsache, dass die Formen des Gottesdienstes und die Strukturen der Kirche, die auf dem Glauben an einen theistischen Gott von gestern aufgebaut sind, einfach zerschlissen werden. Im Gottesdienst auf der anderen Seite des Exils wird sich sicher der Verlust der priesterlichen Macht und des priesterlichen Privilegs zeigen. Ich habe zum Beispiel den Verdacht, dass in diesem Jahrhundert ein Laie sogar in katholischen Kreisen die Feier der Eucharistie leiten wird. Es ist unvermeidbar. Die Kanäle der Gnade für einen nichttheistischen Gott können nicht geschlossen oder durch Amtsträger kontrolliert werden.

Ein sechstes Anzeichen der Verlagerung der Kirche weg vom Theismus kann darin gesehen werden, dass der Verlust der priesterlichen Macht die Kleidung beeinflusst, die die Ordinierten tragen, besonders im Fall der Bekleidung von Angehörigen der Hierarchie. 1996 überprüfte der anglikanische Primas der schottischen Episkopalkirche, der Most Reverend Richard Holoway, die bischöfliche Bekleidung und hob ihren mittelalterlichen und royalistischen Stil ins Bewusstsein. Er ging so weit zu empfehlen, dass beim nächsten Welttreffen der anglikanischen Bischöfe, das auf Einladung des Bischofs von Canterbury alle zehn Jahre einmal stattfindet, seine Mitbischöfe sich in einem prophetischen Akt mit ihm verbinden. »Warum versammeln wir uns nicht an der Themse«, schlug er vor, »und werfen unsere mittelalterlichen Mitren in die dunklen Wasser und sind sie für immer los?« Das war vielleicht der erste Schuss, der auf einen weiteren Brauch der sterbenden Kirche abgefeuert wurde. Die bischöfliche Mitra ist in der Tat nur eine schwach verkleidete Krone. Der Umhang des Bischofs, der zur Mitra gehört, ist eine kirchliche Version des Königsmantels. Der Bischofsring erinnert an den königlichen Siegelring, mit dem offizielle Dokumente gesiegelt wurden. Der Bischofsstab (Hirtenstab) ist eine Nachbildung des königlichen Stabes. Der Bischofsstuhl wird wie der Königsstuhl »Thron« genannt, und zu Füßen des Bischofs, der auf seinem Thron sitzt, knien Menschen. Schließlich wird das Haus des Bischofs »Palast« genannt. Alle diese Symbole repräsentieren Traditionen aus der Vergangenheit! Man fragt sich, wen die Bischöfe zum Narren halten wollen. Vielleicht waren das angemessene Symbole in der Zeit kirchlicher Herrschaft. Sie passten in die Landschaft, die ein theistischer Gott schuf. Heute jedoch beherrschen die Bischöfe von ihren Thronen nicht die Welt als Vertreter einer Gottheit, die ihrerseits über dem Firmament auf einem himmlischen Thron sitzt. Faktisch werden die Meinungen der Bischöfe zu den meisten Themen der Zeit weitgehend ignoriert. Doch mit unseren Kostümen versuchen wir die Tatsache zu verdecken, dass wir an einer außerordentlich irrelevanten Scharade von enormem Anspruch beteiligt sind. Ein englischer Geistlicher sagte mir einmal in Oxford bei einer passenden Gelegenheit, »ein Teil unserer Pflichten besteht einfach darin, uns zu bekleiden und herumzulaufen«. Das mag so sein, aber vielleicht sind Kostümbälle geeigneter dafür als Kirchen. Königliche Bekleidung wird sicher verworfen werden, falls eine neue Kirche auf der anderen Seite des Exils geboren wird.

So sind die Zeichen einer Kirche in radikalem Übergang gegenwärtig greifbar und warten darauf, beachtet und erklärt zu werden. Freistehende Altäre lassen den Priester Gott in der Mitte der Gemeinde gegenübertreten. Gottesdienstbesucher erheben sich von den Knien, als wollten sie auf einen göttlichen Ruf antworten. Eine Vielzahl experimenteller Liturgien erzwingt Veränderungen im Gebrauch altgeprägter Worte. Gebetbücher beseitigen die ärgerlichsten Konzepte des Theismus von gestern. Die Anreden der Priester als Vater oder Mutter und die priesterliche Macht werden angegriffen. Man diskutiert über einen Laienvorsitz bei der Eucharistie. Man denkt über eine neue Bekleidung der Priester nach, über die Preisgabe von Gewändern, die an königliche Bekleidung erinnern, und man bedenkt, ob überhaupt eine besondere Bekleidung getragen werden muss. Dies sind mitten in der gegenwärtigen religiösen Welt Zeichen dafür, dass ein neues Bewusstsein entsteht und sich eine neue Gottesvorstellung entwickelt. Diese Tatsachen legen eine Schlussfolgerung nahe: Die treibende Kraft hinter all diesen Veränderungen ist die heraufdämmernde Erkenntnis, dass der theistische Gott der Vergangenheit stirbt. Mit diesem Tod erleidet auch das gottesdienstliche Verhalten der Menschen gegenüber der übernatürlichen, eingreifenden, transzendenten Gottheit seinen Zusammenbruch. Wenn die Kirche kein anderes Ziel hat, als die Menschen auf diesen überweltlichen Gott hinzuweisen, dann werden die Kirchen schließlich auch aus unserer Landschaft verschwinden.

Wenn diese Veränderungen ins Bewusstsein gehoben und die treibenden Faktoren verstanden werden, dann stehen die Gläubigen im Exil vor einer klaren Wahl. Wir können den Kampf und unsere Hoffnung auf eine göttliche Gegenwart und einen Sinn der Kirche auf der anderen Seite des Exils aufgeben. Oder wir können für die Zukunft das Entstehen einer neuen Form des Gottesdienstes sowie neuer Zielsetzungen für die Kirche ausmachen, die uns herausfordern. Ich habe den Verdacht, dass die

Liturgie und die Struktur dieser heraufkommenden Kirche einen sehr anderen Anblick bieten werden, so verschieden, dass ich mich frage, ob wir eine Kontinuität zwischen der Kirche von gestern und der Kirche von morgen erkennen werden.

Ich wende mich jetzt dem Blick in die Zukunft zu und zeichne eine Vision davon auf, wie die Kirche in der Zukunft aussehen wird und wie sie handeln kann. Es ist eine Spekulation aufgrund unserer jetzigen Kenntnisse. Nur die Zeit wird uns sagen können, ob es eine Spekulation ist, die uns vorwärts in die Zukunft bringen kann. Ich für meinen Teil bin jedenfalls völlig davon überzeugt, dass die Alternative darin besteht, dass es überhaupt keine christliche Zukunft gibt.

12 Die Kirche der Zukunft: Ein spekulativer Traum

Kann man wirklich in sinnvoller Weise Gott dienen, wenn es keine Vorstellung von einer theistischen Gottheit mehr gibt, die diesen Dienst annimmt? Kann man bekennen, danksagen, beten, Loblieder singen, wenn es kein persönliches Wesen gibt, auf das diese Akte der Anbetung gerichtet sind? Dies sind schwierige Fragen, die eine ernsthafte Antwort erfordern. Einige Christen sind sicher, dass die Reise auf diesem Pfad nur zum Tod der religiösen Vergangenheit führt, ohne dass es Hoffnung auf eine religiöse Zukunft gibt. Ich stimme diesem Urteil nicht zu und möchte im Folgenden die Gründe dafür darlegen.

Ich beginne mit einer Geschichte, die ein buddhistischer Mönch namens Tich Nhat Hanh über sich in seinem Buch *Living Buddha, Living Christ* (Lebender Buddha, lebender Christus) erzählte. Ein protestantischer Pastor kam zu diesem Mönch und fragte ihn ziemlich herausfordernd: »Sind Sie ein dankbarer Mensch?«

Thich Nhat Hanh war von dieser Frage wie vor den Kopf gestoßen und brauchte einen Augenblick, um zu antworten. Dies erlaubte seinem Gegner, ihn weiter zu bedrängen, und zwar in recht enthüllender Form. »Wenn Sie wirklich dankbar sind, wie können Sie dann nicht an Gott glauben? Gott hat alles geschaffen, an dem wir uns erfreuen, auch die Nahrung, die wir essen. Da Sie nicht an Gott glauben«, schloss er, »können sie auch für nichts dankbar sein!« Das Urteil, auf das die Fragestellung abzielte, war jetzt völlig klar.

Thich Nhat Hanh ist ein heiliger Mann, der in der ganzen Welt bekannt ist und respektiert wird. Er wurde von einem Mystiker aus einer anderen Tradition gelobt, nämlich dem römisch-katholischen Mönch Thomas Merton. Von dem Bürgerrechtsführer und protestantischen Pastor Martin Luther King Jr. wurde er als geistlicher Riese anerkannt. Die populäre, theologische Schriftstellerin Elaine Pagel hat öffentlich bekannt, dass sie sich gegenüber seiner geistlichen Führung verpflichtet fühlt. Thich Nhat Hanh betet und meditiert an jedem Tag seines Lebens. Er lebt in einem Gottesbewusstsein, das in allem, was er sagt, tut und schreibt, offenkundig ist. Wie konnte dieser protestantische Pastor und religiöse Kritiker aus dem Westen behaupten, dass Thich Nhat Hanh, da er nicht an Gott glaube, kein dankbarer Mensch sein könne?

Zu dieser Frage kam es, weil Thich Nhat Hanhs christlicher Gegner, wie viele furchtsame religiöse Menschen in einer sich rasch verändernden Welt, sein Urteil auf der Grundlage seiner eigenen theologischen Vorstellungen traf. Der buddhistische Mystiker hat sich aber über die Vorstellung eines theistischen Gottes hinausbewegt und damit über die einzige Gottesvorstellung, die sein Fragesteller verstand. Dieser war blind für alles, was nicht innerhalb seiner eigenen, begrenzten, theologischen Parameter lag. Er hatte die Wirklichkeit Gottes sehr eng gefasst und von daher alles außerhalb seiner Vorstellung Liegende als irreal abgetan. Das ist in religiösen Kreisen keine ungewöhnliche Haltung. Jeder, der versucht, den Gottesdienst in nichttheistischen Kategorien neu zu denken oder die institutionelle Christenheit für ein neues Zeitalter umzuformen, muss sicherlich mit einer ähnlichen Reaktion rechnen.

Tatsächlich veröffentlichte Andrew Brown, der frühere religiöse Herausgeber von *The Independent*, einer der größten Tageszeitungen in Großbritannien, einen solchen Vorwurf gegen mich in einem Persönlichkeitsprofil im Beilagen-Magazin der Sonntagsausgabe des *Independent*[73]. Brown schrieb: »Ich habe den Eindruck, dass Sie dann, wenn Sie alle Macht von Gott wegnehmen, um in der Welt etwas zu verändern, kein Häretiker, sondern ein Atheist sind, wie gut Sie auch immer als Bischof auftreten mögen.« Vielleicht war er von diesem Schluss selbst ein wenig verwirrt. Jedenfalls fügte Brown seinen eigenen demütigeren Widerruf hinzu: »aber dann bin ich auch … kein Theologe«. Brown, wie so viele andere, kann sich keinen Gott vorstellen außer dem, der als Person übernatürlich gegenwärtig ist, der in der Geschichte eingreifen kann, um bestimmte Veränderungen zu bewirken.

Ich aber nehme an, dass nach einem nichttheistischen Neuverständnis des Heiligen eine Revolution bezüglich der Bedeutung des Gottesdienstes unvermeidbar ist. Der Gottesdienst ist keine Randerscheinung. Er ist eher von zentraler Bedeutung für unser Menschsein. Mensch zu sein bedeutet, dass wir uns selbstbewusst mit den Vorstellungen der letzten Wirklichkeit auseinander setzen. Gottesdienst ist der Name für die Art und Weise, in der wir diese Selbstbestimmung ausüben. Deshalb kann Gottesdienst in einer neuen Zeit auch gut neu definiert werden, wenngleich er immer ein Aspekt unseres Menschseins bleibt. Weil Gottesdienst einen bestimmten Ort braucht, muss es so etwas wie eine Kirche als Zentrum oder als Ort für den Gottesdienst auch zukünftig geben. Die Frage für unsere Zeit ist: Können Gottesdienst und Kirche von ihrem theistischen Verständnis gelöst werden, das beiden in ihrer bisherigen Gestalt den Tod garantiert? Können beide von ihrem heutigen Ort dahin kommen, wo sie morgen sein müssen, ohne mit gestern völlig zu brechen? Oder ist in diesem Fall der Tod des Vergangenen die Voraussetzung für das Leben in der Zukunft?

Wir haben die Zeichen der Veränderungen betrachtet, die bereits im gottesdienstlichen Verhalten zu sehen sind. Lassen Sie mich jetzt die Zukunft mit breiten Pinselstrichen und später in spezifischeren Einzelheiten zeichnen.

Der Gottesdienst auf der anderen Seite des Exils wird nicht durch Lieder für eine außerirdische Gottheit gekennzeichnet sein. Die liturgische Aktivität wird nicht in ständig wiederholendem Nachvollzug von in Erinnerung gerufener Tradition bestehen, die erlebtes Handeln des theistischen Gottes feiert. Der Gottesdienst in der Zukunft wird eher von dem selbstbewussten Verständnis gekennzeichnet sein, dass jeder von uns Gottesträger und Lebensspender ist oder sein kann, und dass unsere tiefste religiöse Aufgabe darin besteht, uns selbst wegzugeben. Der Gottesdienst auf der anderen Seite des Exils wird sich nicht auf einen überirdischen Gott ausrichten, sondern auf die Welt unserer menschlichen Gemeinschaft. Dies wird jedoch nicht in einem flachen Humanismus enden, sondern in der Anerkenntnis, dass der Ort, wo Gott letztlich gefunden wird, in der Tiefe unseres eigenen Menschseins liegt. Deshalb wird es in unserem zukünftigen Gottesdienst keinen Versuch geben, dem Leben zu entfliehen, wir werden immer versucht sein, unser Leben zu erweitern.

Gottes Gegenwart wird in der Mitte des Lebens gesehen, die jedermann zugänglich ist. Sie ist kein besonderer Besitz einer religiösen Institution. Deshalb wird der Gottesdienst in der Zukunft immer weniger hierarchisch und immer mehr gemeinschaftlich geordnet werden. Er wird unvermeidbar seine konfessionellen Ausrichtungen und entsprechende Territorialkämpfe aufgeben. Er wird seine königlich-herrschaftlichen Modelle und die mit ihnen verbundenen Ansprüche ablegen. Er wird aufhören vorzugeben, er spräche für Gott und sei der einzige Weg zu göttlicher Gnade. Er wird sich der Suche nach Wahrheit widmen, der allgemein gültigen Wahrheit, anstatt seine Energien darauf zu verschwenden, seine engen Vorstellungen der Wahrheit zu verteidigen. Er wird seine heiligen Schriften als Glaubenszeugnis der Vorfahren schätzen, die zeigen, wie diese Gott zu dienen versuchten. Aber er wird sich nicht auf die kulturellen oder kultischen Grenzen dieser Schriften verpflichten lassen. Er wird anerkennen, dass die Offenbarungen des Heiligen nicht aufhörten, als der Kanon der Schriften abgeschlossen wurde. Er wird die Menschen zur Fülle des Lebens rufen. Er wird nicht dazu da sein, die spezialisierte Aktivität zu unterstützen, die man Religion nennt. Die wenigen, deren Leben durch die theistischen Muster der Vergangenheit gehalten wurde, werden sich entblößt sehen. Aber diejenigen, die nach Gott hungern, die nach Gerechtigkeit dürsten und die glauben, dass der Gottesdienst darin erkannt wird, dass er umfassend für alle da ist, werden sich freuen.

Die Veränderungen vollziehen sich in diesem Augenblick unter uns. Die Welt nimmt Teil an einer geistlichen Suche, aber viele Zeitgenossen glauben nicht mehr, dass die Kirche ihnen bei ihrer Suche helfen kann. Die institutionalisierte Religion zerreißt sich heute äußerlich, während sie innerlich zerfällt. Die Alternative ist deutlich. Entweder bewegt sich die Religion auf eine Zukunft auf der anderen Seite des Exils zu oder sie stirbt. Gottesdienstbesucher haben schon bemerkt, dass die traditionellen Worte des Gottesdienstes nicht mehr geeignet sind, die Wahrheit darzustellen. Einige haben schon begonnen, sich vom kirchlichen Leben zu verabschieden. Als nächstes werden sich die Verbleibenden darum bemühen, die archaischen Formen in brauchbare Konzepte umzusetzen. An dieser Aufgabe werden sie letztlich scheitern. Schließlich wird sich aus der Praxis, sinnlose Worte im Gottesdienst zu murmeln, das Szenario für Leben oder Sterben entwickeln. Folgenschwere Veränderungen werden unvermeidbar, wenn die Alternative dazu der Tod ist. Dann werden die Kräfte der Veränderung sich mit ungeheurer Wucht entfalten, und die Kirche der Zukunft mit liturgischen Formen für die Zukunft wird ins Leben treten.

Die liturgischen Veränderungen werden sich an der Gotteserfahrung selbst orientieren, nicht an Erläuterungen einer Gotteserfahrung, die dem Bewusstsein von gestern entstammt. Ein neues liturgisches Bewusstsein wird einbeziehen und anerkennen, dass die Gotteserfahrung uns in Ehrfurcht und Staunen versetzt, in einen Lebenszustand jenseits von Grenzen und Zeit. Es wird nie durch Rationalität gebunden werden, noch menschliches Suchen völlig beantworten können.

Die Gläubigen im Exil, die wie ich in einer christlichen Weltanschauung aufwuchsen, müssen einen Weg finden, wie sie durch das christliche System zu dem kommen können, das jenseits aller Systeme liegt. Wir werden uns fragen, ob wir etwas von unserer christlichen Vergangenheit werden mitnehmen können. Können theistische Symbole nichttheistisch gesehen werden? Kann die Gestalt Christi noch unsere Tür zum Göttlichen sein? Können wir über die Definitionen der Vergangenheit hinausgehen, um zu etwas Neuem zu gelangen?

Wenn ich Christus noch als Eingangstor in Anspruch nehmen kann, werde ich dazu gezwungen sein, von Christus alle ausschließenden und imperialistischen Ansprüche zu entfernen, die ihm durch eine machtbewusste Kirche in der Vergangenheit beigemessen wurden. Dieser Christus wird keinen Anteil haben an der Trennung von Protestanten und Katholiken, die historisch die westliche Welt zerrissen hat und Irland immer noch teilt. Ebenso wenig kann dieser Christus je dazu gebraucht werden, die anderen großen religiösen Traditionen herabzusetzen, die für zahllose Menschen der Zugang zum Heiligen sind. Die Kirche des Exils wird einen Christus suchen, der nicht als Richter erscheint, der darüber entscheidet, wer würdig ist einzutreten. Er ist eher eine einladende Gegenwart, die zu allen sagt: »Kommt zu mir und entdeckt die unendlichen Dimensionen der transzendenten Wunder.« Wenn das geschieht, dann kann die Kirche aus der Weisheit ihres eigenen religiösen Erbes, welchen Schatz sie auch immer will, in Anspruch nehmen. So werden die Reinigung vom Vergangenen und die Öffnung für die Zukunft die beiden Ziele des künftigen Gottesdienstes bilden. Wer sich auf diese Reise einlässt, muss nicht nur Mut, sondern auch geistliche Reife haben.

Wie ist gleichzeitig eine Reinigung und eine Öffnung möglich? Das geschieht, indem man am Wesentlichen festhält, während man die äußeren Formen verschwinden lässt. Der christliche Gottesdienst wurde in der Geschichte vom Leben Jesu bestimmt. Das Kirchenjahr beginnt mit seiner Geburt und folgt seinem Lebenslauf bis zu seiner Himmelfahrt. Es ist in seinem Kern theistisch. Können wir diesen heiligen Kalender verändern? Ich meine, dass wir es können.

Das Christentum erkannte die Geburt Jesu als den Augenblick, in dem Gott in selbstbewusster Gestalt in die menschliche Geschichte eingetreten ist. In der Feier der Geburt Jesu erkannten Christen an, dass Gott, der Heilige und der Andere, in der Mitte des menschlichen Lebens als gegenwärtig angetroffen wurde. Deshalb sangen die Engel, wie man sagte, und erschien der Stern als ein Zeichen dieser Geburt am östlichen Himmel.

Deshalb wird erzählt, dass die Magier und die Hirten von nah und fern herzukamen, um diesen Augenblick der Offenbarung zu feiern. Der Gott, der in Jesus angetroffen wird, ist kein begrenzter Gott, keine Offenbarung einer nationalen oder Stammesgottheit. Diese Geburt war ein Zeichen dafür, dass das Unendliche im Endlichen erkannt werden kann. Das Ewige konnte im Vergänglichen erfahren werden und Gott und Mensch waren nicht mehr getrennt. Das sind die Wirklichkeiten hinter den Weihnachtsgeschichten, die voll beachtet und gefeiert werden können. Ihre Wahrheit erstreckt sich weit über die wörtlich genommenen Symbole der Geburtsgeschichten hinaus. So können diese Symbole vom theistischen Überbau gereinigt und für ein neues Verständnis geöffnet werden und uns auf unserer Reise zur anderen Seite des Exils begleiten. Weihnachten war in der Tat ein Augenblick des Lichtes, das in unsere Finsternis schien. Dieses Licht kann immer noch die Suchenden anziehen.

Auch Ostern mit der Geschichte der Auferstehung kann transformiert werden und uns in die Zukunft nach dem Exil begleiten. Doch bevor das geschehen kann, müssen die Wunder der körperlichen Wiederbelebung, die Engel, die den Stein vom Grab wegwälzten, die Leiber der Toten, die aus dem Nichts hervorkamen und wieder verschwanden, als erdichtete Legenden aufgegeben werden. Aber mit dem Leben, das jede menschliche Grenze überwindet, verbindet sich ein starkes Bild. Der Tod, der allem neue Möglichkeiten eröffnet; die Liebe, die über den Hass triumphiert; das Sein, welches das Nichts überwindet, – das sind die Wahrheiten, auf die Ostern hinweist. Dies sind die Wahrheiten, die hervortreten, wenn wir Gott an den Rändern und an den Grenzen unseres endlichen Menschseins treffen. Davon handeln die Geschichten der Auferstehung. So kann auch das vom Theismus gereinigte und für ein neues Verständnis geöffnete Ostern uns in die Zeit nach dem Exil begleiten.

Himmelfahrt, die Geschichte von der Erhöhung Jesu zu Gott, und Pfingsten, die Geschichte von der Sendung des Gottesgeistes an alle Menschen, sind vielleicht die am leichtesten veränderbaren christlichen Feiern. Wir geben auch hier die wörtlich genommenen Berichte von den Engeln auf, die aus dem Himmel kamen und dem biblischen Text zufolge die Geschehnisse erklärten. Wir unternehmen keinen Versuch, um die Vorstellung einer die Schwerkraft überwindenden, kosmischen Auffahrt und einer der Sprachenvielfalt trotzende Einheit, die in der neuen Kirche gefunden worden sein soll, zu bewahren. Das sind ebenfalls Legenden aus unserer theistischen Vergangenheit. Aber wir konzentrieren uns auf den nichttheistischen Aspekt dieser Geschichten. Sie bringen zum Ausdruck, dass das Menschliche in das Göttliche einging und dass Gott und das menschliche Leben nicht getrennt sind, dass das Menschliche letztlich im Göttlichen mündet und wir zu einem weiten Leben im Heiligen Geist Gottes gerufen sind. Wiederum: können Himmelfahrt und Pfingsten vom theistischen Verständnis gereinigt und für die Zukunft geöffnet mit uns in die Zeit nach dem Exil gehen?

Die Kirche der Zukunft muss die liturgischen Formen untersuchen, die traditionellerweise mit den größeren Übergängen im menschlichen Leben verbunden sind. Wenn sie das Exil überleben sollen, müssen auch sie in nichttheistischen Kategorien überdacht werden.

Der Taufgottesdienst, mit dem das christliche Leben in der Kirche beginnt, hat eine Liturgie, die so sehr mit theistischer Sprache gefüllt ist, dass sie eine größere Zahl von Gläubigen abstößt. Sie spricht vom kosmischen Sündenfall, der einen Akt kosmischer Versöhnung erforderlich macht. Wenn wir neue liturgische Formeln entwickeln, müssen wir über die anstößigen Vorstellungen hinweggehen, die behaupten, dass das Kind in Sünde geboren und sein Leben ohne den Akt der Taufe verdammt ist. Wir müssen eine tiefere und gründlichere Erfahrung und Bedeutung hinter dem Akt der Taufe entdecken, oder sie kann kein Teil der Kirche der Zukunft sein.

Sehen wir die Taufe nichttheistisch an, entdecken wir, dass es um die Frage geht: »Wer bin ich?«, die sich im Augenblick der Geburt jedes Menschen stellt. In der Moderne ist der Prozess der

Fortpflanzung bei weitem nicht so magisch oder mystisch, wie er in der Zeit war, als der Glaube und die Praxis der Kirche sich entwickelten. Wir wissen jetzt zum Beispiel, dass die Befruchtung der Eizelle, die jeden von uns genetisch entstehen ließ, einem Zufall zu verdanken ist. Dabei vereinigt sich aus Millionen väterlicher Samenzellen eine mit der gereiften Eizelle der Mutter. Doch dieses Zufallstreffen bestimmt unseren ganzen genetischen Kode. Die persönlichen Lebensumstände der Eltern bilden einen zweiten Zufallsfaktor, der die geistige Gesundheit und das gefühlsmäßige Wohlbefinden des neu geborenen Lebens beeinflusst. Ob unsere Mütter eine ordentliche vorgeburtliche Versorgung erhielten oder nicht, ob sie Alkohol oder Koffein während der Schwangerschaft konsumierten, sind weitere Zufallsfaktoren, die die zukünftige Entwicklung des Säuglings bestimmen können. Ob wir das erste, das mittlere oder das letzte Kind unserer Familie sind, wird unsere seelische Konstitution sehr formen. Alle diese zufälligen Zusammenhänge stellen tiefe und bedeutende Fragen unsere eigentliche Identität, unsere Selbstbestimmung und unsere Existenz betreffend.

Unsere Vorfahren haben die Dynamik der Geburt so nicht gekannt. Aber sie waren sich des Mysteriums und des Wunders der Geburt bewusst. So haben sie im Glauben eine Liturgie entwickelt, nach der Eltern ihr neu geborenes Kind zum Gottesdienst brachten und dieses Kind symbolisch in das Leben der Gemeinschaft Aufnahme fand. Durch die Gottesdienste und das Kirchenleben lernten die Kinder etwas darüber, wer er oder sie waren, und wo in der Tat die elterlichen Fähigkeiten der Mutter und des Vaters durch die ganze Gemeinde ergänzt werden konnten. Dieser Prozess verband das Kind mit einer Gruppe von Menschen, die auf etwas hinwies, das über sie hinausging und das sie heilig nannte. So wurde die Kirche der Ort, an dem das Leben mit der Möglichkeit der Teilnahme an der Transzendenz in Verbindung kam. Das Kind begann zu lernen, dass er oder sie ein Teil dessen ist, was Gott ist. Hier sind die Punkte, an denen die nichttheistische Bedeutung der Taufe festgemacht werden kann.

In der nachexilischen Kirche bleibt die Taufe dann kein Ritual, das uns von der Sünde Adams reinigt, sondern wird eher ein Ritual, das jeden Kandidaten dazu ruft, all das zu verwirklichen, was in seiner Person angelegt wurde. Sie wird ein starker Ausgangspunkt für den Zugang zum nichttheistischen Gottesdienst.

Dasselbe kann auch für die anderen Passageriten gelten, die die Kirche mit ihren Kasualgottesdiensten gestaltet, wenn wir nur ihre tiefere Bedeutung erfassen. Die verschiedenen Pubertätsriten unserer Religion erkennen die kraftvollen Veränderungen von der Kindheit zur Reife an. Sie bezeichnen einen Übergang, an dem die Hormone in Bewegung geraten und die Drüsen aktiv werden und die Identität sich neu formt und der junge Mensch danach sucht, sein Selbstbewusstsein zu klären. Die Hauptbotschaft der christlichen Kirche an den sich entwickelnden Erwachsenen in den kirchlichen Passageriten lautet: »Du bist ein Teil der Ewigkeit. Du bist heilig. In deinem Leben offenbart sich Gottes Gegenwart.« Wenn wir uns einmal von der Rhetorik unserer Gottesdienste lösen, beginnt das Bedürfnis nach dem Bild einer überirdischen Gottheit zu verschwinden. Die Wirklichkeit Gottes und das Potential des menschlichen Lebens sind nicht identisch, aber sie sind auch nicht verschieden und nicht getrennt. Die Pubertätsriten rufen uns einfach zur tiefsten Bestimmung unseres Selbstseins.

Wir gehen zu den Ritualen des Erwachsenenlebens über. Dazu gehören die Heirat, die Geburt eines Kindes und der Teil unseres Lebens, in dem wir das Abnehmen unserer Kräfte erfahren, wie bei Krankheiten, im Prozess des Älterwerdens und schließlich auch im Augenblick des Todes. Die verschiedenen Liturgien der Kirche umgeben diese entscheidenden Augenblicke und fahren fort, die Gläubigen dazu aufzurufen, sich als ein Teil Gottes anzuerkennen. Wir sind Gottesträger, die Offenbarer des Gottes, der in jedem Leben gegenwärtig ist. Das ist der Sinn der Worte, deren Verkündigung wir in den Gottesdiensten der Trauung, der Danksagung nach der Geburt eines Kindes, bei Krankheiten und auch beim Tod hören. Wenn wir die Gottesdienste zu den Wendepunkten des Lebens neu ausrichten, entdecken wir, dass viel von ihrer Bedeutung bewahrt wird. Die Kirche kann gut mit intakten Passageriten aus dem Exil hervorgehen, selbst wenn sie neu definiert werden müssen.

Wir gehen weiter zur wichtigsten liturgischen Handlung, die über Jahrhunderte den christlichen Kult prägte, wenn wir danach fragen, ob das gemeinsame Mahl der Kirche, die Eucharistie, die Kommunion oder das Abendmahl in irgendeiner Form beibehalten werden kann. Wenn wir in den magischen, übernatürlichen Vorstellungen der vergangenen Zeiten stecken bleiben, fällt die Antwort auf diese Frage negativ aus. Eine Zeremonie, in der ordinierte Hände natürliche Elemente vom Tisch des Lebens in die übernatürlichen Realitäten des Leibes und des Blutes Jesu verwandeln, wird nicht überleben können.

Es ist nicht leicht, die Wurzeln der mittelalterlichen Abendmahlstheologie zurückzuverfolgen. Einige ihrer Vorläufer sind sicherlich die primitiven Handlungen der Vorgeschichte, in denen die Teilnehmer sich die Stärke und den Mut zunächst ihrer Feinde und später ihrer Götter einverleiben wollten, indem sie ihr Fleisch aßen und ihr Blut tranken. Diese kannibalischen Riten drangen in abgemilderter Form wahrscheinlich von verschiedenen Kulten der Mysterienreligionen des Mittelmeerraums, wie etwa dem Mithraskult, her ein. Mit ihnen rang das Christentum in den ersten Jahrhunderten seiner nichtjüdischen Existenz lange um die Vorherrschaft, auch wenn die Tatsache dieser Verbindung nicht allgemein anerkannt wird. In diesen Traditionen nahm man an, dass der symbolische Verzehr des Fleisches der Gottheit den Teilnehmer befähigte, an ihrer Göttlichkeit Anteil zu gewinnen. Solche Praktiken waren im Judentum, aus dem das Christentum hervorging, nicht bekannt. Die Juden konnten zwar vom Opfertier essen, aber es war für sie unvorstellbar, das Opfertier mit dem zu identifizieren, dem geopfert wurde. Christus aber wurde sowohl mit dem opfernden Priester identifiziert, als auch mit dem Opfer, das geschlachtet wurde, und wurde schließlich auch als der Gott angesehen, dem das Opfer dargebracht wurde. Die biblischen Berichte vom letzten Abendmahl sind bereits hochgradig stilisierte, liturgische Texte der frühen Kirche. Sie berichten nicht wörtlich von einem geschichtlichen Augenblick, an dem dieser liturgische Brauch geboren wurde. Darüber hinaus legt das vom Ende des ersten Jahrhunderts stammende Johannesevangelium dem jüdischen Jesus die Worte über »das Essen des Fleisches und Trinken des Blutes« in den Mund, die aus einer Praxis stammen, die sich in der christlichen Gemeinde erst spät entwickelte. Sie nahmen in den Gottesdiensten der Kirche die mystischen Momente einer Identifikation der Teilnehmer mit der Gottheit auf (vgl. Johannes 6). Ja, es gab ein Mahl, das Jesus und die Jünger in der Nacht vor seiner Kreuzigung teilten, und sicherlich kam diesem Mahl im Rückblick eine besondere Bedeutung zu. Das letzte Mahl, das diese Gruppe zusammen aß, bekam wie alle letzten Mahlzeiten einen Bezug, der immer wieder in Erinnerung gerufen wurde, bis er in das gottesdienstliche Leben aufgenommen wurde. Es war jedoch wahrscheinlich kein Passahmahl, wenn es auch sehr früh so gedeutet wurde.[74] Als sich die christliche Geschichte entwickelte, wurde das Mahl erstens dazu genutzt, um in seinem liturgischen Kontext den Tod Jesu zu deuten, und dann zweitens, um die fortwährende Gegenwart des auferstandenen Jesus bei seinen Jüngern aufzuzeigen. Schließlich wurde diese Gegenwart theologisch in den Worten des traditionellen theistischen Gottesverständnisses erklärt. Bis heute trägt dieser Gottesdienst all diese Kennzeichen.

Das wesentliche Element des eucharistischen Gottesdienstes kann überleben, wenn wir zunächst die ungeheure und fast mystische Kraft verstehen, die im Akt des Fütterns liegt. In der menschlichen Erfahrung ist das Teilen von Nahrung geradezu die Grundlage jeder menschlichen Gemeinschaft. Das offenbart unsere Sprache von Zeit zu Zeit. Das Wort Kompagnon zum Beispiel bedeutet wörtlich: Brot mit dem anderen teilen.[75] In der Ernährung des Kindes an der Mutterbrust wird das Leben des neu geborenen Kindes gerettet und erhalten und sein Wachstum ermöglicht. In der alten Welt bedeutete der Tod der Mutter fast immer auch den sicheren Tod des Kindes. Indem man einander füttert, wird das Leben, die Liebe und das Sein zuerst geteilt. So ist unvermeidbar in unserer Sozialordnung der Akt des Fütterns das tiefste Symbol der Liebe. Deshalb ist das gemeinsame Essen eine grundlegende Handlung, in der Gemeinschaft wächst und erhalten wird. Wenn Liebe letztlich eine Gabe Gottes ist und wenn die Liebe selbst schließlich der Schöpfer unseres Lebens und unserer Existenz ist, dann muss das Essen immer als eine heilige Handlung gesehen werden. Dabei kann Gott nach unserem neuen Verständnis in unser Leben eingehen. Das ist jedoch nicht mehr der Gott, der mit der überweltlichen, übernatürlichen Sprache des klassischen Theismus beschrieben wird. Es ist eher der Gott, der Deutung erfährt als die Gegenwart über, unter, um und durch das eigentliche Gewebe des Lebens, der Gott, der kein persönliches Wesen ist, aber der im personalen Sein der ganzen Schöpfung bewusst gemacht wird. Hier begegnen wir dem Gott, der die geschaffene Ordnung zu Selbstbewusstsein ruft in dem einen Geschöpf, das die Möglichkeit hat, die Grenzen der Natur hinter sich zu lassen und mit seinem Schöpfer in Verbindung zu treten. So müssen die Menschen, die nach dem Exil den Gott feiern wollen, in dem sie leben, weben und sind, eine Form der Gemeinschaft um eine Mahlzeit gestalten. Es gibt keine bessere Möglichkeit, Gott anzuerkennen, mit dem Begegnung möglich ist und der tatsächlich im Leben der Welt offenbar wird. Wenn wir diese Bedeutung der Eucharistie aufnehmen, spüren wir nicht nur, dass wir gläubigen Menschen verändert werden. Wir spüren auch, dass wir dazu befähigt werden, Veränderer und Erlöser der ganzen Schöpfung zu sein. Es ist nicht die Aufgabe der christlichen Kirche, die Welt zu bekehren. Sie soll vielmehr alle, die auch Teil der Schöpfung sind, zu einem erfüllten Leben rufen. Ich glaube, dass dies auch die Erfahrung war, die die Schöpfer der Theologie der Eucharistie auszudrücken versuchten. Sie waren sich sicher, dass Gott beim Brotbrechen gegenwärtig war. Aber der einzige Gott, von dem sie reden konnten, war der Gott, der jenseits dieser Welt wohnt. So stülpten sie der Mahlfeier die

Magie des Theismus und die Regeln ihres Wertesystems über. Sie entschieden, wer die Eucharistie zelebrieren und sogar wer sie empfangen durfte. Nach dem Exil wird die einzige Voraussetzung für die Teilnahme am gemeinsamen Mahl nur noch darin bestehen, dass der Mitfeiernde hungrig sein muss.

Wenn wir einmal einen neuen Bezugsrahmen haben, in den wir unsere traditionellen liturgischen und sakramentalen Symbole einfügen können, dann gewinnt der Gottesdienst eine andere Bedeutung. Was zum Beispiel symbolisiert eine Handlung, die Sündenbekenntnis genannt wird? Ist das nicht eine liturgische Form, mit der wir durch Jahrhunderte versucht haben, mit unseren Schranken, unseren Grenzen und unseren Mängeln klar zu kommen? In unserer Entwicklungsgeschichte mussten wir kämpfen, um uns selbst zu beweisen, dass wir überleben konnten. Unser Überlebensinstinkt ließ uns an unseren Ängsten kleben. Wir mussten uns gegen alle Feinde verteidigten und andere zu unserem Vorteil herabsetzen. Aber im Gottesdienst gewinnen wir eine Vision des Lebenspotentials und können aus dieser Perspektive neu auf das aktuelle Leben blicken. Das Sündenbekenntnis erwächst aus der Erkenntnis, dass wir Menschen nicht das sind, wozu wir erschaffen wurden. Es geht aus dem Bewusstsein und unserem Unwillen hervor, unser schwaches Sicherheitssystem für die Chance zu riskieren, in eine erweiterte Welt zu kommen. Es ist der Ausdruck einer menschlichen Natur, die verzweifelt danach strebt, etwas zu empfangen. Deshalb handeln wir so, als hätten wir nichts, was wir freiwillig geben könnten. Es verkündet eine menschliche Natur, die so tief in ihren eigenen Grenzen gefangen ist, dass sie glaubt, sie könne Gott in ihrem religiösen Machtsystem einfangen. Es bedeutet, dass wir unser Leben aus der Entwicklung in seiner Vergangenheit definiert haben, statt unsere Weite und die Möglichkeiten unserer Zukunft zu erkennen. Diese zu ergreifen ist nichts anderes als ein Akt des Sündenbekenntnisses. Das Sündenbekenntnis entspricht nicht dem bäuerlichen Sünder, der vor seinem König kriecht und um Vergebung bittet, um der Strafe zu entgehen. So wird unsere

Wirklichkeit nur durch die Bilder eines theistischen Gottes verzerrt. Das Sündenbekenntnis bedeutet, dass ich gegenüber dem Urgrund allen Seins meine Grenzen erkenne, und in der Vergebung bewege ich mich über meine Grenzen hinaus zu einer anderen Wirklichkeit, die vollkommener ist und mehr Leben spendet, als ich es mir jetzt vorstellen kann. In diesem Sinn können Sündenbekenntnis und Absolution als liturgische Handlungen, die tiefen menschlichen Erfahrungen entsprechen, in den gemeinsamen Gottesdienst der Kirche nach dem Exil aufgenommen werden.

In der Danksagung erkennen wir die gütigen Gaben an, die wir empfangen haben. Sie ist ein Versuch, die Menschen anzuerkennen, die uns ins Leben gerufen haben, und die Augenblicke, in denen wir diesem Ruf antworten konnten. So kann Danksagung uns auch in das liturgische Leben der Kirche nach dem Exil begleiten. Wir sind eucharistische Menschen, d. h. wir leben aus der Dankbarkeit. Der protestantische Pastor, der Thich Nhat Hanh, den buddhistischen Mystiker, herausgefordert hatte, hätte nicht falscher liegen können. Dankbarkeit ist nicht nur möglich, sie ist auch notwendig, damit wir vollkommenere Menschen werden, wozu uns das Leben im nichttheistischen Exil ruft.

Die Bedeutung des gemeinsamen Gottesdienstes wird sich sicher stark verschieben, wenn die theistischen Muster von gestern weiter zurückgehen und wir uns im Gottesdienst auf eine nichttheistische Weise dem Heiligen nähern. Aber der Gottesdienst wird weitergehen, denn durch den Gottesdienst erfassen wir, wer wir sind. Das ist eine intensive menschliche Erfahrung.

Die Kirche, die auf diese Weise Gottesdienst feiert, wird auch eine Kirche sein, die neue Bauformen, neue Organisationsformen und neue Formen der Identifikation entwickelt. Ich vermute, dass ihre Gewölbe und Türme abnehmen werden, bis sie nur noch Überreste des inneren Bedürfnisses, auf den Gott oberhalb der Welt hinzuweisen, sind. Ich vermute, dass ihre bunten Glasfenster nicht länger versuchen werden, alte Wahrheiten aus einer anderen Welt in zeitlosen Formen einzufangen. Ich vermute, dass die Musik der Kirche nicht länger von Jesus als einem göttlichen Besucher aus dem Jenseits singen wird, sondern als eine Offenbarung all dessen erklingt, was im Leben, der Liebe und in unserer Existenz wahr ist. Diese nachexilische Kirche wird bekunden, dass Jesus diesen Gott durch sein Menschsein offenbarte und deshalb ein Gottesträger war, vielleicht der letzte Gottesträger für die, die Gott innerhalb dieser bestimmten Glaubensfamilie sehen. Der Glaube der nachexilischen Kirche wird in der Überzeugung zum Ausdruck kommen, dass auch wir diesen Gott offenbaren werden, wenn der Urgrund des Seins jeden von uns über unsere Grenzen zu einem erfüllteren Leben zieht. Weil die Form immer der Funktion folgt, werden die Bauformen der Kirche unweigerlich beginnen, das neue Verständnis von Gott zum Ausdruck zu bringen, das in uns geboren wird.

Es ist ganz klar, dass eine Veränderung in der Liturgie und in der Struktur unausweichlich ist. Diese Veränderung wird wahrscheinlich radikal, wenn nicht total sein. Diejenigen, die ihr Leben dem Dienst der Kirche der Vergangenheit geweiht haben, werden sich diesen Behauptungen mit der Heftigkeit widersetzen, die gewöhnlich in bedrohten Hierarchien und sterbenden Institutionen zu beobachten ist. Doch die Formen, die die Kirche in der Vergangenheit angenommen hat, müssen unvermeidlich sterben. Diese Formen und ihre Verteidiger können sich einfach nicht schnell genug entfalten, um zu verhindern, dass der institutionelle kirchliche Tod eintritt. Aber die Samen der Auferstehung sind im Exil da, und zur rechten Zeit werden diese Samen wachsen und blühen. Wenn das geschieht, werden wir wieder den Zusammenhang zwischen der Kirche der Vergangenheit und der erneuerten, offenen Kirche der Zukunft sehen. Genauso wie die Kirche des Mittelalters, die aufstrebende gotische Kathedralen baute, die frühe Kirche, die Gottesdienste in den Katakomben hielt, als ihre Vorgängerin anerkennen konnte, wird zur rechten Zeit auch die Kirche von heute die nachexilischen Strukturen von morgen als ihre Abkömmlinge anerkennen. Wenn diese Verbindung gesehen wird, wird die Reformation, in die wir jetzt eintreten, vollständig sein. Ich kann gerade genug dieser Körner sehen, die aufgingen und zu blühen beginnen, um mit Spannung zu verfolgen, dass der Prozess des Todes und der Auferstehung weitergeht.

13 Ewiges Leben ohne Himmel und Hölle

Wird diese nichttheistische Sicht Gottes, die eine neue Spiritualität verheißt und auf den Bau eines neuen Lebens gegründet ist, das umfassend, frei und ganz ist, Menschen in der Zukunft zu einer Reise in das transzendente Geheimnis Gottes motivieren? Werden Pilger im Exil Gott im Urgrund und in der Tiefe ihres eigenen Seins suchen, wenn es keine offenkundige Belohnung geben wird? Reicht es vorzuschlagen, dass ein erfülltes Leben, das von einer sich ausweitenden Liebe gekennzeichnet ist, das zu neuem Sein gerufen wird, allein schon seine Belohnung ist? Gibt es eine Hoffnung auf ein Leben jenseits dieser Welt außerhalb der Vorstellungen unserer theistischen Vergangenheit?

In vergangenen Zeiten war es die Hoffnung auf ein Leben nach dieser Welt, das die religiösen Leidenschaften der Menschen entfachte. Die Menschen lebten nicht nur mit dem Versprechen, sondern mit der Zuversicht, dass es ein Leben nach dem Tod gibt. Das ließ das zerbrechliche menschliche Leben sinnvoll erscheinen. Kann irgendein Teil dieser Überzeugung im Exil überleben? Kann man für ein Leben nach dem Tod eintreten, frei von persönlichen Hoffnungen darauf, dass unsere Güte belohnt wird? Das sind die Fragen, die unvermeidbar aus diesem Unterfangen hervorgehen, die christlichen Symbole für einen neuen Tag zu überdenken.

Ich beginne dieses letzte Kapitel in einer ungewöhnlichen Weise, nämlich indem ich meine Schlussfolgerungen an den Anfang setze. Ich glaube, dass es eine Ewigkeit gibt, die jenseits der Grenzen meiner menschlichen Endlichkeit liegt und an der ich teilhabe. Um es in traditioneller Weise zu sagen: Ich glaube an ein Leben nach dem Tod. Ich will ganz deutlich sein, aber bevor die Verteidiger der traditionellen Frömmigkeit versucht sind, sich in ihren unkritischen Glaubensansichten bestätigt zu fühlen, will ich meine zweite Schlussfolgerung aufzeigen. Der

Inhalt dieser Realität des Lebens nach dem Tod ist so grundlegend unterschieden von dem, was von den religiösen Lehrgebäuden der Vergangenheit vertreten wurde, dass es fast nicht erkennbar ist. Jetzt will ich versuchen, meine Sicht der Dinge darzulegen.

Manchmal kann eine Fernsehreklame überzeugender und zutreffender sein, als es sich der Produzent vorstellt. Das war nach meiner Meinung so in der Schlagzeile einer Bierreklame in den Vereinigten Staaten, in der es hieß: »Viel besser als jetzt kann es nicht mehr werden!« Die Worte wurden mitten unter einem Bild begeisterter und glücklicher junger Männer und Frauen präsentiert, die vor einem knisternden offenen Feuer am Ufer eines herrlichen Sees oder Flusses saßen, über dem der Vollmond schien. Auf dem Feuer wurden Köstlichkeiten gegrillt, und natürlich war das Bier mit dem entsprechenden Markenzeichen in allen Händen. Es war eine überzeugende, ja sogar begeisternde Szene, welche die Phantasie der Betrachter darauf lenkte zu überlegen, was vor dieser Szene und was nach ihr sein könnte. »Viel besser als jetzt kann es nicht mehr werden!« Das unterschied sich kaum von der Feststellung eines Glaubenssatzes oder vielleicht sogar von einem Glaubensbekenntnis über das letzte Ziel des Lebens in einer post-modernen Welt.

Ich bezweifle, dass Menschen im westlichen Europa ein solches Gefühl im dreizehnten Jahrhundert formuliert hätten oder dass es einen festen Platz in ihren Überzeugungen gefunden hätte. Sie drängte es nicht so sehr, einen tiefen Schluck von den Freuden dieser Welt zu nehmen. Eher hielten sie sich für einfache Pilger im Tal der Tränen, die den Segen einer besseren Welt in einem ewigen Himmel erhofften: In dieser Welt hätten sie sich niemals eine Szene vorstellen können, die sie solche Worte hätte sagen lassen wie: »Viel besser als jetzt kann es nicht mehr werden!« Die Menschen des dreizehnten Jahrhunderts, für die der Glaube das Höchste war, träumten von selig machenden Visionen und von einem Ort, wo die Freude ihrer Beziehungen nicht durch einen Abschied oder mit einer Trennung durch den Tod beendet würde. Für sie wäre das Bild einer Gruppe junger Erwachsener mit robuster Gesundheit immer von ausgeprägter Angst und der Befürchtung gedämpft worden, die in einer Welt entstanden, in der Krankheit, Schmerz, Leiden und sogar früher Tod so vorherrschten, dass sie unbewusst in jedem Augenblick gegenwärtig waren. Zu dieser Zeit war das Gefühl der weltlichen Freude im besten Falle flüchtig, im schlimmsten eine Fata Morgana. Menschen des dreizehnten Jahrhunderts wurden nicht von der Überzeugung: »Viel besser als jetzt kann es nicht mehr werden!« aufrecht gehalten, sondern von der Hoffnung, dass es eines Tages, wenn sie in das Reich Gottes eintreten würden, tatsächlich in ungeahnter Weise besser würde. Diese Hoffnung hatte einen starken Einfluss auf alles, was sie taten. Sich darum zu bemühen, hier und jetzt eine gerechte Gesellschaft aufzubauen, hätte geheißen, sich auf etwas zu konzentrieren, was vorübergeht und vielleicht sogar illusionär war. Außerdem war die Gerechtigkeit Gottes eine Angelegenheit, die erst im himmlischen Reich verwirklicht werden würde. Dort wurden, wie man fest glaubte, die Guten belohnt und die Schlechten bestraft. Dieses Versprechen machte jede Reformbewegung überflüssig. Es trug nicht unerheblich zur Stabilität einer relativ unveränderlichen, sozialen Ordnung bei. Die Menschen lehrte man, in dem Stand zu bleiben, in dem sie geboren wurden. Das Leben sei so kurz und im Vergleich zum Himmel so bedeutungslos, dass man seine Energie nur in den Grenzen des eigenen Standes einsetzen solle; man solle das Beste tun unter den gegebenen Umständen. Der Glaube an den himmlischen Lohn für die Gerechten und die furchtbare Strafe für die Verdammten in den Tiefen der Hölle, war so intensiv, dass er eine feste Grundlage für den Aufbau einer stabilen Gesellschaft lieferte. Die Zwischenstufe des Fegefeuers füllte die Lücke zwischen denen, die unmittelbar für den Himmel, und denen, die für die Hölle bestimmt waren. Dessen zeitlich begrenzte, aber gleichwohl nicht weniger reale Strafen, motivierten fast ebenso nachhaltig zu einem guten Verhalten. Die Zeit im Fegefeuer zu verkürzen war kein unbedeutender Wunsch.

Der Gegensatz zwischen dem Glauben der Menschen im dreizehnten Jahrhundert, wie er sich in den Visionen vom Himmel zeigt, und dem Glauben der heutigen Generation, wie er sich in den Worten der Bierreklame ausdrückt, ist nur ein weiteres Signal, das das Bewusstsein für die Tatsache schärft, dass der theologische Konsens von gestern erledigt ist. Das Zeitalter des Glaubens gibt es nicht mehr. Wenn der Glaube an Gott verlangt, dass man den Überzeugungen der Vergangenheit zustimmt, dann wird der Glaube an Gott verschwinden. Post-moderne fromme Menschen mögen den Glauben etwa noch eine weitere Generation lang vortäuschen, weil sie sich vor dem Trauma fürchten, in einer gottlosen Welt zu leben, über die weder das Individuum noch Gott irgendeine Kontrolle hat. Aber letztlich wird eine solche Furcht den Glauben nicht wiederherstellen können.

Time, Amerikas bedeutendstes Nachrichtenmagazin, hat vor Kurzem eine Titelgeschichte zu der Frage veröffentlicht: »Gibt es einen Himmel?«[76] Das ist eine Frage, die unsere alten Vorfahren nicht gestellt hätten. Es ist interessant genug, dass die *Time*-Reporter selbst bei traditionell Gläubigen vergeblich danach suchten, eine kraftvolle Überzeugung vom Himmel zu finden. »Es ist ein langweiliger Ort oder ein verrückter Mythos, oder etwas, das Leute erfinden, oder von allem etwas«, zitierte *Time* den Theologen Jeffrey Burton Russell. Sogar David Wells, ein konservativer Theologe von der Fakultät des evangelikalen Gordon-Conwell Seminars in Massachusetts hatte Folgendes zum Himmel zu sagen: »Wir erwarteten, davon in den evangelikalen Kirchen etwas zu hören, aber ich höre ganz und gar nichts. Ich denke nicht, dass der Himmel nur ein Signal auf dem christlichen Bildschirm von einem Ende der konfessionellen Skala bis zum anderen ist. Die verwirrendere Frage ist: ›Was erklärt das?‹«

Ein zeitgenössischer evangelikaler Professor gesteht seine Verwirrung angesichts dieses Phänomens. Tatsache ist, dass seine evangelikale Überzeugung erforderte, dass er die Antwort unmöglich annehmen konnte als eine, die er auf seine eigene Frage erwartete. Das Verschwinden des Himmels ist eine direkte Folge des Todes des theistischen Gottesbildes, auf dem die evangelikale Richtung samt ihrer personalistischen Sicht des Himmels beruht. Menschen, die den Himmel als eine Belohnung auffassen, die für ein Leben des Glaubens und der Werke zuteil wird, müssen Gott auch als eine persönliche Gottheit verstehen, die Belohnungen und Strafen auf der Grundlage des persönlichen Verdienstes austeilt. Dieser Gott ist eine knapp verkleidete Eltern-Figur, die das Verhalten des Kindes mit einer Serie von Drohungen und Versprechen unter Kontrolle hält. Man stellte sich vor, dass dieser Gott intime und umfangreiche Notizen über das menschliche Verhalten führte. Er – und der theistische Gott war immer Er – unterschied sich wenig von einer anderen übernatürlichen Person, der wir erlauben, im Dezember in unser Bewusstsein einzutreten. Kommt es uns nicht in den Sinn, die Ähnlichkeiten zwischen diesem theistischen Gott und dem Weihnachtsmann zu bemerken? Auch vom Weihnachtsmann erzählt man uns, dass er alles sieht und aufgrund der Notizen in seinem großen Buch die unartigen Kinder von den netten zu unterscheiden versteht. Entspricht das nicht der buchführenden, allwissenden theistischen Gottheit? Die Gestalt des Weihnachtsmanns erscheint auch in den unendlichen Weiten des Himmels, begleitet von einer himmlischen Schar magischer Rentiere. Er bringt den guten Kindern zur Belohnung Geschenke und den bösen Kindern Asche und die Rute als Bestrafung. Der Weihnachtsmann ist nur eine weitere Ikone der theistischen Gottheit, die als persönlicher Richter dem, der es verdient, als letzte Belohnung den himmlischen Segen für alle Ewigkeit schenkt und den Unwürdigen als Strafe für alle Ewigkeit dem Höllenfeuer überantwortet. Eine solche Gottheit würde genau die gewohnte Form des Gottesdienstes anregen, die wir heute anbieten. Es ist ein Gottesdienst erfüllt mit Lobpreis und Sündenbekenntnis, bei dem wir uns eingedenk unserer Unwürdigkeit an die Brust schlagen und um Barmherzigkeit bitten.

Aber wir vermuten jetzt, dass diese theistische Gottheit nichts anderes ist, als die Projektion eines menschlichen Bedürfnisses an den Himmel. In unserem Universum gibt es keinen Platz für den

Himmel mehr. Er wurde radikal von diesem altertümlichen Ort über den Wolken entfernt. Wenn es vom Himmel keine lokalisierbare Vorstellung mehr gibt, dann müssen wir zugeben, dass es auch für Gott keinen festen Ort mehr gibt, da ja der Himmel seine Wohnung sein soll. Wir können das rationalisieren, und das machen wir auch, wenn wir sagen, dass der Himmel kein Ort ist und Gott nicht räumlich gedacht werden kann. Das stimmt natürlich, aber ein Gott, den man nicht lokalisieren oder den man sich nicht vorstellen kann, beginnt zu einer verschwindenden Größe zu werden. Wenn nun einmal Gott von seiner Position im Himmel verschwunden ist, von wo aus das göttliche Gericht seinen Ausgang nehmen sollte, ganz zu schweigen von seinem persönlichen Eingreifen, dann waren die Hauptsäulen zusammengebrochen, die die Vorstellung und die Glaubwürdigkeit des Himmels stützten. Deshalb wird heute nicht mehr vom Himmel gesprochen. Evangelikale Christen sprechen nicht davon, da es auch für sie keinen Sinn mehr hat. Das gilt nicht minder für den theistischen Gott, der von diesem Himmel aus regiert. Aber dessen sind sie sich noch nicht bewusst geworden.

Darüber hinaus brechen weitere Vorstellungen zusammen, die traditionellerweise mit Himmel und Hölle verbunden sind. Unsere Bilder vom Leben nach dem Tod sind kollabiert, noch bevor wir uns mit unserem wachsenden Bewusstsein von der Größe und der Form des Universums auseinander setzten. Als die westliche Welt begann, ihr Verständnis des Individualismus unter dem Eindruck der vollkommenen wechselseitigen Abhängigkeit des menschlichen Lebens abzuschwächen, ging zugleich die Basis für ein göttliches Gericht wohl unwiderruflich verloren. Der Individualismus selbst war in der westlichen Welt die unausgesprochene Voraussetzung für die Vorstellung eines Lebens nach dem Tod. Er ist die eigentliche Basis für die Annahme eines göttlichen Gerichts.

Die meisten Leute wissen nicht, dass sogar bei unseren geistlichen Vorfahren, den Juden, die Vorstellung eines Lebens nach dem Tode relativ jung ist. Sie begegnet nicht vor dem sechsten

Jahrhundert v. Chr. und entstand nicht zufällig zusammen mit dem Konzept des Individualismus. Ezechiel scheint als erste Gestalt in der Geschichte der jüdischen Religion eine Art individueller Verantwortung formuliert zu haben, auf deren Basis individuelle Belohnung oder Strafe zugewiesen werden konnte. Er schrieb: »Wie kommt ihr dazu, im Land Israel das Sprichwort zu gebrauchen: Die Väter essen saure Trauben und den Söhnen werden die Zähne stumpf? So wahr ich lebe – Spruch Gottes, des Herrn –, keiner von euch in Israel soll mehr dieses Sprichwort gebrauchen. Alle Menschenleben sind mein Eigentum, das Leben des Vaters wie das Leben des Sohnes, sie gehören mir. Nur wer sündigt, soll sterben« (18,2–4).

Ezechiel fuhr dann fort, sein Verständnis eines gerechten Verhaltens darzulegen. Dazu gehörten das Vermeiden von Götzendienst, Ehebruch, Wucher, der Unterdrückung des Nachbarn und einige andere Dinge. Derjenige, der diese Dinge beachtet »wird am Leben bleiben« (18,5–9). Im Anschluss bringt Ezechiel sein Verständnis schlechten Verhaltens zum Ausdruck. Dazu gehören Raub, Unterdrückung Armer, Ehebruch … Ezechiel schließt, indem er nachdrücklich von dem, der dies tut, erklärt: »Er soll nicht am Leben bleiben, … er ist selbst schuld an seinem Tod« (18,10–13).

Als wolle er unterstreichen, was er klar herausgestellt hatte, wiederholt Ezechiel sich in seiner abschließenden Schlussfolgerung: »Ein Sohn soll nicht die Schuld seines Vaters tragen und ein Vater nicht die Schuld seines Sohnes. Die Gerechtigkeit kommt nur dem Gerechten zugute und die Schuld lastet nur auf dem Schuldigen« (18,20).

Wir haben schon zu lange mit der Idee des Individualismus gelebt, um zu begreifen, welch gewaltigen Eindruck diese neue Einsicht Ezechiels auf das Denken des Volkes Israel gehabt haben musste. In der alten Welt war der Stamm die grundlegende, soziale Einheit. Der Stamm wurde gemeinsam für die Sünden eines einzigen Mitglieds gestraft. Das ägyptische Volk musste nach dem Buch Exodus die schrecklichen Plagen wegen der

Hartherzigkeit des Pharao ertragen. Die Nation Israel wurde wegen des Götzendienstes ihres Königs, der die Nation verkörperte, von ihren Feinden zermalmt. Der überwältigende Wert und das wichtigste Gut war das Überleben des Stammes, nicht das Überleben des Einzelnen. Der Beginn des individuellen Denkens war ein Quantensprung im Bewusstsein. Eine Vorstellung von einem Leben nach dem Tod konnte sich erst herausbilden, als die Vorstellung des Individualismus sich entwickelt hatte; er ist die Voraussetzung für jedes Konzept eines Lebens nach dem Tod, das in der westlichen Welt aufblühte.

Nun wurde der Individualismus stark eingeschränkt durch das soziologische Denken des neunzehnten und das psychologische Denken des zwanzigsten Jahrhunderts. Aufgrund dieser Einschränkungen begann im Westen das Vertrauen in ein Leben nach dem Tod zu schwinden, lange bevor die unendliche Dimension des Raums allgemein bewusst wurde.

In gewisser Weise wurden diese Themen im neunzehnten Jahrhundert gesellschaftlich wirksam aufgegriffen durch solche Stimmen wie etwa die der Romanschriftsteller Viktor Hugo und Charles Dickens.[77] Begeht einer, der stiehlt, ein strafbares Verbrechen? Ist Diebstahl eine Sünde, für die der Einzelne verdammt werden muss? Natürlich muss es so sein, antwortete die Kirche, die menschliche und die göttliche Strafe für Diebstahl hätten drastisch zu sein. Aber wie war es, wenn der Diebstahl begangen wurde, weil die Familie zu verhungern drohte? Wie war es, wenn die Kräfte der industriellen Revolution die Lebensmöglichkeiten für einige einschränkten, weil tatsächlich wenige reich, dafür aber viele arbeitslos wurden: Wenn es Lebensmittel im Überfluss gibt, sollte dann jemand hungern müssen? Kann es moralisch sein, dass die Welt eingeteilt wird in solche, die Diät halten, und solche, die hungern? Ist da nicht etwas grundfalsch in einem System, in dem mitten im Überfluss einige an Hunger sterben? Wenn dem so ist, wer ist dann zu verurteilen, wenn jemand zum Diebstahl gezwungen ist, um zu überleben? Plötzlich wird das Urteil, auf das unser ewiger Lohn gegründet werden sollte, dunkel.

Ist Mord Unrecht? Ja, natürlich ist er es, sagte die Kirche, und die Todesstrafe für Kapitalverbrechen war die irdische Strafe für Mörder in den meisten westlichen Nationen während der längsten Zeit der christlichen Geschichte. Die Vorwegnahme der ewigen Strafe in der Hölle wurde sicherlich dazu verwandt, den Schrecken vor dem Schicksal zu erhöhen, das jene Person erwartete.

Aber was macht einen Mörder zum Mörder? Breite psychologische Studien in der modernen Zeit haben eine Fülle neuer Antworten gegeben. Wir wissen jetzt, dass ein missbrauchtes Kind oft zu einem missbrauchenden Erwachsenen heranwächst. Die Sünden der Väter suchen in der Tat die Nachkommen bis in die dritte und vierte Generation heim, wie es die Zehn Gebote den Feinden Gottes ankündigen. Wie kann dann ein Richter die Schuld einer individuellen Handlung beurteilen? Wenn Politiker ihr Eintreten für die Todesstrafe verteidigen, berufen sie sich darauf, dass die Drohung der Hinrichtung als Abschreckung dient. Aber wird dann eine Abschreckung erreicht, wenn der Mörder von dem seltsamen Verlangen besessen ist, berühmt zu werden, wenn er will, dass über ihn geschrieben wird und sein Bild auf der ersten Seite der Zeitungen erscheint? Welche Bedeutung kommt der ambivalenten Einstellung der Öffentlichkeit zur Todesstrafe zu, wenn deren Mentalität mit den Countdowns zur Hinrichtung gefüttert wird? Könnte man dann nicht auch die Meinung vertreten, dass Mord als ein Weg zu Berühmtheit tatsächlich begünstigt wird? Darüber hinaus ist die wirksame Abschreckung die eine Seite, die Zurechnung der Schuld aber eine ganz andere. Entfernt man aus der Sicht der letzten Dinge die doppelte Sicherheit der Belohnung für gute Taten und der individuellen Bestrafung für böse Taten, dann löst sich das Konzept eines Lebens nach dem Tod unverkennbar auf. Belohnung und Bestrafung sind beide dermaßen vollständig kompromittiert worden, dass sie verschwunden sind. Mit ihnen sind Himmel und Hölle verschwunden.

Hölle ist in unserer Gesellschaft kaum mehr als ein mildes Fluchwort, das oft völlig unangemessen angewandt wird. Was bedeutet schon ein »Oh, du Hölle«? Selbst wenn jemand sagt, »es war die reinste Hölle«, dann hat das nichts mit einem Leben nach dem Tod zu tun. Hölle ist nur eine Vorstellung, die in das Leben hier und heute einbezogen ist. Bei Himmel verhält es sich nicht viel anders. Himmel ist nur ein Synonym für die Erfüllung, für den entscheidenden Augenblick geworden, an dem wir sagen: »Bei dir zu sein ist wie der Himmel« oder »Viel besser als jetzt kann es nicht mehr werden!«

Aber ist ein System von Belohnung und Strafe für ein Leben nach dem Tode wesentlich? Wird die Religion überleben, ohne dass es den Himmel als die letzte Belohnung und die Hölle als letzte Bestrafung gibt? Gibt es irgendeine Motivation für Rechtschaffenheit, ohne dass sie eine persönliche Belohnung findet? Gibt es einen Grund, sich nicht auf die Lüste des Fleisches einzulassen, wenn darauf keine Bestrafung folgt? Wenn die theistische Eltern-Gottheit im Himmel nicht mehr der Inhalt der Bedeutung von Gott sein kann, wenn Himmel und Hölle als Instrumente mittelalterlicher Verhaltenskontrolle verschwunden sind, können dann religiöse Werte bestehen bleiben, die auf diesen Annahmen beruhen?

Kann es inmitten des endlichen und vorübergehenden Lebens, das wir in unserer weltlichen Generation erfahren, für einen Gläubigen im Exil Hoffnung auf fortwährende Dauer seines oder ihres Lebens geben? Kann sich mit dem Glauben nach dem Exil noch ein glaubwürdiges Konzept für ein Leben nach dem Tod verbinden? Wegen der enormen Kraft, die die Idee der Unsterblichkeit auf unser Selbstbewusstsein ausübte, muss der Gläubige im Exil diese Frage untersuchen. Kann irgendeiner von uns mit irgendeinem Maß an Ehrlichkeit die Worte sagen: »Ich glaube an die Auferstehung des Leibes und ein ewiges Leben?« Wenn wir es nicht können, können wir dann noch einen glaubwürdigen Anspruch erheben, mit der Glaubensgeschichte verbunden zu sein, die mit Jesus von Nazaret begonnen hat und Christentum genannt wird? Wenn dieses Buch diese Fragen nicht aufnimmt, wird es keine Glaubwürdigkeit haben!

Wenn ich jedoch diese Fragen angehe, dann bedeutet das, dass ich damit beginnen muss, den übernatürlichen überirdischen Gott des Theismus zu entlassen zugunsten meines Verständnisses von Gott als Urgrund allen Seins, der Quelle des Lebens und Quelle der Liebe ist. Das bedeutet, dass ich die theistischen Vorstellungen von Gott fallen lassen muss, die traditionellerweise gebraucht wurden, um Jesus von Nazaret zu erklären. Wir sind dazu gedrängt, einen anderen Weg zu finden, über Gottes Gegenwart zu sprechen, die er so machtvoll manifestierte. Es bedeutet, dass ich die Idee von Gott als einer buchführenden Gottheit aufgeben muss, vor der ich am Tag des Gerichts erscheinen muss, um das Urteil über meine ewige Bestimmung zu vernehmen. Mein Herz wird nie das anbeten, was mein Geist verwirft. Mich dazu zu zwingen, wäre nicht nur unehrlich, sondern würde auch geistliche Selbstverleugnung bedeuten. Aber ich glaube wirklich an Gott, wie ich auf diesen Seiten darzustellen versuchte. Ich finde meinen Zugang zu Gott durch Jesus, den ich als die letzte Offenbarung Gottes für mich anerkenne. Ich finde sowohl eine Basis für meine Gebete und eine Basis für die Ethik in diesem neu entstehenden Glaubenssystem, an dessen Beschreibung ich mich herantaste.

Jetzt möchte ich schließlich deutlich machen, dass das gleiche Verständnis von beiden, von Gott und von Jesus, die Grundlage dafür ist, dass ich glaube. Ich kann feststellen, dass ich jetzt glaube und für immer an der letzten Gabe des Lebens Anteil haben will, das sowohl transzendent als auch ewig ist. Es ist deshalb meine Verantwortung, nach Worten zu suchen, um über diesen Aspekt meines Glaubens als ein Glaubender im Exil zu reden. Und an diesem Punkt muss ich in einer sehr persönlichen Weise sprechen.

Ich habe lange und gut gelebt. Ich habe das biblische Alter von 70 Jahren bereits überschritten. Im Laufe dieser Jahre habe ich Höhen und Tiefen kennen gelernt, Gemeinschaft und Einsamkeit, Liebe und Verzweiflung, Leben und Tod. Ich bin zu weiten Horizonten aufgebrochen und habe Dinge gesehen, die über meine Vorstellungsgabe und meine Fähigkeit zu formulieren hinausgingen. Ich wurde aus einer armseligen Überlebensmentalität heraus auch zu einer knappen Lebensweise getrieben, in der mein Leben dermaßen auf eine nackte Existenz reduziert wurde, die kaum mehr wert war, ertragen zu werden. Vom Reichtum und der Armut dieser Erfahrungen ausgehend habe ich über ein Konzept des ewigen Lebens nachgedacht und sogar meine Hoffnung darauf gesetzt.

Ich nehme als berechtigten Ausgangspunkt die meisten jener liberalen Bemühungen, Funken der Glaubwürdigkeit aus der traditionellen Sicht des Lebens nach dem Tod zu gewinnen. Ich werte sie nicht ab, weil sie nicht ausreichend sind. Sie steuern Stückchen, und manchmal sehr kleine Stückchen, zu einem sich entfaltenden Muster bei.

Ich denke zum Beispiel, dass wir viel stärker durch unsere Kinder, unsere Freunde, unsere Partner leben, als die meisten von uns wahrnehmen oder zugeben. Ich trage in einer Weise, die ich nicht beschreiben kann, nicht nur das Erbe des Genbestandes in mir, der mein Leben gestaltete, sondern auch die kulturelle und emotionale Geschichte, die mich formte. Mein abenteuerlustiger Urgroßvater, der die Grafschaft Kent in Großbritannien verließ, wohin seine Familie vor vielen Generationen gezogen war, um auf dem sumpfigem (englisch: *spongy*, von da kommt der Familienname) Ackerboden des East Anglia genannten Marschlandes Englands, Landwirtschaft zu betreiben, hat sicher in mir seinen Ausdruck gefunden, als ich aus der Sicherheit der traditionellen Denkweise ausbrach, um das Unbekannte und Ungewohnte zu erforschen. Meine Mutter wurde sechs Wochen vor dem Abschluss der neunten Klasse von der Schule genommen, um ihre Familie zu unterstützen. Mit zwanzig heiratete sie einen Mann, der achtzehn Jahre älter war als sie und sie im Alter von fünfunddreißig Jahren als Witwe mit drei kleinen Kindern zurückließ. Sie hatte weder finanzielle Ressourcen noch besaß sie vermarktbare Fähigkeiten, und doch gab sie mir mehr, als ich jetzt abwägen kann. Sie hat nicht nur unter den schwierigen Umständen überlebt. Sie hat Lebensansichten weit über das hinaus gewonnen, was sie oder diejenigen, die sie kannten, erwartet hätten. Sicherlich sind ihre Eigenschaften tief in meinen eigenen Überlebenskämpfen und in den inneren Forderungen gegenwärtig, die mich zum Erfolg treiben. Meine Mutter lebt sicher noch in mir. Das ist wenigstens ein kleiner Aspekt des ewigen Lebens. Das reicht natürlich nicht aus. Deshalb drängt es mich zu weiteren Überlegungen.

Es gibt auch eine gewisse Form der Unsterblichkeit bei denen, deren Leben jeden von uns in beruflichen und privaten Beziehungen beeinflusst haben. Im Laufe meines Lebens konnte ich den Reichtum gegenseitiger Freundschaft mit einer Reihe von Menschen, Männern und Frauen, erleben. Ich empfand diese Freundschaften als über die Maßen Leben spendend. Nicht alle diese Freundschaften haben ein Leben lang gehalten. Nicht alle waren von schmerzhaften Erfahrungen frei.

Vielleicht etwa sechs Mal habe ich in meinem Leben Ebenen intensiver Seelsorge bei einem Menschen mit der Diagnose einer tödlichen Krankheit erlebt. Wenn einmal zwei Menschen emotional die Grenze des Todes überschreiten und beginnen, sich an diesem geheimnisvollen und gefürchteten Ort aufeinander einzulassen, wird eine völlig neue Landschaft der gegenseitigen Anteilnahme entdeckt. Unter diesen Umständen dringt man tief in das eigentliche Sein des jeweils anderen ein. Diese wenigen Menschen, mit denen ich dies erleben konnte, sind noch bei mir. Ich erinnere mich besonders an einen neunundvierzigjährigen Arzt, der an Leukämie starb, und an eine junge Mutter von drei Kindern, die heldenhaft mit einem bösartigen Geschwür kämpfte, das ihre Fähigkeit, diese Kinder aufzuziehen, bedrohte und schließlich zerstörte.

Es gab Menschen in der Mitte meines Lebens, die mit mir die Realitäten dessen teilten, was ich bin. Aber meine Beziehungen zu ihnen endeten in einem Bruch, der mich, und ich glaube auch sie, für Jahre emotional verletzt zurückließ. Doch ich erkenne an, dass diese Freundschaften mich in dunklen Augenblicken meiner Reise getragen haben, und ich bin weiterhin für sie dankbar, selbst wenn der Schmerz des Bruches noch spürbar ist. Ich verdränge diese Menschen nicht aus meinem Leben, denn sie sind in mein Sein hineingekommen, und sie werden immer in mir leben.

Manchmal gab es sogar eine Freundschaft mit einem Kind. Ich erinnere mich besonders an ein kleines Mädchen, das vielleicht sieben oder acht Jahre alt war, als ich sie zuerst an einem Sonntag bei einer Kirchenvisitation in Chatham, New Jersey, traf. Sie war entzückend in ihren langen Socken, dem Faltenrock und ihren Zöpfen. Ich beugte mich auf ein Knie, um mit ihr Auge in Auge zu sprechen. Aus meiner Erfahrung als Vater von drei besonderen Töchtern sagte ich: »Ich wette, dein Vater liebt dich wirklich.« Sie antwortete: »Mein Vater ist tot.« Ich starb fast wegen meiner ungeheuerlichen Anmaßung, doch aus diesem holprigen Anfang wuchs eine Freundschaft mit einem Kind, die für mich zu etwas Besonderem wurde. Ich vermute, dass ich ihr auch in einer winzigen Weise half, die enorme Leere zu füllen, die ihr Vater in ihrem Leben hinterließ. Heute ist sie erwachsen, verheiratet und geht in ihrem Arztberuf auf. Während der letzten zehn Jahre war mein Kontakt zu ihr äußerst gering, existierte fast nicht. Sie schrieb, als sie an der medizinischen Schule in Kansas angenommen wurde, und ich erhielt eine Einladung zu ihrer Hochzeit, jedoch der Kontakt blieb sehr schwach. Aber sie ist immer noch ein Teil dessen, was ich bin, und ich vermute, dass ich auch ein Teil dessen bin, was sie ist. Ich werde auch ein Teil davon sein, was ihre Kinder sind, obgleich sie vielleicht meinen Namen nie hören werden. Einige Teile der Unsterblichkeit wohnen in der Tiefe unserer Beziehungen, und ich spiele sie keinen Augenblick herunter. Das ist ein weiteres, kleines Element in meiner Suche, ewiges Leben zu verstehen. Aber ewiges Leben ist noch mehr für mich.

Ich mutmaße, dass ich mehr als die meisten in einer Welt des Denkens und der Ideen gelebt habe. In meinem Beruf lernt man, was es bedeutet, sich in das Denken eines anderen zu versetzen und durch das Denken eines anderen bereichert zu werden. Man lernt, als Partner auf der Reise eines anderen dabei zu sein. Ich habe andere Denker intellektuell in mich aufgenommen, so dass ihre Gedanken in mir wieder zu leben begannen. Ich denke an John A. Robinson, mit dem mich nicht nur das Bischofsamt, sondern auch unsere Marginalisierung verbindet, die kirchliche Personen trifft, die es ablehnen, sich durch die Denkformen der religiösen Vergangenheit binden zu lassen. Ich denke an John E. Hines, den Vorsitzenden Bischof meiner Kirche von 1964 bis 1973, der so viel Mut wie Integrität hatte, dessen Kühnheit, Herausforderungen anzunehmen, sicher ein Teil davon ist, was ich bin. Ich denke an Michael Goulder, meinen englischen, atheistischen Freund, dessen neutestamentliche Gelehrsamkeit so sehr mit meinen aufdämmernden Einsichten zum jüdischen Anteil an den Erzählungen der Evangelien zusammentraf, dass ich bei der Lektüre seines Werkes den Eindruck hatte, dass mein ganzes Denken auf geheimnisvolle Weise erleuchtet wurde. Zwei dieser persönlichen Helden und Leben spendenden Mentoren haben ihren irdischen Lauf vollendet. Aber sie sind jetzt so tief ein Teil von mir selbst, dass ich jederzeit das Gefühl habe, dass sie mit mir reden und wieder in mein Denken eintreten. In einem gewissen Maße gebe ich sie auch in meinem Leben weiter. Auch darin liegt gerade ein klein wenig Unsterblichkeit. Wenn man all diese Aspekte von Unsterblichkeit in gegenseitiger Abhängigkeit zusammensetzt, machen sie doch nur einen ganz winzigen Bruchteil von dem aus, was ich Unsterblichkeit nenne. Wenn es nicht mehr als das gibt, dann gibt es in dem Konzept keine bleibende Kraft und keine letzte Wahrheit. Deshalb dränge ich weiter.

Ich sehe jedes Leben als Existenz im Spektrum des werdenden Lebens. Dieses Spektrum täuscht, denn wir können die Tiefe unseres eigenen Seins nicht kennen, bis wir die Fülle unseres potentiellen Seins umfassen können. Ohne diese Vision sind wir versucht, das, was jetzt ist, zu akzeptieren und es schon für alles zu halten, was sein wird. Das würde uns kaum von einem pubertierenden Zwölfjährigen unterscheiden, der denkt, dass er oder sie schon alles erfahren haben, was das Leben zu bieten hat, und der doch in nachpubertäre Erfahrungen hineinwächst, die ein

Zwölfjähriger sich kaum vorstellen kann. Es wäre so, wie ich es von einem frisch gebackenen Oxford-Abgänger vernahm, der mit seinem Diplom in der Hand dem Pförtner verkündete: »Jetzt habe ich alles gelernt, was es zu wissen gibt.« Ich denke, dass die vier aufregendsten Jahre meines Lebens, die mein Denken erweiterten, mein erstes Jahr an der Universität, mein erstes Jahr mit weiterführenden Studien am theologischen Seminar, mein erstes Jahr als ordinierter Priester und mein erstes Jahr als Bischof waren. Diese vier Erfahrungen hatten eine Gemeinsamkeit. Sie bestand darin, dass ich sie in jedem Falle nicht vorwegnehmen konnte. Ich war das erste Mitglied meiner Familie, das zur Universität ging. Der unglaubliche Wissensbestand, der in einer Universität zusammengefasst ist, die Ausdehnung der Bibliothek, die offenen Türen zu Möglichkeiten des Lebens, die ich mir vorher überhaupt nicht vorstellen konnte, trennten mich für immer von meiner Vergangenheit. Dasselbe galt auch, als ich meine weiterführenden Studien begann, bei denen der Umfang des Wissens eingeschränkt ist, aber die Tiefe des Wissens grenzenlos wird. Mein erstes Jahr als Priester warf mich in eine Welt, die ich oft beobachtet und über die ich oft gesprochen hatte, aber die ich nur von draußen kannte, die man aber von außerhalb nicht richtig kennen lernen kann. Wer nicht in den Schuhen eines ordinierten Pfarrers lief, wird nie verstehen, was es bedeutet, in alte Vorstellungen eingebunden zu werden, mit anderen aus fremden Erfahrungen verglichen zu werden, geliebt zu werden und Vertrauen zu gewinnen weit über jedes eigene Verdienst hinaus. Auf der anderen Seite konnte man ohne jeden persönlichen Grund gehasst und gefürchtet werden. Menschen vertrauen ihr Leben ihrem neu eingesetzten geistlichen Führer an, und die Verantwortung ist beachtlich. Mein erstes Jahr als Bischof hat diese Erfahrung verhundertfacht. Ich entdeckte, dass riesige Erwartungen auf mich gerichtet waren, die ich nie würde erfüllen können, und gleichzeitig erkannte ich, dass niemand sonst diese Aufgaben wahrnehmen konnte, denn sie gehörten nun einmal zur Natur des bischöflichen Amtes.

Jede dieser vier Erfahrungen, die mein Leben erweiterten, machte mir bewusst, dass ich nicht viel von der letzten Größe und Form des Lebens wusste. Oft war ich schockiert, wenn ich meinte, die Grenzen des Lebens erreicht zu haben, und dann entdeckte, dass ich nur an eine andere Sicherheitsschranke kam, hinter der ich in eine neue, scheinbar unendliche Weite reisen musste. Ich habe den Eindruck, dass meine Hoffnung und mein Vertrauen auf ein Leben nach dem Tod oder ein ewiges Leben die Wirklichkeit berührte und dann durch diese neue Erkenntnis genährt wurde.

Meine Überzeugung vom ewigen Leben jedoch ist nicht einfach ein frommer Traum, der in der Hoffnung angesichts der letzte Schranke des Todes besteht. Sie ist auch verbunden mit meinem Verständnis von Gott als dem Urgrund allen Seins. Ich weiß, was es bedeutet zu sehen, wie angesichts von Feindschaft, Angst und Missbrauch mein Leben und mein Verständnis eingeschränkt wird. Ich weiß auch, was es bedeutet, wenn mein Leben und mein Sein sich so weit ausdehnen, dass Feindschaft, Angst und Missbrauch so unbedeutend werden, dass sie sich in Nichts auflösen. Ich werde niemals den Tag vergessen, an dem ich meine erste Frau in der St. Pauls Kirche in Richmond, Virginia, beerdigte. Ich saß mit meinen drei Töchtern neben dem Sarg in der ersten Reihe, bevor der Gottesdienst begann. Ich war erstaunt, als ich von hinten von einer älteren Frau angestoßen wurde, die mit einem Regenschirm herumfuchtelte, und hörte, wie sie vernehmlich sagte: »Du Sohn einer Hündin.« Dann setzte sie ihren merkwürdigen Weg zum Seitenausgang fort, an den wartenden Sargträgern vorbei. Diesen etwas erstaunten Personen, die alle bis auf einen Geistlichen aus der Diözese Newark kamen, sagte sie: »Ich wollte diesem Bastard nur sagen, was ich seit Jahren von ihm halte, und jetzt hatte ich endlich meine Gelegenheit.« Dann verschwand sie aus meinem Leben, um für immer unbekannt zu bleiben.

Nach diesem Gottesdienst ging ich auf einen jungen Mann zu, der etwa dreißig Jahre alt war und bei der Beerdigung als Kreuzträger mitwirkte. Weil der Gottesdienst an einem Mittwoch Nachmittag stattfand, nahm ich an, dass er sich von der Arbeit freigenommen hatte, um an diesem Gottesdienst teilzunehmen, deshalb wollte ich ihm danken. »Bischof,« sagte er, »Sie kennen mich nicht, aber ich kenne Sie. Ich bin homosexuell. Die meisten Mitglieder des Chores heute waren Mitglieder von Integrity. Wir würden alles für Sie tun, weil Sie so viel für uns getan haben.« *Integrity* war die nationale episkopale Organisation für Homosexuelle und Lesben. Die Erfahrung mit der ihren Regenschirm schwingenden Frau verblasste neben den Worten des jungen Mannes, dessen Name ich nie erfuhr. Die Erweiterung des Lebens kann so unglaublich sein, dass diejenigen, die es einengen wollen, dazu nicht in der Lage sind. Das ist Teil dessen, was das Leben ausmacht, ein größerer Teil, wenn man so will, Leben, das ewig ist.

Ich habe noch eine anderes Beispiel. Ich bin ein Mensch, der weiß, was es bedeutet, geliebt zu werden. Ich lebe in der Geborgenheit der Liebe einer wundervollen Frau, einer Familie, die mich unterstützt, und einer Schar von Freunden. Ich lebe mit der Anerkennung derjenigen, die zu spüren scheinen, dass die Person, die ich bin, und die Worte, die ich spreche oder schreibe, für sie eine Quelle der Liebe und/oder des Gefühls sind, angenommen zu sein. Empfange ich Bestätigung und Liebe aus diesen Quellen, entdecke ich, dass neue Fähigkeit zu lieben in mir geboren wird. Ich ergreife neue Dimensionen des Lebens. Ich richte neue Ansprüche an das, was es bedeutet, zu sein. Diese Liebe ermutigt mich, weiter zu den Rändern des Lebens vorzudringen, die Dimensionen des Lebens zu berühren, die wir Transzendenz nennen, eingeführt zu werden in das, was sowohl unendlich als auch jenseitig ist, das aber auch im Herzen des Lebens zu wohnen scheint. Wenn ich gestärkt, vergewissert und von der Leben spendenden Macht der Liebe gerufen werde, mich näher und näher an diesen letzten Kern der Dinge zu wagen, entdecke ich, dass ich Grenzen abwerfe, meine Sicherheitsmauern verlasse und dazu befreit werde, mehr von meinem Leben und meinem Sein wegzugeben. Erstaunlicherweise ist diese Erfahrung des Weggebens nicht von irgendeinem Verlustgefühl begleitet. Ich entdecke auch, dass ich annehmen und sogar lieben kann, was ich in einer früheren, weniger sicheren Zeit meines Lebens nicht einmal ertragen hätte. Diese Einsicht befähigt mich, mir der unendlichen Qualität der letzten Wahrheit bewusst zu werden, die ich nur an ihren Rändern ergreife. Sie macht mir auch die unendlichen und manchmal sich widersprechenden Formen dieser Wahrheit bewusst, die sie annimmt, wenn sie weit von ihrer Quelle zu den Rändern des Lebens wandert. Diese Erfahrung muss nicht auf etwas so Albernes reduziert werden, wie die Relativität aller propositionalen Wahrheiten, noch führt sie dazu, die Wahrheit zugunsten des Friedens zu opfern. Es handelt sich eher um eine Vision der Wahrheit, die jenseits jeder menschlichen Manifestation liegt. Sie ist ein Ruf über die Grenzen hinaus, an die das menschliche Urteil gehalten ist, ein Ruf in das Reich, in dem die Wahrheit nicht gebunden ist, nicht einmal von denen, die es wagen würden, davon zu sprechen. Es ist eine mystische Erfahrung, den Grenzen zu entfliehen. Der Gott, der für mich der Urgrund des Seins ist, scheint mich an diesem Ort zu treffen, und die Endlichkeit verblasst in der Unendlichkeit. Mein Bemühen, einen Sinn der Ewigkeit zu erfassen, geht in dieser Verwirklichung einen Quantensprung vorwärts. Aber noch einmal: das ist nicht das Ende meiner Erkundung.

Als nächstes komme ich dazu, meine menschliche Erfahrung zu erforschen, dass Liebe die Kraft ist, die das Leben gibt. Liebe ermöglicht, dass sich das Leben in jedem von uns entwickelt. Wenn diese Liebe vollkommen ist oder nach Vollkommenheit strebt, kann die Reise zum Leben beginnen und sie beginnt auch. Diese Reise wird für mich eine Reise in ein grenzenloses Leben, weil es die Reise zu Gott ist, der ohne Grenzen ist. Dieser Gott ist keinesfalls gebunden durch die Begrenztheit der Worte über Gott, die ich im Moment benutze.

Diese Vorstellung von Gott, der gegenwärtig ist, sich ausweitet, geheimnisvoll ist, und ruft, verleiht der Heiligkeit Bedeutung, die den biblischen Berichten zufolge das Geheimnis des Lebens von Jesus von Nazaret war. Jesus wird dargestellt als einer, der die Fähigkeit zu leben, das Talent zu lieben und den Mut zum Sein in einem solchen Maß besaß, dass es den Menschen leicht fiel, von ihm zu berichten und ihn sagen zu lassen: »Wer mich sieht, der sieht den Vater« (Johannes 14,9). Deshalb konnten sie auch von ihm sagen: »Gott war es, der in Christus die Welt mit sich versöhnt hat« (2 Korinther 5,19).

Das Sein Jesu berührte, öffnete und offenbarte den Urgrund des Seins. Wenn mein Sein von Liebe umfangen ist und in eine neue Wirklichkeit gerufen wird, durch die Liebe in die unendliche Freiheit eingeführt wird, dann glaube ich, dass ich dem nahe gekommen bin, was zeitlos, ewig und wirklich ist. Mein Vertrauen in das ewige Leben, das Leben jenseits der Endlichkeit und des Todes wird in dieser Erfahrung gefunden und mein Zugang zu dieser Erfahrung ist der eine, der für mich diese Erfahrung verkörpert zu haben scheint, Jesus, den ich Christus nenne. In der Gemeinschaft der Menschen, die sich selbst als die Jünger Jesu zusammenfinden, erfahre ich vor allem anderen immer noch den Ruf dieses Christus zum Leben, zum Lieben und zum Sein. Das ist es, was es für mich bedeutet, »in Christus« zu leben. Diese Worte verwandte Paulus wiederholt. So ist mein Zugang und meine Hoffnung auf ein Leben, das transzendent und ewig ist, an dieser Stelle festgelegt. Ich stehe hier und bin davon überzeugt, dass es jenseits meiner letzten Grenzen etwas Wirkliches gibt. Ich habe aber nur einen Vorgeschmack davon bekommen. So umfasse ich diese Vision und dieses Leben mit meiner Hoffnung.

Ich gebe den traditionellen Inhalt, den die religiösen Institutionen des Westens der Vorstellung des Lebens nach dem Tod gaben, als fast bedeutungslos auf. Ich habe kein Interesse an einem System von Belohnung und Strafe. Ich sehe den Sinn des Lebens nach dem Tode nicht darin, dass dadurch das Verhalten im jetzigen Leben motiviert wird. Ich kann ohne eine Vorstellung des Himmels als einem Ort der Belohnung oder der Hölle als einem Ort der Strafe leben. Aber ich glaube, dass das Leben grenzenlos und unendlich ist. Ich glaube, dass wir dazu berufen sind, seine Tiefe zu erforschen und von seiner Süße zu trinken. Ich versichere, dass man sich auf die Ewigkeit nicht dadurch vorbereitet, dass man religiös ist und Regeln einhält, sondern indem man ganz lebt, verschwenderisch liebt und das zu sein wagt, wozu jeder von uns seine Fähigkeiten hat. Ich bin mir auch dessen gewiss, dass die einzige Aufgabe für Christenmenschen, darin besteht, es jedermann zu ermöglichen zu leben, zu lieben und zu sein. Unsere Aufgabe ist es nicht, andere zu bekehren, unsere Aufgabe ist es, Menschen einzuladen, die Tiefe ihrer eigenen Fähigkeit zu erkennen. Ich entdecke, dass ich als ein Glaubender im Exil das ganze Gepäck von Himmel und Hölle hinter mir lassen muss, all die theistischen Vorstellungen von Gott und ganz besonders die legendenhaften und phantasievollen Versuche, Jesus als die Inkarnation eines theistischen, überweltlichen Gottes zu erklären. Aber ich will als ein Christ über die Grenzen des Exils hinausgehen. Ich will das tun als ein Glaubender, der im Sein Gottes lebt, der mit der Liebe Gottes liebt und in gewissem Sinn die Ewigkeit vorwegnimmt, in der mein Sein, in der Kraft der Liebe entfaltet und bestimmt, mit dem Sein anderer verbunden ist, die eins sind mit dem Einen, der der Urgrund des Seins ist. Der Gott, den ich in meiner Tiefe treffe, wird zum Gott, der unendlich, grenzenlos, transzendent, immanent und wirklich ist. In dem Maße, in dem ich diesen Gott kenne, kenne ich den Sinn des Lebens. So glaube ich, das ewige Leben zu finden. Reicht das aus, um zu sagen, dass ein Christentum, das zu seiner ursprünglichen Bestimmung zurückgefunden hat und von vielen übernatürlichen Ansprüchen der Vergangenheit befreit wurde, dessen Herkunft aber noch erkennbar ist, das Exil überleben wird? Ich denke das schon. Aber die Zeit allein wird zeigen, ob mein Urteil zutreffend ist oder nicht. Ich jedoch will mein Leben leben, wie es ist.

Ein Wort zum Abschluss

So kommt unsere Reise zu einem neuen Verständnis unseres Glaubens an ein Ende. Ich fasse diese Reise zusammen, indem ich noch einmal auf die Worte des Glaubensbekenntnisses blicke und die Schlussfolgerungen aufzeige, zu denen mich diese Studie führte.

Ich glaube, dass es eine transzendente Wirklichkeit genau in der Mitte des Lebens gibt. Ich nenne diese Wirklichkeit Gott.

Ich glaube, dass sich diese Wirklichkeit zum Leben und seiner Erfüllung neigt. In ihrer Gegenwart wird das erfahren, was uns aus all unseren menschlichen Grenzen der Angst und Schwachheit herausruft.

Ich glaube, dass diese Wirklichkeit in allem, was ist, gefunden werden kann, aber nur im menschlichen Leben erreicht sie Selbstbewusstsein und die Fähigkeit benannt zu werden, in Verbindung zu treten und anerkannt zu werden.

Ich glaube, dass der Himmel, die Domäne, in der diese Wirklichkeit traditionellerweise angesiedelt wurde, nicht ein Ort, sondern ein Symbol ist, das für die Grenzenlosigkeit des Seins selbst steht.

Ich glaube, dass man in dieses Himmelreich eintritt, wann immer Schranken zur Seite geschoben werden, die das menschliche Leben an etwas zu binden scheinen, das weniger ist als das, wozu es fähig ist.

Ich glaube an Jesus, der Messias oder Christus genannt wird.

Ich glaube, dass in Jesu Leben diese transzendente Wirklichkeit so vollständig offenbart wurde, dass es dazu kam, dass Menschen ihn Gottes Sohn, sogar Gottes *einzigen* Sohn nannten. Die brennende Kraft Gottes war in ihm so wirklich, dass ich auf sein Leben sehen und sagen kann: »In dir sehe ich, was Gott bedeutet. So bist du für mich beides, Herr und Christus.«

Ich glaube, dass Gott in Jesus gegenwärtig war, eine mächtige Erfahrung der Wirklichkeit dieses Urgrundes des Seins, die uns alle in der wirklichen Tiefe des Lebens trägt. Deshalb hat die früheste Christenheit die Christuserfahrung in der Sprache des Theismus gedeutet. Das war die einzige Sprache, in welcher sie verstanden, von Gott zu reden.

Seitdem sie annahmen, dass Jesus Gott in einer menschlichen Gestalt war, schrieben sie ihm die Fähigkeit zu, alles tun zu können, von dem sie glaubten, Gott allein könne es tun. Er konnte aus dem Nichts etwas erschaffen. Deshalb schrieben sie, dass Jesus eine große Menschenmenge mit nur fünf Broten speisen konnte. Er konnte den Mächten der Natur befehlen, ihm zu gehorchen, und so stillte er den Sturm. Er hatte Macht über dämonische Kräfte, und so trieb er Dämonen aus. Er konnte mit göttlicher Autorität lehren, und deshalb sagten sie, dass er nicht wie die Schriftgelehrten lehrte. Weil Gottes Gegenwart auf Erden ein Zeichen dafür war, dass Gottes Herrschaft oder sein Reich im Begriff war errichtet zu werden, schrieben sie Jesus die anerkannten Zeichen dieses Königreichs zu. So geschah es, dass Menschen, die von diesem Jesus ergriffen wurden, sein Leben mit den Vorstellungen der vertrauten Erwartungen beschrieben, die das Kommen Gottes und seines Reiches kennzeichneten. Ihre Erzählungen von diesen Zeichen wurden mit der Erinnerung an das Leben des Jesus von Nazaret in Verbindung gebracht.

Als dieses Leben zu einem gewaltsamen Ende kam, sagte man von ihm, dass dies nur ein Vorspiel zur vollen Errichtung des Reiches Gottes war. So wurde sein Tod am Kreuz so dargestellt, als lebe er hier den letzten Konflikt zwischen Gut und Böse aus, der in der Schlacht von Harmageddon ausgefochten werden sollte. Da sollte die Güte Gottes von der Bosheit der Menschheit ausgelöscht werden. Die Mächte des Bösen sollten in diesem Augenblick für kurze Zeit Überlegenheit gewinnen. So heißt es in der jüdischen Überlieferung, dass nach der Schlacht drei Tage lang Finsternis über der ganzen Erde liegt. Am Morgen nach dem dritten Tag öffnen sich die Himmel und das Reich Gottes kommt neu hervor. Dann ist die Macht des Todes und des Bösen für immer gebrochen. Dieser Tag, an dem Gottes Reich anbricht, wird der erste Tag der neuen Schöpfung genannt werden.

So geschah es, dass diese Tradition mit den Lebensbeschreibungen Jesu verbunden wurde. So sagte man, dass Finsternis die ganze Erde bedeckte, als er starb. Dann wurde am dritten Tage beim ersten Dämmern des Morgens das Grab des Todes geöffnet und der auferstandene Christus kam heraus. Und dieser Tag wurde der erste Tag der neuen Schöpfung genannt, der am ersten Tag jeder Woche gefeiert wurde. Das Reich Gottes war mit Jesus heraufgezogen, mindestens konnte man die ersten Früchte dieses Reiches erfahren. Die Wirklichkeit, die verkündet wurde, war, dass Gottes Sein nicht beendet werden könne und Jesus uns in gewisser Weise diesen Gott brachte. So hieß es von Jesus, dass er über den Tod triumphierte. Und diese Geschichte wurde mit Hilfe der alten jüdischen Symbolsprache erzählt.

Dies alles war nur der Interpretationsrahmen, in dem die durch Jesus von Nazaret vermittelte Gotteserfahrung verstanden wurde. Es war eine Erklärung, die auf den theistischen Gottesvorstellungen in diesem Gebiet zu dieser Zeit der menschlichen Geschichte basierte. Diese Sprache benutzte den Wortschatz der vormodernen, nichtwissenschaftlichen Welt. Im ersten Jahrhundert unserer Zeitrechnung gab es keine Alternative für das Bedenken der Gotteserfahrung. Die in dieser Sprache vorgenommene Interpretation fand Eingang in unsere Glaubensbekenntnisse, in unsere Liturgien, unsere Gebete und in unsere theologischen Konzepte. Es ist eine Sprache, die nahezu unsinnig geworden ist. Der Bezugsrahmen für das Verständnis der Wirklichkeit ist zerbrochen. Die Worte, die Konzepte und die theologischen Argumente, mit denen die Erfahrungen erklärt wurden, sind alle leer und bedeutungslos geworden. Es wurde unvermeidbar, dass diese Sprache als Interpretationshorizont verworfen wurde. Aber die Sprache des Interpretationshorizontes abzulehnen ist nicht dasselbe wie die Abweisung der überwältigenden Erfahrung. Deshalb habe ich versucht, beides zu trennen, um die Gegenwart Gottes, die in Jesus angetroffen wird, wahrzunehmen und über sie fern der unzulänglichen theistischen Sprache der Vergangenheit zu sprechen.

Man erzählte, dass Jesus den egoistischen Petrus zur Ganzheit berufen hat, den korrupten Steuereintreiber Levi Matthäus zur Großzügigkeit, den kleinen Zachäus zu einem weitherzigen Leben, die mysteriöse Maria Magdalena in das Apostolat und zur Bezeugung der Auferstehung, den zweifelnden Thomas zu einem Leben des Glaubens, den zornigen Johannes, dessen Spitzname »Donnersohn« war, zum Apostel der Liebe. Das Leben Jesu schien grenzenlos zu sein. Je mehr er sein Leben weggab, desto mehr Leben konnte er geben. So zeigte sich die unendliche Tiefe des Seins, des Seins Gottes, wenn man will, die in Jesus gegenwärtig ist.

Die Grenzen, die das menschliche Leben bestimmten, fielen vor ihm zusammen. Am Ende seines Lebens schien sogar die Grenze zwischen dem Endlichen und dem Unendlichen zu verschwinden. Tod ist der Name für dieses letzte Symbol der menschlichen Begrenzung. Der Urgrund des Seins ging in das Grab und kam mit klingendem Halleluja wieder heraus, denn der Tod war besiegt worden. Die letzte Grenze des menschlichen Lebens war zerbrochen.

Doch Jesus war in die menschliche Geschichte eingebettet, eine Tatsache, die dadurch bestätigt wird, dass sein Tod zu einer bestimmten Zeit geschah, nämlich als Judäa von einem bestimmten Prokurator und der Tempel in Jerusalem von einem bestimmten Hohenpriester regiert wurde. Seine vollkommene Menschlichkeit wurde dadurch bestätigt, dass er starb. Die christliche Theologie wurde geboren, als man versuchte, seinen Tod zu verstehen. Sein Zugang zu Gott wurde dadurch bestätigt, dass von ihm gesagt wurde, er habe nach seiner Auferstehung seinen Heiligen Geist gesandt, der für immer bei seinen Nachfolgern bleiben sollte. Die Universalität dieses Geistes wurde dadurch verdeutlicht, dass in der Geschichte erzählt wurde, wie dieser Geist Juden und Heiden, Männer und Frauen erfasste.

Der Geist wurde ein Zeichen der wahren Einheit alles menschlichen Lebens. Er schuf eine Gemeinschaft, die jeden menschlichen Unterschied überwand. Die unterscheidenden Merkmale der Vergangenheit – Stamm, Sprache, Rasse, Geschlecht, ja sogar die geschlechtliche Orientierung – verblassten. Unvermeidlich wird auch der schwierigste und schmerzhafteste aller Aspekte des menschlichen Verhaltens, nämlich die Errichtung von Barrieren aufgrund religiöser Überzeugungen, verschwinden. Schon ein kurzer Überblick über die menschliche Geschichte kann aufzeigen, dass religiöse Systeme die menschliche Familie öfter in Brudermord und in tödliche Kämpfe gegeneinander stürzten, als sie dies vermieden.

Es muss deshalb klar gesagt werden, dass Gottes Gegenwart in Jesus letztlich über jede religiöse Definition hinausführen wird. In der Tat wird sie auch über Jesus selbst hinausführen. Das wird für die menschliche Entwicklung wesentlich, wann immer wir in unseren götzendienerischen Überzeugungen den Boten Gottes mit Gott selbst identifizieren. So wird der Urgrund allen Seins schließlich getrennt von jedem religiösen Denksystem verehrt werden. Das ist ein aufregender, aber wirklicher Einblick in die Zukunft der Gottesverehrung.

Ich glaube an diese Gabe des Geistes, der »Spender des Lebens« genannt wurde. Einst lokalisierten wir Gott überweltlich und nannten diesen Gott den Allmächtigen Vater. Dann fanden wir diesen Gott in Jesus, und wir nannten ihn den Fleisch gewordenen Sohn. Jetzt verorten wir Gott in jeder Person, und wir nennen diesen Gott den Heiligen Geist. Ich glaube, dass dieser Geist unabwendbar eine Gemeinschaft des Glaubens bewirkt, die zur rechten Zeit kommen und diese Welt für Gott als den Urgrund des Seins öffnen wird. Wir nennen diese Gemeinde »eine«, weil es nur eine Quelle des Lebens gibt. Wir nennen sie »heilig«, weil der heilige Gott durch sie erfahren wird. Wir nennen sie »katholisch«, weil sie universal ist und die ganze Schöpfung und alle Glaubensfamilien umfassen muss. Wir nennen sie »apostolisch«, weil sie als in Jesus gegenwärtig erkannt und uns durch das Zeugnis seiner Apostel und Jünger vermittelt wurde. Das ist unser Ausgangspunkt. Es wird nicht unser Endpunkt sein.

Aber wir nennen sie auch alle einschließend, weil uns nichts von dem Urgrund des Seins oder von denen, deren Leben am Sein Gottes Anteil hat, trennen kann. Nicht einmal der Name Jesus darf eine Trennung bewirken.

Ich glaube deshalb, dass die Verbindung mit dem Urgrund des Seins die universale Gemeinschaft der Heiligen, die Vergebung der Sünden, die Wirklichkeit der Auferstehung, den Weg zu ewigem Leben erschafft. Das mögen nicht die Worte sein, die ich gegenwärtig wählen würde, um die Wirklichkeit zu beschreiben, auf die sie hinweisen. Wenn sie jedoch einmal ihrer götzendienerischen buchstäblichen Engführung entkommen sind, werden diese Worte geeignet sein. Die Erfahrung Gottes als Urgrund des Seins kann jedes menschliche Wort wieder aufschließen und brauchbar machen. Die menschliche Sprache ist sehr inadäquat. Sie kann nur die menschliche Erfahrung beschreiben, aber Gott, der die Quelle des Lebens ist, bricht ständig neu in menschlicher Erfahrung auf. Menschliche Erfahrung kann aber nie durch die Sprache erschöpfend beschrieben werden. Sprache kann nie mehr, als auf das hinzudeuten, was sie zu beschreiben versucht. Sie kann nie die Wahrheit einfangen. Deshalb ist die Religion nicht das, wofür wir sie immer hielten. Religion ist kein Glaubenssystem. Religion ist kein Katalog offenbarter Wahrheiten. Sie ist auch keine Veranstaltung zum Zweck der Verhaltenskontrolle, der Belohnung der Tugenden und der Bestrafung der Sünde. Religion ist vielmehr ein menschlicher Versuch, die Gotteserfahrung zu verarbeiten, die aus unserer eigenen Tiefe hervorbricht und ständig in uns aufsteigt. Wir müssen deshalb die primitiven Ansprüche aufgeben, die wir für unsere religiösen Traditionen erhoben haben. Keine von ihnen entstammt überweltlicher Offenbarungen. Keine von ihnen ist irrtumsfrei oder unfehlbar. Keine von ihnen repräsentiert den einzigen Weg zu Gott. Keine von ihnen kann legitim dazu benutzt werden, andere zum Glauben zu zwingen oder zu nötigen. Alle evangelikalen und missionarischen Aktivitäten, die dazu bestimmt sind, Heiden zu bekehren, sind Irrwege. Sie sind Ausdruck unserer Überheblichkeit und unserer Feindschaft gegen diejenigen, die anders sind als wir. Die einzige göttliche Aufgabe im Leben, die die Kirche der Zukunft möglicherweise haben könnte, besteht darin, die Menschen dafür zu öffnen, dass sie anerkennen, dass der Urgrund ihres eigenen Seins heilig ist. Stehen sie mit diesem heiligen Urgrund des Seins in Verbindung, können sie an Gottes Schöpfung Anteil gewinnen, wenn sie Leben, Liebe und Sein an andere weitergeben. Das ist die Aufgabe derer, die den Anspruch erheben, Gottesträger zu sein. Die Christen in der Welt sind nicht dazu da, Institutionen zu bauen, andere Leute zu bekehren, oder gar zu beanspruchen, dass wir für Gott sprechen können. Diese Aspekte unseres religiösen Erbes müssen als vormoderne Missverständnisse aus unserer früheren Geschichte aufgegeben werden. Wir sind jetzt Menschen im Exil.

Dieses Exil hat uns befreit von den tödlichen, götzendienerischen Grenzziehungen der Religionen der Welt, einschließlich derjenigen des Christentums. Die Götter dieser religiösen Systeme sind gestorben. Den Gott der Kirche, der Synagoge und des Tempels gibt es nicht mehr. Die magische, personale, manipulative, übernatürliche und manchmal rachsüchtige Macht dieser Gottheiten wurde, wie die Geschichte zeigt, nicht dazu benutzt, das Leben zu fördern, sondern dazu, den Status quo abzusegnen, die priesterliche Macht zu vergrößern und jene Forderungen des Staates zu unterstützen, die den Reichtum und den Wohlstand der herrschenden Klasse vermehrt haben.

Der Gott, der Urgrund des Seins ist, kann niemandes Eigentum werden. Gott ist die universale Gegenwart, die alles Leben umfängt. Gott segnet und verflucht den Einzelnen nicht nach einer auferlegten Verhaltensvorschrift. Gott, die Quelle des Lebens, ruft uns zu einem erfüllten Leben. Gott, die Quelle der Liebe, ruft uns dazu auf, verschwenderisch zu lieben. Gott, der Urgrund des Seins, ruft uns dazu auf, den Mut zu haben, wir selbst zu sein. Wenn wir so leben, lieben und Mut zum Sein haben, ist unser Leben Gottesdienst, erweitern wir unser Menschsein, sprengen wir unsere Grenzen.

Das ist der Ruf des Gottes, der jenseits des Exils lebt. Es ist jener Gott, auf den alle religiösen Institutionen hinzuweisen haben. Es ist der Ruf dieses Gottes, der uns zu einem lebendigen Gottesdienst in der post-modernen Welt führen wird. Das ist der Glaubensgrund, der mich in einer post-modernen Welt tragen wird.

Diejenigen, die meinen, dass das Christentum auf eine übernatürliche Gottheit angewiesen ist, die periodisch in die Welt eingreift, die durch eine jungfräuliche Geburt, durch eine körperliche Auferstehung und eine kosmische Himmelfahrt wirkte, werden der Auffassung sein, dass alles, was ich sage, eine Bedrohung ihres Glaubens darstellt. Diejenigen, die glauben, dass alle Glaubensbekenntnisse wörtlich für wahr zu halten sind, dass die Bibel nicht irrt und Päpste unfehlbar sind, werden in mir eine Herausforderung für ihre Vorurteile sehen. Diejenigen, die den Konsens von gestern zu ihrem einzigen Wahrheitskriterium machen, werden von Häresie sprechen. Diejenigen, die sich Gott nicht außerhalb der Kategorien des Theismus vorstellen können, werden mich einen A-theisten nennen. Ich rechne damit, diese Vorwürfe mehr als einmal zu hören.

Aber dieses religiöse Verständnis ist dazu verurteilt zu sterben, so aufgeregt oder so hysterisch Menschen sich bemühen mögen, es zu verteidigen. Es wird nicht überleben. Für eine große Zahl derer, die in der christlichen Welt leben, hat es schon lange aufgehört, überzeugend zu sein. Ich schreibe für diejenigen, für die es schon tot ist. Ich schreibe für diejenigen, die von einem altertümlichen Verständnis des Glaubens ins Exil getrieben wurden, und will sie zu neuen Möglichkeiten rufen. Wenn sie meinen Ruf hören können und ihm antworten, ihre Möglichkeiten neu in Anspruch nehmen und als Gläubige über das Exil hinausgehen, dann habe ich mein Ziel erreicht.

Ist meine Neuformulierung des christlichen Glaubens einer neuen Welt angemessen? Ich wäre überrascht, wenn sie so beurteilt würde. Es ist allerdings das Beste, was ich in diesem Augenblick meines Lebens und im Rahmen meiner Möglichkeiten, zukünftige Entwicklungen vorauszusehen, anzubieten weiß. Aber wenn ich gebeten würde, über das, was morgen passieren wird, eine Wette abzuschließen, würde ich am ehesten annehmen, dass mein Ansatz sich als nicht so radikal erweisen wird, wie meine Kritiker annehmen, sondern eher noch nicht radikal genug ist. Ich befürchte, dass die nächste Generation mich vielleicht sogar als einen altmodischen religiösen Mann verabschieden könnte, der die Nabelschnur zur vergangenen Ordnung doch nicht so weit durchschnitt, dass er in die Zukunft hätte eintreten können.

Ich bin gewiss, dass in weniger als hundert Jahren die Gestalt der Religion im Allgemeinen und des Christentums im Besonderen klar sein wird. Die neue Rolle und das Ziel der Kirche und die weiter bestehende Bedeutung der Liturgie werden dann offenkundig sein. Dann kann die Welt beurteilen, ob mein Beitrag das Alte zerstörte, oder ob er das Neue aufbauen half. Das festzustellen ist nicht mehr meine Sache. Ich bin damit zufrieden, diese Entscheidung mit dem Lauf der Zeit anderen zu überlassen.

Wenn es diejenigen gibt, die nicht glauben, dass die Kirche von gestern weiterhin diejenigen von uns bei sich behalten kann, die die Kirche von morgen in sich tragen, dann bin ich bereit, mich auf diese Debatte an jedem öffentlichen Ort einzulassen, den sie dazu wählen. Ich ziehe es jedoch vor, einfach in dem großen Teig ein wenig Sauerteig zu sein, welcher der Kirche helfen will, sich zu ihrer neuen, zukünftigen Gestalt zu entwickeln.

Ich bin zuerst und zuletzt und immer ein gläubiger Mensch. Ich verstehe mich selbst als einen Gläubigen, der im Exil lebt. Ich habe als ein Glaubender gelebt und als ein solcher Gottesdienste gefeiert. Das werde ich weiterhin tun bis zu dem Tag, an dem ich sterbe. Wenn dieser Augenblick kommt, erwarte ich, noch tiefer in Gottes Wirklichkeit einzugehen, in der ich lebte und webte und meine Existenz hatte.

Deshalb habe ich Frieden.

Schalom.

Anmerkungen

1 *This Hebrew Lord: A Bishop's Search for the Authentic Jesus* (San Francisco: Harper & Row, 1974). Dieses Buch wurde 1988 und 1993 von Harper, San Francisco wieder neu aufgelegt.

2 (Anm. d. Übers.) In den USA wird die anglikanische Kirche episkopale Kirche genannt.

3 Die Monophysiten vertraten die Auffassung, dass der fleischgewordene Christus nur eine einzige Natur hatte, nämlich die göttliche. In der populären Christenheit gibt es die Annahme, dass Jesus göttlich und nicht menschlich war. Die klassische Theologie versucht, an beiden Naturen, der göttlichen und der menschlichen, festzuhalten, ohne die Spannung immer erfolgreich aufzulösen.

4 Der Text ist mit »der Gesalbte« übersetzt. Das ist natürlich die Bedeutung von *maschiach*.

5 (Anm. d. Übers.) Evangelikal kann gelegentlich in derselben Bedeutung verwandt werden wie evangelisch. In der Regel bedeutet es aber eher fundamentalistisch, extrem konservativ. In dieser Bedeutung wird es im Buch durchgehend verwendet.

6 Matthäus nahm einen physisch wiederbelebten Körper nur in seiner Geschichte von der Erscheinung des auferstandenen Christus bei den Frauen im Garten an. Hier veränderte Matthäus bewusst das Verständnis des Markus, dessen Text er übernahm. Lukas übernahm den Markus-Text ebenfalls, aber in der lukanischen Darstellung sahen die Frauen Jesus nicht. Die andere Geschichte des Matthäus von dem auferstandenen Jesus, der seinen Jüngern auf dem Berg in Galiläa erschien, bezog sich nicht auf einen leibhaftigen Jesus, sondern einen Jesus, der verwandelt aus dem Himmel erschien.

7 Das protestantische episkopale theologische Seminar in Alexandria, Virginia. USA. Dr. Stanley lehrte dort zwanzig Jahre lang Theologie.

8 Diese Videos sind durch Christianity for the Third Millennium, Inc., erhältlich.

9 Psalm 139, besonders die Verse 7–12.

10 Man muss erwähnen, dass zu dieser Zeit das Bild von Gott als Vater in der Bibel die positiven Attribute trug, nämlich fürsorglich zu sein, bedingungslos zu lieben und zuverlässig zu sein. Das ist jedoch nicht genug, um sie von ihrem patriarchalischen Überzug zu retten.

11 Aus dem Stück *J. B.* von Archibald MacLeish. Siehe im Literaturverzeichnis.

12 Obwohl Leukämie technisch auch ein Tumor ist, wird in der öffentlichen Meinung eine bösartige oder eine gutartige Form unterschieden. Deshalb beziehe ich mich getrennt auf sie.

13 Zitiert nach den *Selected Lectures of Robert G. Ingersoll.* (Ausgewählte Vorlesungen) Einzelheiten im Literaturverzeichnis.

14 (Anm. d. Übers.) »Act of God« bedeutet in der Rechtsprechung »Höhere Gewalt«.

15 Das Buch der Apostelgeschichte meint, dass Jesus von denen begraben wurde, die ihn hingerichtet hatten (Apostelgeschichte 13,29). Verhält es sich so, könnte sein Körper in das Hinnom-Tal geworfen worden sein, um entweder verbrannt zu werden oder zu verwesen. Dieser Sachverhalt könnte hinter der Aussage des Glaubensbekenntnisses stehen, in dem es heißt: »hinabgestiegen in das Reich des Todes«. Denn nach der Analogie des Hinnom-Tals (Gehenna genannt) wurden die Unterwelt (Scheol) oder der Ort der verstorbenen Geister und später die Hölle mit ihrem Feuer vorgestellt, welche zumindest ineinander übergingen. Im 1. Petrusbrief dringt die Auffasung in die christliche Tradition ein, dass Jesus den Verstorbenen in der Scheol predigte (1 Petrus 4,6). Interessanterweise finden sich die meisten Hinweise auf die Feuer der Hölle im Matthäusevangelium.

16 In meinem Buch *Resurrection: Myth or Reality?* (Auferstehung: Mythos oder Wirklichkeit?) habe ich diese inneren Widersprüche im 2. Teil, besonders in Kapitel 9 dokumentiert.

17 Das Konzil von Chalcedon bestimmte die Grenzen der theologischen Debatte über die zwei Naturen Christi: »Vollkommen der Gottheit nach, vollkommen der Menschheit nach, wahrer Gott und wahrer Mensch, wesensgleich dem Vater der Gottheit nach und wesengleich auch uns seiner Menschheit nach«. – Der volle Text des Nizänischen Glaubensbekenntnisses ist in den meisten Gesangbüchern abgedruckt.

18 Arius argumentierte, dass Jesus ein ähnliches Wesen wie Gott hatte; Athanasius dagegen lehrte, dass Christus mit Gott gleichen Wesens war. Das orthodoxe Glaubensbekenntnis nahm diese Definition auf.

19 Hipparchus starb etwa 127 v. Chr. Man vermutet, dass er seine Arbeiten zwischen 146 und 127 v. Chr. verfasste. Ptolemäus starb ungefähr 151 n. Chr. Er verfasste seine Arbeiten zwischen 127 und 151 n. Chr.

20 Karen *Armstong, A History of God* (Eine Geschichte von Gott), S. 19. Diese Wendung wird manchmal mit »Herr der Heerscharen« wiedergegeben. Er bezieht sich jedoch auf eine himmlische Militärmacht. Siehe in der Bibliographie.

21 Aus *Conversation at Midnight*, (Gespräch um Mitternacht) von Edna St. Vincent Millay (1892 – 1950), Teil 4, Abschnitt 1, gesprochen von Ricardo. Das genaue Zitat lautet: »Der Mensch blieb nie mehr derselbe, seit Gott starb. Er hat es sehr schwer genommen. Er kommt ganz gut zurecht, so lange das Tageslicht scheint, … aber es nützt alles nichts. Sobald es dunkel wird, sobald es Nacht wird, geht er heraus und weint über dem Grab Gottes.« Siehe im Literaturverzeichnis.

22 Wird der Mensch als ein Wesen definiert, das sprechen kann, ist das spätere Datum zutreffend. Kann der Homo erectus menschlich genannt werden, ist eher das frühere Datum korrekt.

23 (Anm. d. Übers.) Die »Schöpfungswissenschaft« (»Creation Science«) geht von der Annahme aus, dass es keinen Grund gibt, nicht zu glauben, dass Gott das Universum, die Erde, Pflanzen, Tiere und Menschen erschaffen hat, wie es im Buch Genesis beschrieben wird. Diese Annahme bildet die Grundlage der weiteren »Forschung«.

24 *The Demon-Haunted World: Science as a Candle in the dark* (Die dämonisierte Welt: Wissenschaft als Kerze im Dunkeln) *(1995).* Siehe unter Sagan im Literaturverzeichnis.

25 Es handelt sich in dem Maße, in dem das westliche Denken die Welt durchdringt, auch um die Wirklichkeit der Menschen weltweit, die mit ihm in Berührung kommen.

26 *Midrash and Lection in Matthew,* und *Luke: A New Paradigm* (Midrasch und Vorlesung über Matthäus und Lukas: Ein neues Paradigma, 2 Bände) sind meine beliebtesten Texte von Goulder. Siehe im Literaturverzeichnis.

27 (Anm. d. Übers.) Die Maginot-Linie war im 2. Weltkrieg das als unüberwindlich angesehene französische Verteidigungssystem gegen Deutschland.

28 Richard Swinburne, *Coherence of Theism* (Der Zusammenhang des Theismus), S. 1. Siehe im Literaturverzeichnis.

29 Sokrates wurde ungefähr 399 v. Chr. hingerichtet.

30 Die Veröffentlichung des *Leben(s) Jesu* von David Friedrich Strauss 1835–1836 brachte die mythischen und legendären Aspekte der biblischen Geschichte ins öffentliche Bewusstsein. Julius Wellhausen (1844–1918) hat diese Studien weiter vorangetrieben mit seinen Hypothesen zu den vier Quellenschriften des Pentateuch, der 5 Bücher Mose.

31 Das bedeutende Werk Bultmanns (1884–1976), das diese These vortrug, war *Die Geschichte der Synoptischen Tradition* (1921; engl. 1968) und *Jesus* (1926; engl. 1960). Seine Gifford-Vorlesungen wurden 1955 unter dem Titel *History and Eschatology* (Geschichte und Eschatologie) veröffentlicht.

32 Siehe besonders im Buch Whiteheads *Religion in the Making* (1926; Wie entsteht Religion?) und *Process and Reality* (1929; Prozess und Realität).

33 Siehe *Letters and Papers from Prison* (Briefe aus dem Gefängnis) von Dietrich Bonhoeffer, herausgegeben von Eberhard Bethge. Siehe besonders die Briefe vom 16. Juli an.

34 Regius Professor of Divinity in Oxford Dr. Keith Ward hat (gesprächsweise) die Auffassung vertreten, dass diese Vorstellungen von Tillich im Wesentlichen in den Schriften von Thomas von Aquin gefunden werden können. Er betont, dass in der Welt der akademischen Theologie die anscheinend modernen Vorstellungen sogar schon eine ganze Zeit lang in der Luft lagen.

35 Diese Vorstellungen durchdringen die Schriften von Tillich; sie kommen in seiner dreibändigen *Systematic Theology* (Systematische Theologie), ver-

öffentlicht zwischen 1954 und 1964, am besten zum Ausdruck. Siehe im Literaturverzeichnis.

36 In *Liberating the Gospels* (Befreiung der Evangelien) habe ich die Abhängigkeit des Matthäus von Paulus (s. Kapitel 7) und die Abhängigkeit des Lukas vom 5. Buch Mose (s. Kapitel 9) dokumentiert.

37 Belege in *Born of a Woman* (Von einer Frau geboren). Weder bei Paulus noch bei Markus – die Teile des Neuen Testamentes, die vor dem neunten Jahrzehnt geschrieben wurden – erscheint ein Geburtsbericht.

38 Belege in *Resurrection: Myth or Reality?* (Auferstehung: Mythos oder Wirklichkeit?) Die erste Darstellung über einen physischen Körper im Zusammenhang mit der Auferstehung begegnet Matthäus 28 (die Geschichte der Frauen, die im Garten Jesu Füße berühren). Beide, Markus, von dem Matthäus abhängig ist, und Lukas, der ebenfalls von Markus abhängig ist, stimmen mit der von Matthäus vorgenommenen Erweiterung der markinischen Geschichte nicht überein. Berücksichtigt man dies, dann wäre frühestens in den späten achtziger Jahren bei Lukas die erste Erzählung zu finden, die die körperliche Wiederbelebung Jesu als die Bedeutung von Ostern darstellt.

39 Siehe Jaroslav Pelikan, *The Emergence of the Catholic Tradition* (Die Entstehung der katholischen Tradition), S. 100–600.

40 Belege: siehe Anmerkung 44.

41 Einige frühe Manuskripte lassen die Worte »Sohn Gottes« aus, aber ob das zutrifft oder nicht, ist unerheblich. Markus arbeitete mit dieser Überzeugung, wie sein Text immer wieder verdeutlicht.

42 Das vierte Evangelium beschreibt zwei Jünger des Johannes, von denen einer als Andreas, der Bruder des Simon Petrus, identifiziert wird. Nach der Taufe Jesu und dem Zeugnis des Johannes über Jesus, verließen sie Johannes und folgten Jesus nach. Es gab eine deutliche Verbindung zwischen der Johannesbewegung und der Jesusbewegung. Das weist darauf hin, dass die Taufe Jesu in beiden Lagern bekannt war.

43 Viele neutestamentliche Gelehrte bestätigen nicht, dass Paulus der Verfasser des Kolosserbriefes ist.

44 Siehe Römer 4,24; 8,11; 10,9; 1 Korinther 6,14; 15,15, Galater 1,1; 1 Thessalonicher 1,10 für den Gebrauch des Wortes *auferweckt*. Siehe Römer 8,34; Philipper 2,9; Kolosser 3,1 für die Ansicht des Paulus, dass die Auferstehung zu Gott führte und keine Rückkehr zu einem neuen Leben auf dieser Erde bedeutete. Der Leser muss sich dessen bewusst sein, dass es zu der Zeit, als Paulus diese Zeilen schrieb, keine Tradition der Himmelfahrt getrennt von der Tradition der Auferstehung gab. Diese hat sich bis zum neunten Jahrzehnt nicht entwickelt. Man bemerke ebenfalls, dass Paulus sagt (1 Korinther 15,1–6), dass die Erscheinung des auferstandenen Herrn, die er erlebte, wie jede andere Erscheinung war, nur dass sie die letzte war.

Ich kenne niemanden, der behauptet, dass Paulus einen körperlich wiederbelebten Jesus sah.

45 Diesen Gedanken entwickle ich ausführlicher in meinem Buch: *Resurrection: Myth or Reality?* (Auferstehung: Mythos oder Wirklichkeit?)

46 So lautet das Argument im Brief des Paulus an die Galater und das Hauptargument des Römerbriefes, Kapitel 1–8.

47 Paulus leitete diesen Prozess ein, indem er erklärte, dass Christus als Passahlamm für uns geopfert wurde (1 Korintherbrief 5,7). Paulus spricht jedoch nicht über Einzelheiten des Todes Jesu im Zusammenhang mit der Passahfeier.

48 Peter Brown von der Princeton Universität stellt in seinem Buch The Body and Society: Men, Women, and Sexual Renunciation in Early Christianity, (Leib und Gesellschaft: Männer, Frauen und die sexuelle Enthaltsamkeit im frühen Christentum) fest, dass Augustins Vorstellung vom »Fall des Menschen« seine Art war, die Katastrophe zu individualisieren, die er durchlebte – den Fall des Römischen Reiches. Die geschlechtslose oder jungfräuliche Frau als Symbol menschlicher Vollkommenheit war das individualisierte Symbol des wiederhergestellten oder unberührten Reiches.

49 Karen Armstrong bestreitet in ihrem Buch A *History of God* (Eine Geschichte Gottes), dass die Thematik nur in der westlichen Kirche besonders betont wurde, nicht in der östlichen Tradition. Ich erhebe keinen Einspruch. Aber weil wir Empfänger des westlichen Christentums sind, war es unser Erbe.

50 Aus: Augustinus, Bekenntnisse, 1. Buch, 1. Kapitel.

51 *The Selfish Gene* (Das egoistische Gen) von Richard Dawkins. Siehe im Literaturverzeichnis.

52 Als Paulus den ersten Thessalonicherbrief schrieb, verwendete er keine Großbuchstaben, denn zu dieser Zeit wurden sie nirgends gebraucht. Wenn wir bestimmte Worte heute in Großbuchstaben schreiben, tun wir dies im Dienst einer dogmatischen Entwicklung, die Paulus nicht kannte. Um den Originalsinn des Paulus einzufangen, schreibe ich »heiliger Geist« klein.

53 Die meisten Gelehrten sind der Auffassung, dass der 1. Korintherbrief eine Zusammenfassung von mehr als einem Paulusbrief ist.

54 In der Zeit, in der Lukas die Apostelgeschichte schrieb (ungefähr 95 n. Chr.), gab es eine bestimmte Vorstellung vom Heiligen Geist. In solchen Fällen benutze ich Großbuchstaben.

55 Viele Gelehrte sind der Ansicht, dass der Philipperbrief der letzte Brief des Paulus ist. Er wird üblicherweise um 62–63 datiert.

56 (Anm. d. Übers.): Das Wort Midrasch kommt von dem hebräischen »darasch« und heißt wörtlich so viel wie »suchen«, »fragen«. Damit ist das suchende Forschen in der Heiligen Schrift gemeint. Midraschim (Plural) sind Auslegungen biblischer Texte. Sie begannen im 4. Jahrhundert v. Chr.

57 Im Midrasch oder in midraschischen Schriften war es jüdische Praxis, heilige

Geschichten der Vergangenheit aktualisierend auszulegen und nachzuerzählen. Eine eingehende Darstellung dieser Themen findet sich in meinen Büchern *Born of a Woman: A Bishop rethinks the Virgin Birth and the Role of Women in a Male-Dominated Church* (Von einer Frau geboren: Ein Bischof überdenkt die jungfräuliche Geburt und die Rolle der Frau in einer von Männern dominierten Kirche) und *Liberating the Gospels: Reading the Bible with Jewish Eyes* (Die Befreiung der Evangelien: Die Bibel mit jüdischen Augen lesen).

58 Für eine eingehende Erklärung der Beziehung zwischen den 40 Tagen, die Jesus in der Wüste verbrachte, und den vierzig Jahren des Mose in der Wüste, siehe *Liberating the Gospels,* besonders das Kapitel über Matthäus.

59 Die Geschichte der Speisung der Viertausend wird auch bei Matthäus erzählt, aber sie ist in den Evangelien des Lukas und des Johannes ausgelassen. Einige neutestamentliche Gelehrte schlagen vor, dass Markus die Geschichte verdoppelt hat, auf dass eine Form der eucharistischen Feier für Juden und Heiden vorgesehen werden konnte. Das ist meines Erachtens eine spekulative Theorie.

60 Die erste Genealogie findet sich Matthäus 1,2–16. Die beiden Genealogien sind in einer Reihe von Punkten völlig unvereinbar. Siehe meine Analyse dieser Unterschiede in *Born of a Woman.*

61 *The Eternal Now* (Das Ewige Jetzt*)* ist der Titel von Tillichs drittem Band einer Predigttrilogie. Siehe im Literaturverzeichnis.

62 Dies ist ein umstrittener Text, der womöglich nicht ursprünglich ist. Tatsächlich erscheint er in den ältesten Handschriften des Johannesevangeliums nicht. Es scheint eine nicht fest eingebundene Erzählung gewesen zu sein. In einigen alten Manuskripten erscheint sie bei Johannes nach 7,36 oder nach 21,25. In anderen folgt sie dem Text von Lukas 21,38.

63 Man könnte versucht sein anzunehmen, die Worte Jesu an Petrus: »Hebe dich hinweg, Satan« seien abwertend. Im Evangelium erscheinen sie jedoch als ein Vorwurf, der es Petrus ermöglicht zu wachsen. Das spätere Verhalten des Petrus zeigt keinen getadelten oder herabgesetzten Jünger (Markus 8,33–34).

64 Viele werden sich darüber wundern, dass John A. T. Robinson ein Mystiker genannt wird. Das war jedoch mein erster Eindruck, den ich von ihm sowohl im persönlichen Kontakt als auch in seinen Büchern erhielt. Er rang mit Worten wie ich, weil Worte so unpassend sind, um die unendliche Qualität gotterfüllter Erfahrung zu erfassen.

65 »Der Mann für andere« ist *Honest to God* entnommen; »das menschliche Gesicht Gottes« nimmt den Titel eines seiner Bücher auf.

66 Nach einem Gebet, das Franz von Assisi (1181–1226) zugeschrieben wird.

67 Das Gebet des Herrn kann umgeformt werden, wenn seine Worte eher symbolisch als wörtlich verstanden werden. Das habe ich vor vielen Jahren in meinem Buch *Honest Prayer* (Aufrichtiges Gebet), New York: Seabury Press 1973, dargelegt.

68 The Pensacola New Journal, 16. Mai 1997. Autorin des Artikels: Alice Crann. Die Zitierten sind der Reihe nach: Reverend John Kilpatrick, Pastor der Brownsville Assembly of God, Pensacola; Reverend Marion L. Soards, Professorin für neutestamentliche Studien in Louisville (KY) Seminar und Pfarrerin der Presbyterianerkirche, U.S.A.; Right Reverend Charles Duvalle, Episkopaler Bischof der Diözese der zentralen Golfküste.

69 *Homosexuality and the Bible* (Homosexualität und die Bibel), 1997 von Dr. Walter Wink, Professor für Bibelauslegung, am Auburn Theological Seminay, New York.

70 Hier beziehe ich mich auf eine Vorlesung des Right Reverend Michael Ingham, Bischof von Westminster in British Columbia.

71 Der erste Anstoß, diese Denkrichtung zu verfolgen, kam von Professor Keith Ward aus Oxford. Ich empfehle sein Buch *A Vision to Pursue* (Eine zu verfolgende Vision) London SCM Press, 1991 für seine Ausführungen darüber, wie diese Prinzipien heute gebraucht werden können.

72 Don Cupitt, *Solar Ethics* (Sonnenethik) (London, Xpress, 1993). Don Cupitt und ich mögen über eine Reihe letzter Werte, die wir mit der menschlichen Erfahrung des Seins, des Lebens, des Liebens und des Gebens verbinden, verschiedener Meinung sein. Aber wir beide können die negative Einstellung der ethischen Systeme vermeiden, die auf Belohnung und Bestrafung aufgebaut sind.

73 19. März 1994.

74 Ich bespreche die Gründe für diese Auffassung in *Liberating the Gospel: Reading the Bible with Jewish Eyes.* (Die Befreiung der Evangelien: Die Bibel mit jüdischen Augen lesen). Ich halte darüber hinaus fest, dass sich das Johannesevangelium auch gegen die Identifizierung wendet.

75 Aus dem Lateinischen: *com* heißt »mit« und *panis* »Brot«.

76 *Time*, 24. März 1997, S. 70–78.

77 Ich denke besonders an *Les Miserables* und *David Copperfield.*

Literaturverzeichnis

Altizer, Thomas J.J. *Radical Theology and the Death of God.* New York, 1966.

–, *The Gospel of Christian Atheism.* London: Collins, 1967

Armstrong, Karen. *A History of God.* New York: Ballantine Books, 1993.

Augustine, Bishop of Hippo. *The Confessions of St. Augustine.* Translated by Rex Warner. New York: New American Liberary 1963.

Barbour, Ian. *Religion in the Age of Science.* San Francisco: HarperSanFrancisco, 1990.

Barth, Karl. *The Epistle to the Romans.* Translated by E. C. Hoskyns. Oxford: Oxford Univ. Press, 1938.

Bonhoeffer, Dietrich. *Letters and Papers froim Prison.* Edited by E. Bethge. New York: Macmillan, 1972

Borg, Marcus. *Meeting Jesus Again For The First Time.* San Francisco: HarperSan-Francisco, 1994.

Bornkamm, Günther. *Jesus of Nazaret.* London: Hodder & Stoughton, 1973.

Brown, Peter. *The Body and Society: Men, Women, and Sexual Renunciation in Early Christianity.* New York: Columbia Univ. Press, 1988.

Bultmann, Rudolf K. *History and Eschatology.* Edinburgh: Univ. Press, 1957.

–, *The History of the Synoptic Tradition.* London: Blackwell, 1968.

–, *Jesus Christ and Mythology.* London: SCM, 1960.

–, *New Testament and Mythology.* London: SCM, 1985.

Cambell, Joseph. *The Hero with a Thousand Faces.* Princeton: Princeton Univ. Press, 1949.

–, *The Power of Myth with Bill Moyers.* New York: Doubleday, 1989.

Chadwick, Henry. *The Early Church.* 1967. Reprint, London: Penguin, 1993.

Crossan, John Dominic. *Jesus: A Revolutionary Biography.* San Francisco: HarperSanFrancisco, 1994.

–, *Who Killed Jesus?* San Francisco: HarperSanFrancisco, 1995.

Cupitt, Don. *The New Christian Ethics.* London: SCM, 1988.

–, *The Sea of Faith.* London: SCM, 1984.

–, *What Is a Story?* London: SCM, 1995.

–, *Solar Ethics.* London: London Xpress, 1993.

–, *Taking Leave of God.* London: SCM, 1980.

Darwin, Charles R. *The Origin of Species by Means of Natural Selection.* 1859. Reprint, London: Harmondswoth/Penguin, 1988

Davies, Paul. *God and the New Physics.* London: Dent, 1984

–, *The Mind of God.* New York: Simon & Schuster, 1992.

Dawkins, Richard. *The Blind Watchmaker.* London: Harmondsworth, 1991.
–, *The Selfish Gene.* London: Granada, 1978.

Freud, Sigmund. *The Future of an Illusion.* Translated by W.D. Robson-Scott, 1927. Reprint, London: Hogarth, 1962.
Funk, Robert W. *Honest to Jesus.* San Francisco: HarperSanFrancisco 1996.

Geering, Lloyd G. *Creating the New Ethic.* Wellington, New Sealand: St. Andrews Trust, 1991.
Goulder, Michael D. *Luke, a New Paradigm.* 2 vols. Sheffield: Sheffield Academic Press, 1989.
–, *Midrash and Lection in Matthew.* London: SPCK, 1974.
Goulder, Michael D., and John Hick. *Why Believe in God?* London: SCM, 1983.

Hampson, Daphne. *After Christianity.* London: SCM 1996.
Hanh, Thich Nhat. *Living Buddha, Living Christ.* New York: Riverhead Books, 1995.
Hart, David. *Faith in Doubt.* London: SCPK, 1993.
Hartshorne, Charles. *Aquinas to Whitehead: Seven Centuries of Metaphysics.* Marquette Univ. Press, 1976.
–, *Man's Visions of God and the Logic of Theism.* New York: Harper & Brothers, 1941.
Hawking, Stephen. *A Brief History of Time.* London: Bantham, 1989.
Hefner, Philipp, *»Biblical Perspectives on the Fall an Original Sin.«* Zygon: A *Journal of Religion and Science 28*, no. 1 (March 1993).
Hick, John. *Death and Eternal Life.* Basingstoke: Macmillan 1985.
–, *The Myth of Christian Uniqueness.* London: SCM Press, 1988.

Ingersoll, Robert G. *The Selected Lectures of Robert G. Ingersoll.* New York: Wiley, 1938.
James William. *TheVarieties of Religious Experience.* 1902. Reprint, with Introduction by Martin Marty, New York and London: Penguin, 1985.
Jung, Carl G. *The Archetypes of the Collective Unconscious.* London: Routledge, 1990
–, *Man and his Symbols.* London: Arkana, 1990.
–, *Modern Man in Search of a Soul.* London: Routledge and Kegan Paul, 1961.
–, *Memories, Dreams and Reflections.* New York: Vintage Books, 1965.
–, *Psychology and Religion.* New Haven: Yale Univ. Press, 1938.

Kant, Immanuel. *Religion within the Limits of Reason.* New York: Harper, 1960.
Keck, Leandner E. *»Wanted: Theological Renewal and Reform.«* Circuit Rider (April 1993).

Küng, Hans. *Does God exist?* London: Collins, 1980.
–, *On Being a Christian.* New York: Doubleday, 1976.

MacLeish, Archibald. J. B.: *A Play in Verse.* New York and London: Samuel French, 1956.
MacQuarrie, John. *Thinking About God.* London: SCM, 1975.
–, *Principles of Christian Theology.* New York: Charles Scribner & Sons, 1966.
Millay, Edna St. Vincent. *Conversation at Midnight.* New York and London: Harper & Brothers, 1937.
Moore, George F. *Judaism in the First Centuries of the Christian Era.* 3 vols. Cambridge: Harvard Univ. Press, 1927–1930.
Moule, Charles F. D. *The Origins of Christology.* Cambridge: Cambridge Univ. Press, 1977.

Niebuhr, Reinhold. *The Nature and Destiny of Man.* Vol. 1, *Human Nature.* Vol. 2, *Human Destiny.* New York: Scribners, 1941, 1943.
Nock, Arthur D. *Early Gentile Christiannity and Its Helenistic Background.* 1904. Reprint, New York: Harper, 1964.

Ogden, Schubert M. *Christ without Myth.* New York: Harper & Brothers, 1961.
Otto, Rudolf. *The Idea of the Holy.* Oxford. Oxford Univ. Press, 1923.

Pagels, Elaine. *The Gostic Gospels.* New York: Random House, 1979.
–, *Adam, Eve and the Serpent.* New York: Random House, 1988.
Pannenberg, Wolfhart. *The Apostel's Creed.* London: SCM 1972.
Peacocke, Arthur. *A Theology for a Scientific Life.* London: SCM, 1993.
Pelikan, Jaroslov. *A History of the Developement of Doctrine.* Vol. 1, *The Emergence of the Catholic Tradition* 100 – 600. Vol. 2, *The Growth of Medieval Theology* 600–1300. Chicago and London: Univ. of Chicago Press, 1971, 1978.
Pike, James A. *A Time for Christian Candor.* New York: Harper & Row, 1964.
Polkinghorne, John. *Science and Creation.* London SPCK, 1988.

Robinson. John A. T. *Explorations into God.* London: SCM, 1962.
–, *Honest to God.* London: SCM, 1963.
–, *The Human Faces of God.* Philadelphia: Westminster, 1974.

Sagan, Carl. *The Demon-Haunted World. Science as a Candle in the Dark.* New York: Random House, 1995.
Sandmel, Samuel. *Judaism and Christian Beginnings.* Oxford: Oxford Univ. Press, 1978.
Sanders, E.P. *Jesus and Judaism.* London: SCM, 1985.

Schillebeeckx, Edward. *On Christian Faith: The Spiritual, Ethical and Political Dimensions.* New York: Crossroads, 1987.

Scholem, Gershom G. *Major Trends in Jewish Mystizism. 1954.* Reprint, New York: Schockem Books, 1995.

Sheehan, Thomas. *First Coming: How the Kingdom of God Became Christianity.* New York: Random House, 1986.

Smart, Ninian. *The Philosophy of Religion.* London: Sheldon, 1979.

Smith, John MacDonald. *On Doing Without God.* Oxford: Emissary, 1993.

Smith, Wilfried Cantwell. *Toward a World Theology: A Faith in the Comparative History of Religion.* London: Maxmillan, 1981, 1989.

Spong, John Shelby. *Born of a Woman: A Bishop rethinks the Virgin Birth and the Place of the Women in a Male-Dominated Church.* San Francisco: HarperSanFrancisco,1992.

–, *Into the Whirlwind.* New York: Winston Press, 1983. Desbooks, Australia 1992.

–, *Liberating the Gospels: Reading the Bible with Jewish Eyes.* San Francisco: HarperSanFrancisco, 1996.

–, *Living in Sin? A Bishop rethinks Human Sexuality.* San Francisco: HarperSanFrancisco, 1988.

–, *Rescuing the Bible from Fundamentalism: A Bishop Rethinks the Meaning of the Scriptures.* San Francisco: HarperSanFrancisco, 1994.

–, *Resurrection: Myth or Reality? A Bishop's Search for the Origins of Christianity.* San Francisco: HarperSanFrancisco, 1994.

–, *This Hebrew Lord. A Bishop's Search for an Authentic Jesus.* San Francisco: Harper & Row, 1974, 1988, 1993.

Strauss, David Friedrich. *The Life of Jesus Critically Reviewed.*1846. Reprint, London: SCM, 1973.

Swinburne, Richard. *The Coherence of Theism.* Oxford: Oxford Univ. Press, 1977.

Teihard de Chardin, Pierre. *The Phenomenon of Man.* New York: 1959.

–, *The Appearance of Man.* London: Collins, 1965.

–, *The Future of Man,* London: Collins, 1965.

–, *Hymn of the Universe.* New Y: Harper & Row, 1961.

Tillich. Paul. *The Courage to Be.* London: Collins, 1962

–, *The Eternal Now.* New York: Scribner, 1963.

–, *Systematic Theology.* Vols. 1–3. London: Nisbit, 1953–1964

Vermes, Geza. *Jesus, The Jew.* London: SCM, 1994.

Ward Keith. *God, Chance and Necessity.* Oxford: One World, 1996.

–, *Religion and Creation.* Oxford: Clarendon, 1996.

–, *A Vision to Pursue.* London: SCM, 1991.

Whitehead, Alfred North. *Process and Reality.* 1929. Reprint, New York: Free Press, 1978.
–, *Religion in the Making*. Cambridge: Cambridge Univ. Press, 1927.